RHAFFAU GWELLT

Argraffiad cyntaf: 2017

ⓗ Elfyn Pritchard / Gwasg Carreg Gwalch

Cyhoeddir gan Wasg Carreg Gwalch,
12 Iard yr Orsaf, Llanrwst, Conwy, LL26 0EH.
Ffôn: 01492 642031 Ffacs: 01492 641502
e-bost: llyfrau@carreg-gwalch.com
lle ar y we: www.carreg-gwalch.com

Rhif rhyngwladol: 978–1–84527–632–4

Mae'r cyhoeddwr yn cydnabod cefnogaeth ariannol
Cyngor Llyfrau Cymru

Cynllun clawr: Eleri Owen

# Rhaffau Gwellt

*Ysgrifau ac Erthyglau*

Elfyn Pritchard

Addaswyd y rhan fwyaf o gynnyrch y gyfrol hon o
gyfraniadau a ysgrifennwyd ar gyfer y papur bro lleol,
*Pethe Penllyn* a chyhoeddiadau eraill megis
*Y Goleuad*, *Y Faner Newydd*, *Wa–w* a *Llafar Gwlad*,
amryw ar gyfer y cylchgrawn ar ddisg – *Utgorn Cymru*
ac ambell un hefyd i Radio Cymru.
Cyfansoddwyd y gweddill yn benodol ar gyfer y gyfrol.
Diolch i Wasg Carreg Gwalch am ei diddordeb ynddi ac
am ei chyhoeddi, ac i bawb fu ynglyn â hi.

# Cynnwys

# *Personol*

# Rhagair – Fi fy hun

Mae gen i feddwl ohonof fy hun. Ydi hynny'r un peth â dweud fy mod yn meddwl fy hun neu oes yna wahaniaeth? Wn i ddim. Na, fydda i ddim yn cerdded o gwmpas Maes yr Eisteddfod (y Genedlaethol) fel taswn i'n berchen y lle, fydda i ddim yn gwneud ati i fynd i siarad efo enwogion y genedl er mwyn cael fy ngweld efo nhw. Ond mae gen i feddwl ohonof fy hun.

Fydda i ddim chwaith, mewn mannau fel y Babell Lên neu Gymanfa'r Eisteddfod, yn chwilio am sedd lle mae'r camera yn siŵr o fod arnaf yn amal. I'r gwrthwyneb yn wir, seddau mewn mannau di-gamera fydda i'n eu cyrchu os yn bosib. Ond mae gen i feddwl ohonof fy hun. Mi fydda i'n mynd i bwyllgorau ac yn cyfrannu at y drafodaeth, yn siarad gormod mae'n siŵr, ond fydda i byth yn mynd i gyfarfodydd lle mae'r sylw yn debyg o droi ataf. Fûm i erioed yn un o gynulleidfa *Pawb a'i Farn*, nac yn lleisio fy syniadau mewn cyfarfodydd yn gyffredinol, ar wahân i rai cwbl leol wrth gwrs. Ond mae gen i feddwl ohonof fy hun.

Sut y gwn i hynny 'te? Am 'mod i'n adnabod fy hun yn well nag y mae neb arall yn fy adnabod? Ie falle, ond mae dau reswm arall pam y gallaf ddweud hyn amdanaf fy hun gyda'r fath bendantrwydd. 'Dwi'n mynd o gwmpas i ddarlithio, nid yn amal, ond yn achlysurol, i gymdeithasau a chylchoedd llenyddol. Mae hyn yn golygu 'mod i'n meddwl fod gen i rywbeth i'w ddweud sy'n werth i bobol wrando arno.

'Gwrandewch arna i, ie fi, yn dweud wrthoch chi': dyna yn y bôn hanfod pob darlith. Fy nghysur yw fod llaweroedd yr un fath â fi!

Ond yr ail reswm yw'r un penna. Rwy'n awdur, yn awdur sawl llyfr erbyn hyn. Hynny ydi, pan fydda i'n cyhoeddi nofel rwy'n disgwyl i bobol ei phrynu a'i darllen, a'i mwynhau, gobeithio. Tase gen i ddim meddwl ohonof fy hun faswn i ddim wedi mentro gwneud y fath beth. A'r cysur sydd gen i ydi 'mod i'n un o filoedd sydd wedi gwneud yr un peth, ac yn dal i wneud. Y cysur arall ydi sylweddoli, oni bai fod gan bobol feddwl ohonynt eu hunain, na fyddai yna ddim llenyddiaeth na barddoniaeth yn bod, na chwaith, i ddychwelyd at y darlithio, gymdeithasau llenyddol a diwylliannol mewn bod chwaith.

Waeth i ni sydd wrthi gyfadde ddim: mae gennym feddwl ohonom ein hunain, a'i gadael hi yn y fan yna. Peidiwch felly â choelio unrhyw awdur sy'n cyflwyno'i lyfr gyda geiriau fel, 'yn wylaidd ac yn ostyngedig yr ydw i'n cyflwyno'r gyfrol fach hon i'ch sylw caredig yn y gobaith y cewch ryw fudd o'i darllen'. Lol botes. Does yr un awdur yn teimlo fel yna!

'Dwi'n cysuro fy hun wrth feddwl sut stad fyddwn i ynddi pe na bai gen i feddwl ohonof fy hun, pe bawn i'n gwbwl ddibris ohonof fy hun, yn malio dim beth mae neb yn ei feddwl ohonof. Byddwn yn dramp falle, neu'n wimp di-asgwrn-cefn yn gadael i bawb gerdded drosof i. Dydi balchder, debyg, ddim yn bechod oni bai ei fod yn mynd dros ben llestri.

Felly rydw i'n ceisio perswadio fy hun beth bynnag. A dyna pam yr ydw i'n mentro cyflwyno'r llyfr yma i'ch sylw caredig, a hynny'n wylaidd ac yn ostyngedig, gan obeithio... Wps!

# Cysgu

Ydi cysgu yn broblem i chi? Mae o i mi. Methu cysgu yn y nos a methu aros yn effro yn y dydd. Rhywbeth o'i le ar y cloc mewnol falle. Rhyw ddwyawr ar y tro fydda i'n ei gysgu yn y nos, a hynny er rhoi cynnig ar ddarllen, codi i wneud paned, crwydro o gwmpas y tŷ, edrych allan drwy'r ffenest, popeth ond cyfri defaid, am wn i.

Mae pethau'n wahanol yn y dydd. Mi allwn gysgu yn rhywle: ar lawr, mewn cadair, mewn car, mewn cyfarfodydd. Ac o beth 'dwi'n weld, 'dwi ddim gwahanol i laweroedd o bobol eraill. Mae rhaglenni ar y teledu o gyfarfodydd megis rhai'r Babell Lên o'r Eisteddfod yn amal yn dangos pobol yn cysgu. Rŵan, er na ches i erioed, wel hyd y gwn i, fy nal felly, 'dwi'n flin iawn efo'r arferiad yma. Mae wythnos yr Eisteddfod yn wythnos flinedig i lawer, ac os oes ambell un yn syrthio i gysgu mewn cyfarfod pa ots. Ddylai'r camera ddim eu dangos. Busnes y camera ydi dangos yr hyn sy'n digwydd ar y llwyfan. A dweud y gwir, mewn oes sy'n hawlio iawndal am bopeth, mi allech chi, os cewch eich dal, fygwth mynd â'r gorfforaeth i'r llys. Trïwch o, fyddan nhw yn y BBC fawr o dro yn dod at eu coed!

Ond isio sôn am gysgu mewn car yr ydw i. Gan 'mod i'n hoffi gwres mawr wrth ddreifio mi fydda i'n teimlo'n gysglyd yn amal ac yn aros mewn mannau cyfleus i gael 'ffaif minits am ryw hanner awr', chwedl Anti Nans oedd yn byw yn y Sarnau. Rydw i'n lwcus yn hynny o beth hefyd, achos am ryw reswm, mi alla i ddweud wrtha i fy hun am faint o amser 'dwi am gysgu

– deg neu ugain munud falle – ac mi fydda i'n deffro wedyn yr union adeg iawn.

Mae dau 'achlysur' cysgu yn y car yn dod i fy meddwl. Rai blynyddoedd yn ôl roeddwn i'n teithio i Gaerdydd ar gyfer rhyw gynhadledd neu'i gilydd, ac wedi cychwyn mewn digon o bryd i gael stop neu ddau ar y ffordd. Ar ben Bannau Brycheiniog mae yna arhosfan a thoiled, yn bennaf ar gyfer y rhai sy'n mynd i gerdded y mynyddoedd, a dyma droi i mewn i'r fan honno gan fod gen i amser, a'r cyfarfod yn debyg o fod yn un go drwm. Ar ôl parcio'r car mi rois gefn y sedd i lawr a gorwedd ar fy nghefn a chysgu. Mi wn mod i'n cysgu â ngheg yn agored pan 'dwi'n gorwedd ar fy nghefn, golygfa werth ei gweld mae'n siŵr, er na welais i erioed mohoni – dim ond digon o luniau dynnwyd gan aelodau amharchus o'm teulu!

Ar ôl deffro dyma'i 'nelu hi am y toiled, ac yno roedd un o weithwyr Cyngor Sir Powys yn glanhau'r lle. Un di-Gymraeg. Dyma fo'n dweud wrtha i yn Saesneg:

'O, mi rydech chi'n fyw wedi'r cyfan te?'

'Ydw,' medde fi. 'Pam 'dech chi'n dweud hynny?'

'Wel,' medde fo, 'mi ddaeth dyn ata i a dweud "Dwi'n meddwl bod rhywun wedi marw yn y car acw". Ac mi fuon ni'n dau yn edrych arnoch chi, rhag ofn, ond 'dwi'n meddwl imi'ch gweld chi'n symud.'

Embaras! Roeddwn i'n teimlo'n ofnadwy. Rhaid bod golwg mawr arna i i rywun feddwl 'mod i wedi marw! Byth ers hynny 'dwi'n gofalu mynd i gysgu mewn lle tipyn llai cyhoeddus na'r arhosfan ar ben y Bannau.

Ond mae llefydd felly yn gallu bod yn broblem hefyd. Unwaith roeddwn i wedi aros dros nos yn Aberystwyth ac ar fy ffordd drannoeth i Landrindod, a chan fod gen i ddigon o amser mi es ar hyd ffordd anghysbell, i fyny i Bontarfynach ac wedyn drosodd drwy Gwmystwyth a Llansantffraid

Cwmdeuddwr i'r Rhaeadr. Mynd i gynhadledd arall ddigon diflas oeddwn i, mae'n siŵr, ac unwaith eto gan 'mod i wedi cychwyn yn ddigon cynnar mi benderfynais aros i gael gorffwys a deng munud o gwsg yn y car, a hynny ar ddarn o dir glas ar ochor y ffordd. Fyddai neb yno i ngweld i ond y defaid.

Roeddwn i wrth gwrs mewn siwt ar gyfer y gynhadledd ac wedi tynnu fy nghot rhag bod golwg mawr arni. Ymhen y deng munud dyma ddeffro a phenderfynu mynd allan am wynt cyn gyrru yn fy mlaen. Mi agorais ddrws y car a chamu allan heb sylweddoli bod fy nghoes dde i'n dal i gysgu. Mi landiais ar fy nhrwyn ar y glaswellt. Ac yr oedd hi wedi bod yn glawio. Mi ddylswn i fod wedi tynnu fy nghrys a'm trywsus cyn mynd i gysgu! Dyma droi gwres y car i'r pen er mwyn iddyn nhw sychu, ac wedyn cyn cyrraedd Llandrindod, stopio i'w brwshio gorau gallwn i. O, oes, mae gen i frwsh dillad yn y car. Mae gofyn i rywun fel fi gael un!

Ydi, mae methu cysgu yn y nos yn broblem i mi, ond falle **bod** cysgu yn y dydd yn fwy o broblem fyth. Ond 'dwi'n teimlo'n hapusach ynghylch y peth ar ôl clywed y seicolegydd, y diweddar Dafydd Huws, yn dweud rywdro ein bod ni feidrolion yn perthyn i'r un gangen o'r byd anifeilaidd â chathod, ac mai un o nodweddion y gangen honno ydi cysgu am gyfnodau byr, yn enwedig ar ôl bwyd, yn hytrach na chysgu am gyfnodau meithion. 'Dwi'n hoff o gathod a 'dwi'n rhyw hanner obeithio felly mai fel cath y dof fi yn ôl i'r byd os ydi'r busnes yma o 'drosglwyddo eneidiau' yn wir.

2011

# Cyrraedd mewn pryd

Mae'n gas gen i fod yn hwyr; rydw i'n cyrraedd yn gynnar i bobman, ac mae prydlondeb yn rhywbeth sydd wedi ei blannu yno' i ers pan oeddwn i'n ifanc, mae'n rhaid. A'm hofn mwya o'r herwydd ydi cysgu'n hwyr.

'Dwi wedi sôn 'mod i'n gysgwr gwael, ond yn amal iawn, mae'r cysgwr gwael yn cysgu pan fydd mwya o angen iddo fod yn effro, hynny ydi yn y bore pan fydd hi'n amser codi. Felly mae'r cloc larwm yn ffrind mawr ar achlysuron fel hyn. Dydi rhywun prydlon fel fi ddim chwaith yn hoffi cael ei ruthro, ei roi mewn sefyllfa lle nad oes ganddo amser i wneud popeth yn iawn.

Mi ydw i wedi creu trafferth i mi fy hun o leia deirgwaith oherwydd rhuthro neu gysgu'n hwyr.

Y tro cynta oedd pan dderbyniais i neges ffôn gan fy mrawd yng nghyfraith yn hwyr un noson yn dweud ei fod wedi cael tocynnau i'r cyp ffeinal yn Llundain drannoeth, ac roedd yn rhaid rhuthro ato i Lerpwl ar unwaith, rhuthro at y trên y bore wedyn a chyrraedd Llundain heb unman i aros ynddo. Cerdded ar hyd Gower St o Euston, a'r llefydd aros i gyd yn llawn. Bwcio'r lle cynta welson ni oedd yn cynnig stafell, lle oedd wedi gweld ei ddyddiau gorau ers canrifoedd! Ymlaen wedyn am y gêm, ac ar ei diwedd, dychwelyd i'r gwesty – os gallech chi ei alw'n westy – i gael cawod a newid cyn mynd allan am y min nos.

Ond doedd dim cawod yno, dim ond sinc a thoiled. Doedd

dim dŵr poeth na hylif golchi gwallt na sebon o fath yn y byd yno chwaith. Roedd yn rhaid bodloni felly ar molchi mewn dŵr oer gystal â medren ni, molchi'r blinder ymaith ar ôl yr holl rasio gwirion. Dyma fi i'r bag molchi i chwilio am sebon, ond am fy mod wedi cael fy rhuthro doedd gen i ddim, a bu'n rhaid imi olchi fy nhraed, a'r gweddill ohono' i hefyd o ran hynny, efo past dannedd Colgate. Coeliwch fi, dydi o ddim yn hawdd nac yn bleserus.

Flynyddoedd yn ddiweddarach, a finne'n aros yng Nghaerdydd ar gyfer cwrs neu gynhadledd, mi gysgais yn hwyr am yr unig dro erioed, am wn i. Lle rhad oedd hwn eto, un o'r llefydd gwely a brecwast ar Ffordd Casnewydd, ac er bod cawod yno, doedd dim sebonau na hylif corff a gwallt o unrhyw fath yn y lle.

Rhuthr oedd hi i fynd i'r gawod gan 'mod i'n hwyr, ac ar ôl molchi'n iawn dyma estyn a'm llygaid wedi cau am fy mag molchi er mwyn cael y stwff golchi gwallt ohono. Roedd gen i becynnau bach o hwnnw efo fi. Cael hyd i becyn, ei agor yn ddall a rhwbio'r stwff dros fy mhen i gyd, a dyna'r unig dro imi olchi ngwallt efo Lemsip!

A finne'n tynnu at ddiwedd fy ngyrfa gydag Awdurdod Addysg Gwynedd, roeddwn i'n cynnal cwrs undydd i athrawon Môn, cwrs oedd yn cychwyn am chwarter wedi naw yn y ganolfan athrawon yn Llangefni.

Môn ydi Môn, ac athrawon Môn ydi athrawon Môn, gwahanol i bawb arall, ac roedd yn rhaid imi fod ar fy ngorau, yn cyrraedd mewn pryd, wedi gosod popeth allan ac yn barod i gynnal diwrnod na allen nhw ym Môn hyd yn oed fod yn rhy feirniadol ohono er nad oeddwn i'n un ohonyn nhw.

Er nad oeddwn i wedi cysgu'n hwyr, mi fues i'n rhuthro braidd cyn cychwyn; roedd llawer i'w wneud, a Llangefni ymhell o'r Sarnau. Ond yn y diwedd dyma gychwyn, a hynny mewn da bryd a finne'n mynd yn hapus reit, wedi paratoi'n drylwyr ac yn rhyw hanner edrych ymlaen at y diwrnod.

Pan oeddwn i rhwng Glasfryn a Phentrefoelas, rhywle yng nghyffinie Rhydlydan, mi ddigwyddes sylwi ar fy nhraed am ryw reswm, ac och a gwae, roeddwn i'n dal yn fy slipars!

Wel doedd gen i ddim amser i droi'n ôl, a 'dallwn i ddim ymddangos gerbron athrawon Môn, o bawb! yn fy slipars. Beth wnawn i? Doedd ond un peth i'w wneud, troed i lawr a'i 'nelu hi am Fangor a chyrraedd yno toc wedi wyth. Mae stryd fawr Bangor, fel y gwn i'n dda, yn andros o stryd hir, o'r Plaza ger y stesion i siop Jack French fel roedd hi erstalwm yng ngwaelod Hirael, ond dyma barcio a chychwyn cerdded neu hanner rhedeg yn fy slipars yn y gobaith o ddod o hyd i siop esgidiau oedd yn agored. Roedd y rhan fwya o'r siopau yn dal ar gau, ac roeddwn i bron anobeithio pan ddois i ar draws siop *Stead and Simpson*, ac O! lawenydd! Roedd hi'n agored!

'Dwi ddim yn cofio sut sgidiau brynais i, doedd gen i ddim amser i fod yn ffysi ond mi ges bâr o ryw fath, mi gyrhaeddais Langefni mewn pryd, a 'dwi'n credu i'r cwrs fynd yn eitha.

'Dwi'n dal i ddefnyddio Lemsip – ei lyncu os caf annwyd nid golchi ngwallt efo fo – yn dal i ddefnyddio Colgate – i lanhau fy nannedd nid fy nhraed – a phob cyfle gaf i 'dwi'n prynu esgidiau yn *Stead and Simpson*, chwarae teg, gan 'mod i'n teimlo fod gen i ddyled fawr i'r siop honno.

2013

# *Arwyddo*

Rydw i'n ysgrifennu'r erthygl hon am reswm arbennig, i ddweud 'mod i'n credu mai pechod anfaddeuol... Na, ddweda i ddim beth tan y diwedd. 'Dwi wedi dechrau y pen rong i'r erthygl!

Mae arwyddo llyfrau wedi mynd yn rhywbeth poblogaidd iawn erbyn hyn, a phob siop am wn i yn rhoi gwerth mawr i'r arfer. Mae hi felly yn y Bala ac fe welir awduron yn Awen Meirion yn amal, yn enwedig o gwmpas cyfnodau Gŵyl Ddewi, yr Eisteddfod Genedlaethol a'r Nadolig, yn eistedd wrth fwrdd bychan yn arwyddo'u llyfrau.

Mi rydw i wrth fy modd yn cael llyfrau wedi'u harwyddo; mae gen i nifer go dda ar fy silffoedd erbyn hyn, ac mae pob un yn werthfawr yn fy ngolwg, ond ambell un yn fwy gwerthfawr na'i gilydd wrth gwrs, am resymau personol gan amlaf.

Flynyddoedd yn ôl mi fûm mewn cynhadledd ar yr iaith Saesneg yn Efrog, ac yno ymhlith y mynychwyr yr oedd awdur o Lundain, na chlywais, rhaid imi gyfadde, na chynt na chwedyn amdano, mwy nag y clywodd o amdana i! Tony Weeks-Pearson oedd ei enw ac mi ddaethon ni'n dipyn o ffrindiau yn ystod y gynhadledd a chael sawl trafodaeth ddiddorol. Roedd o'n gwmni difyr a deallus iawn ac roedd o wedi ysgrifennu nofel, *Dodo*, ac fe gyflwynodd gopi i mi a'i arwyddo: '*For Elfyn, with warmest wishes and celebration of his company*'. Ond mae gen i gyfaddefiad i'w wneud – 'dwi erioed wedi darllen ei nofel. Ond mae o'n fwriad gen i, o ydi – rywbryd!

Ym Mai 1993 daeth gŵr arbennig iawn i'r Bala, sef Gordon

Wilson o Iwerddon. Fe laddwyd ei ferch Marie pan ffrwydrodd bom wrth y Senotaff yn Enniskillen yn 1987 ond, ac ynte'n Gristion gloyw ac yn credu mewn cymod nid dialedd, fe faddeuodd i'r rhai a'i lladdodd. Bu'n annerch cyfarfod cyhoeddus yng Nghapel Tegid a chefais y fraint o lywyddu'r cyfarfod hwnnw a'i gyflwyno. Ar y diwedd prynais ei lyfr ac fe'i harwyddodd: 'To *Elfyn, with many thanks, Gordon Wilson'.* Mae gen i feddwl mawr o'r llyfr hwnnw, sef hanes y teulu ac yn arbennig hanes ei ferch oedd yn nyrs, a do, 'dwi wedi ei ddarllen.

Mae Cyfansoddiadau a Beirniadaethau'r Eisteddfod Genedlaethol gen i yn ddi-fwlch ers canol y pedwardegau, ond mae un sy'n fwy gwerthfawr na'r lleill, sef un Eisteddfod Dinbych 2001. Y flwyddyn honno mi enillais y Fedal Ryddiaith, ac fe enillodd Mererid Hopwood y Gadair a Penri Roberts y Goron. Mi fuon ni mewn sawl cyfarfod yn siarad am ein gweithiau, ac roedd un ohonyn nhw yng Nghorwen. Dyma fynd ati i arwyddo copïau ein gilydd o'r Cyfansoddiadau a chan Mererid fe gefais hyn: '*Go dda EP!! "Yn y darn rhwng gwyn a du, mae egin pob dychmygu." Gyda chofion gorau, Mererid, Corwen, Ionawr 2002'.* Pan ddois i adre o Eisteddfod Dinbych roedd baneri a rubanau ar y lloches bws yn y Sarnau a'r geiriau wedi eu printio yn fawr – 'Go dda EP', ac roedd Mererid wedi sylwi ar yr arwydd ar ei ffordd adref. A dyma ysgrifennodd Penri: '*Elfyn – diolch am gael bod yn rhan o'r un Eisteddfod â thi. Cofion, Penri'.*

Ond y mae yna drydydd, a'r trydydd yn gwneud y gyfrol yn fwy gwerthfawr fyth. Yn cadeirio'r noson honno yr oedd Elin Mair, merch ddawnus o Lanrwst oedd wedi cartrefu yn Llanuwchllyn, yn un o golofnwyr *Y Cymro* ac yn ddarlledwraig gyson, un fu farw'n llawer rhy ifanc, a dyma ysgrifennodd hi: '*Gan y ddynes sydd wastad yn y canol! Elin Mair'.* Ie, chwith meddwl.

Does dim gofod i gyfeirio at enghreifftiau eraill o'r hyn sydd gen i yn rhai o fy llyfrau, achos rhaid dod at bwrpas yr erthygl. Rydw i'n digwydd credu mai pechod anfaddeuol yw gadael i lyfrau o'r fath fynd rywle rywle i'r pedwar gwynt, ac mae dau lyfr o leia wedi gwneud imi ddatgan hyn.

Ar silffoedd llyfrau un o siopau'r Gelli Gandryll y gwelais i'r ddau, ac fe brynais un, sef *Cerddi yr Atodiad* gan Cynan. Llyfr main ydyw o bymtheg tudalen wedi eu rhifo un ochor yn unig a 185 yw rhif y dudalen gyntaf. Ond atodiad i beth tybed? Yn sicr nid i'r gyfrol sydd gen i o *Cerddi Cynan*. Beth bynnag am hynny, ar glawr y gyfrol y mae'r geiriau hyn: '*I'm cyfeillion [...] gyda gwerthfawrogiad cywir, Cynan*'. Rwyf wedi gadael yr enwau allan.

Yn yr un siop ar yr un diwrnod deuthum ar draws un o gyfrolau *Hanes yr Urdd* gan R. E. Griffiths, ond wnes i mo'i phrynu gan ei bod gen i'n barod. Roedd y gyfrol honno wedi ei chyflwyno i ddau oedd yn amlwg yn gyfeillion mawr iddo, a phe bawn i'n eu henwi fe godai rhai ohonoch eich aeliau mewn syndod. Dau amlwg ym mywyd Cymru ar un adeg.

Roeddwn i'n teimlo'n ddigon trist pan ddois i ar draws y cyfrolau hyn. Yr awduron a'r rhai y cyflwynwyd y llyfrau iddyn nhw wedi marw, a rhywrai, aelodau o'u teuluoedd, yn feibion a merched hwyrach, neu'r yng-nghyfraith falle, ddim yn gweld unrhyw werth ynddyn nhw er eu bod wedi eu cyflwyno'n bersonol i'r rhai a'u derbyniodd gan gyfeillion mynwesol a chydnabod. Ydi, mae'n gas gen i weld llyfrau fel hyn ar werth, a beth bynnag a ddigwydd i'r rhan fwya o'm llyfrau i wedi imi fynd, mi wna i'n siŵr na fydd yr un llyfr a gyflwynwyd i mi ac a arwyddwyd gan awdur yn ymddangos mewn unrhyw siop ail law. Mi fyddai'n well gen i pe bai aelodau fy nheulu yn eu llosgi na hynny.

2013

# Parcio

Mae parcio erbyn hyn yn fwy o broblem na'r tywydd: mwy a mwy o geir, mwy a mwy o linellau melyn mewn trefi a phentrefi, llai a llai o feysydd parcio a'r rheini'n mynd yn ddrutach, ddrutach.

Rŵan, dydw i ddim yn un o'r rheini sy'n disgwyl cael parcio am ddim ym mhobman; mae yna bobol felly wrth gwrs. A dweud y gwir mae yna bobol sy'n disgwyl cael popeth am ddim, ac nid y rhai tlota ydyn nhw gan amlaf chwaith. Beth bynnag am hynny, fues i erioed yn gadael fy nghar ym maes parcio Ysbyty Maelor a cherdded i'r dre, a fues i erioed ar wyliau ar fws o Fangor gan adael fy nghar ym maes parcio Ysbyty Gwynedd am wythnos, pan oedd parcio yno am ddim. Oes, mae 'na bobol yn gwneud pethau felly, ond nid am hynny roeddwn i isio sôn ond am y ffein sy'n cael ei rhoi arnoch pan fyddwch chi wedi parcio'n rhy hir yn rhywle.

Mae yna beth parcio sydd dan ofal y Cyngor Sir, yn enwedig parcio ar strydoedd, a 'dwi ddim yn gweld llawer o'i le mewn codi ffein am or-barcio mewn llefydd felly. O leia mae'r arian yn mynd i'r cyngor lleol, ac mae'r cyfyngu yn rhwystr rhag i bethau fynd yn flêr efo traffig, ac mae'n llawer haws cael lle i barcio yn y Bala, er enghraifft, ers dyfodiad y wardeiniaid traffig. Cyn hynny roedd rhai'n parcio am ddiwrnod cyfan ar y stryd. Ond y parcio 'dwi isio sôn amdano ydi'r parcio sydd wedi ei roi ar gontract i gwmnïau mawr.

Un noson, mi benderfynodd y ddau ohonon ni fynd i'r

pictiwrs i Wrecsam; doedd dim warant bryd hynny y bydde'r ffilm arbennig roedden ni am ei gweld yn dod i'r Bala. Roedd hi wedi bod yn benblwydd Nansi ychydig cyn hynny a finne'n cofio'r hen hys-bys ar sgrin y sinema yng Nghorwen erstalwm: '*Don't take your wife for granted, take her to the pictures*'! A dyna wnes i.

Roedd y ffilm *The Book Thief* yn cychwyn am ugain munud i chwech felly dyma gyrraedd y maes parcio dan ddaear yn Nôl yr Eryrod ychydig wedi hanner awr wedi pump. O chwech ymlaen roedd telerau arbennig i'r rhai oedd am fynd i'r sinema, sef £2, ond cyn chwech roedd o'n £2.50 am ddwyawr. Doeddwn i ddim yn siŵr be i'w wneud, yn bendant doeddwn i ddim am ddod allan o'r sinema am chwech i roi £2 yn y peiriant, felly dyma roi £2.50 gan feddwl y bydde'r 50 ceiniog yn talu am yr hanner awr tan chwech a'r £2 wedyn.

Ond pan ddaethon ni at y car yn hwyrach y noson honno roedd ticed ar y sgrin wynt yn hawlio £70 neu £40 os talwn o fewn pythefnos. Tocyn uniaith Saesneg oedd o gallwch fentro, ac wedi ei osod yno ar ran Vinci Park Services o Milton Keynes o bobman, mewn difri calon – rhyw dre 'wneud' ar y lein rhwng Birmingham a Llundain.

Naw wfft i Gyngor Wrecsam yn rhoi gofal ei feysydd parcio i gwmni o'r fan honno, ac yn ein hannog yr un pryd i siopa yn y dre. Ai rhagrith fasech chi'n galw peth felly?

Doedd dim bwriad gen i i dalu'r £40 heb sôn am y £70, felly dyma anfon at y cwmni Vinci 'ma gan adrodd fy stori a mynegi fy anhawster, a chynnwys y tocyn parcio a'r tocynnau sinema i brofi 'mod i'n dweud y gwir. Mwy na hynny, mi ofynnes am arweiniad i mi ac eraill pan gaem ein hwynebu efo'r un broblem – cyrraedd cyn chwech i fynd i'r sinema. Dyddiad y llythyr ysgrifennais i oedd Mawrth 6, 2014 – dros wyth mis yn ôl cyn ysgrifennu'r erthygl hon, a chlywais i ddim byd byth!

Os digwydd hyn imi rywbryd eto mi fydda i'n ysgrifennu llythyr Cymraeg i Milton Keynes: dyna ddylswn i fod wedi ei wneud y tro cynta – dyden ni ddim yn defnyddio digon ar ein hiaith fel erfyn yn erbyn anghyfiawnder! Yn y llythyr – ar ôl sicrhau 'mod i'n rhoi 'Heb Ragfarn' fel teitl iddo (pwysig iawn) – mi fydda i wedyn yn dweud y bydda i'n 'ystyried' talu os derbynia i gais i wneud hynny yn Gymraeg. Mi wnaiff hynny darfu'r colomennod tua Milton Keynes yna gobeithio. 'Dwi'n darogan na chlywa i ddim byd, ond os clywa i fydda i ddim – rhyngoch chi a fi – yn talu wedyn chwaith. Fydda i ddim wedi addo gwneud, dim ond dweud y byddwn yn 'ystyried' hynny, ac wedi rhoi 'heb ragfarn' ar ben y llythyr, felly fydd dim addewid ynddo.

Na, fydda i ddim yn talu. 'Dwi wedi darllen gohebiaeth yn y *Daily Post* rywbryd yn dweud nad oes gan y cwmnïau yma sail gyfreithiol i hawlio ffein os talwch chi'r ffi ychwanegol i gyfro'r amser parcio oedd dros amser. Os yw'r ffi parcio yn £2 yr awr a chithe wedi gor-aros chwarter awr, talwch 50c a dyna chi! Beth bynnag, prin y bydde unrhyw gwmni yn mynd i'r gost o fynd â rhywun i'r llys i gael llai na chanpunt o'i groen.

Dyna ngobaith i beth bynnag, ond falle y bydda i cyn hir yn Wormwood Scrubs ar fy mhen!

2014

# Mae'r Nadolig yn nesáu...

Ydech chi'n cofio'r gân sy'n sôn am y cyfarfod ar fuarth mawr yr Hafod pan ddaeth y twrcis a'r gwyddau, yr ieir a'r cywion, y mochyn a phob anifail arall, am wn i, at ei gilydd i drafod y Nadolig, i gyd yn dweud 'mae'n ddifrifol iawn, mae'r Nadolig yn nesáu'? A phenderfynu dianc i rywle yn ddigon pell? Wel rydw i wedi teimlo fel ymuno efo nhw lawer gwaith, achos 'dwi ddim yn licio'r Dolig, neu o leia mae gen i ryw deimladau caru/casáu at yr achlysur.

Mae'n debyg fod y casáu yn mynd yn ôl i blentyndod, pan fyddai Nhad, oedd yn weinidog, yn aros yn ei stydi yn darllen cofiannau yn hytrach na llyfrau diwinyddol – ei gonsesiwn o i'r Dolig – Mam yn slafio efo'r cinio ac yn cysgu drwy'r pnawn, batri'r radio yn fflat, nosi am bedwar, a ninnau'r plant yn gorfod gwneud y gorau allen ni o'r ychydig anrhegion yr oedden ni wedi eu cael. Mi fyddwn i'n mynd am dro drwy'r pentre yn y pnawn i chwilio am rywun i siarad efo fo, ond yn gweld neb, y lle fel y bedd, mwg yn codi o bob simne a phawb, debygwn i, yn diflas fynd drwy'r mosiwns teuluol gan ddyheu am drannoeth pan gaen nhw fynd i ff'reta, yn ôl yr arfer yng Ngwyddelwern. Gan nad oedd gen i na ffured na rhwydi na darn o dir wedi ei feddiannu gan gwningod, allwn i ddim hyd yn oed edrych ymlaen at ŵyl San Steffan. Yr un syrffed yn cael ei ailadrodd ddydd ar ôl dydd oedd cyfnod yr ŵyl i mi, ac mi fyddwn i, coeliwch neu beidio, yn rhoi ochenaid o ryddhad pan fyddai'r ysgol yn ailddechrau.

Pan ddeuthum yn hŷn mi wellodd pethau beth gan fod yna ddathliadau coleg digon difyr yn cael eu cynnal, ac yna wedi dod adre yr uchafbwynt oedd mynd o gwmpas efo'r Aelwyd i ganu carolau, a mynd ar drên a bws i Raipht i nol gŵydd – ffarm yn Nhudweiliog, rwy'n prysuro i ddweud, ac nid y wlad yn y dwyrain canol. Ac ar fin nos awn i dŷ cymdogion i chwarae cardiau. Ac yn nes ymlaen yn fy ngwaith roedd Nadolig yr ysgol efo'i pharti a'i choeden Nadolig a'i Gwasanaeth yn bleser.

Y drwg yw fod yna atgofion yn y gwynt, a mwy o dannau yn nhelyn ein hiraeth wrth inni fynd yn hŷn, a'r sylweddoli na chaf gerdyn eleni gan hwn a hon am eu bod wedi marw, ac na chaf finne anfon y cerdyn blynyddol atyn nhw, meddwl sawl Dolig sydd ar ôl i mi, am rai sy'n unig neu'n wael – meddwl mwy rywsut oherwydd yr holl rialtwch sydd o gwmpas.

Wel, meddai fy nheulu, dydi pethau ddim fel roedden nhw erbyn hyn, efo plant ac wyrion a gorwyrion a theulu eitha mawr a phawb rywbryd neu'i gilydd yn dod at ei gilydd i gyd-wledda a chyd-fwynhau. Na, 'dwi'n dweud y gwir, dydi pethau ddim cyn waethed, a 'dwi'n mwynhau'r achlysuron sydd o gwmpas y Dolig yn iawn, dewis anrhegion – 'yr anrheg bach personol' gen i – i fy wyrion, y Gwasanaeth Undebol i'r Ofalaeth, ein Gwasanaeth ni yng Nghapel Cefnddwysarn ar Noswyl Nadolig, a'r canu carolau o gwmpas yr ardal y bûm i'n ymwneud â nhw am ran helaetha fy oes. Ac yna ddiwrnod Dolig ei hun, cinio naill ai yng Nglanyrafon neu yn Llangian, efo'r naill neu'r llall o'r ddwy ferch, gan fod aroglau gŵydd neu dwrci'n rhostio wedi hen gilio o tŷ ni ers blynyddoedd! Ac mae cyfnod y Calan, cyfnod arall oedd yn ddigon diflas, wedi gwella'n arw ers y llynedd pan gafodd rhywrai y syniad o gael yr ardalwyr yma yn y Sarnau at ei gilydd yn y Neuadd i fwynhau gweddillion y gwleddoedd, i gymdeithasu, i wylio hen raglenni o ddigwyddiade'r ardal, ac i aros am y flwyddyn newydd. Noson arbennig a gobeithio y bydd y trefniant yn parhau o flwyddyn i flwyddyn.

Ond er gwaetha'r cyfan mae'r hen deimlad yn lingran rywsut. Gwyl lawen yw'r ŵyl i fod, mi wn, felly dyma ddymuno Nadolig felly i chi pan ddaw o, a pheidiwch cymryd sylw o ryw hen begor melancolaidd fel fi!

2014

# Cael eich 'conio'

Conio, un o eiriau mawr yr oes. Cowbois yn galw heibio i gynnig gwneud rhyw waith ar eich tŷ am bris hynod o resymol; cynigion anhygoel o arian ac eiddo dros y ffôn ac ar y we; rhywun mewn gwlad bell wedi gadael arian yn ei ewyllys i chi, ond fod angen talu rhywfaint i ryddhau'r arian. Rhywun yn gweithio drosoch chi i gael arian yswiriant sydd, coeliwch neu beidio, yn ddyledus i chi. A phawb yn swnio'n onest a llaweroedd yn cael eu llyncu gan y cynigion.

Ond nid y fi. O na, nid y fi! Ac eto! Mae Nansi'n dweud bod dynion yn haws i'w twyllo na merched, yn llawer mwy naïf, ac mae'n fy atgoffa'n amal o'r adeg y syrthiais innau i drap y wên deg a'r addewidion anhygoel. Pan fyddwch chi'n prynu anrhegion dyma rybudd i chi – rhag ofn eich bod yn naïf fel fi.

Flynyddoedd yn ôl bellach – tua chanol yr wythdegau mae'n siŵr – roedd Nansi a fi, ei chwaer Kathleen a'i gŵr hi Gwyn, y pedwar ohonom, wedi mynd ym mis Hydref i Lundain am rai dyddiau, ac un bore wedi teithio ar y tiwb i Kensington er mwyn cael ymweld â siop enwog Harrods. Ar ôl bod yno dyma gerdded i lawr y stryd a sylwi ar dwr o bobol wedi ymgasglu o gwmpas rhyw ddyn oedd fel pe bai'n eu hannerch. O fynd yn nes dyma sylweddoli bod dau ddyn yno, un yn gwerthu sent fel fflamie a'r llall yn estyn y nwyddau i'r rhai oedd yn prynu, a'r ddau yn mynnu bod y cyfan yn fargen: pedwar math o sent am ddecpunt, a'r enwau yn enwau adnabyddus, Calvin Klein, Channel, Christian Dior ac yn y blaen. Dyma Gwyn a fi yn ymuno efo'r dyrfa, ond sefyll o'r neilltu wnaeth Nansi a Kathleen. Typical!

Wrth fy ymyl yr oedd gwraig ifanc hynod o brydweddol, a dechreuodd siarad efo fi a hynny'n ddigon uchel i'r rhai oedd o'n cwmpas ei chlywed. Roedd hi'n canmol y nwyddau ac yn mynegi'r farn eu bod yn fargen go iawn a bod y cyfan yn union fel yr oedd y dyn yn ei ddweud. Roedd hi bron yn canu grwndi yn ei hawydd i gael peth o'r sent ac roedd decpunt yn ei llaw hi fel amryw o rai eraill oedd yn ceisio tynnu sylw'r un oedd yn rhannu'r nwyddau.

I dorri stori hir yn fyr, fe brynodd Gwyn a finne werth decpunt yr un gan weld y pedwar math o sent yn ddeunydd anrhegion Nadolig gwerth chweil. Ymlaen â ni wedyn ar hyd y stryd ac i gaffi i gael cinio a chael trafferth i berswadio Nansi a Kathleen ein bod wedi cael bargen! Ar ôl cinio a chrwydro ymhellach ar hyd y stryd dyma ddychwelyd yr un ffordd ag yr aethom, yn ôl ar hyd Brompton Road i gyfeiriad Harrods drachefn.

Roedd y gwerthwr sent yn dal yno. Yn dal i werthu fel fflamie. Roedd yn amlwg fod ganddo fo stôr ddihysbydd o'r stwff. Roedd criw o bobol yno fel y tro cynt, y rhan fwya efo decpunt yn eu llaw yn ymestyn allan am y nwyddau. O ran diddordeb dyma Gwyn a fi yn ymuno unwaith eto efo'r dyrfa, ac yn sydyn mi glywais lais rhywun yng nghanol y criw yn canmol y sent ac yn mynnu eu bod yn fargen a'u bod yn y bocsys iawn. Pwy oedd hi ond y ddynes oedd wrthi ddwyawr ynghynt yn canmol y nwyddau! Roedd ei llaw allan a decpunt ynddi yn ceisio cael sylw'r gwerthwr. Ac yn y diwedd fe'i cafodd a derbyniodd y nwyddau.

Ciliodd o'r criw ac yn sydyn mi benderfynais ei dilyn. Cerddodd i lawr y stryd nes dod at gongl lle roedd stryd fechan yn arwain o'r brif stryd; cerddodd i fyny honno a finne'n dilyn yn llechwraidd ar ei hôl yn dychmygu fy hun yn ysbïwr ym Mosco a'm calon yn curo'n gyffrous. Welodd hi mo'no i gan fod amryw o bobol o gwmpas yn mynd a dod ar hyd y palmentydd. Ym mhen ucha'r stryd daeth dyn i'w chyfarfod a chymryd y bag efo'r sent oddi arni. Arhosodd hithau i siarad efo fo. Wnes i ddim oedi rhagor rhag ofn i'r ddynes fy ngweld a'm hadnabod. Ond mi wyddwn beth fyddai'n digwydd. Ymhen rhyw chwarter awr, a'r criw prynwyr erbyn hynny wedi newid, mi fyddai'r wraig hon yn ei hôl yn rhan o'r dyrfa ac yn canmol y sent. A'r un patrwm yn cael ei ailadrodd dro ar ôl tro.

'Dwi ddim yn cofio be ddigwyddodd i'r sent brynodd Gwyn a fi, ond yn siŵr i chi, dŵr Llundain efo tipyn o stwff i roi ogle da arno oedd o, ond wedi ei bacio wrth gwrs yn y bocsys iawn. Yr unig bethau heb fod yn ffals oedd y bocsys!

Mae Nansi'n dal i ddweud bod dynion yn fwy naïf na merched ac yn llawer haws i'w twyllo. Tybed ei bod yn iawn?!

2016

# *Costau teithio*

Hen destun bach reit ddelicet yw hwn, ond un sydd wedi codi ei ben yn gymharol ddiweddar yn dilyn cyfarfod o Gyngor yr Eisteddfod Genedlaethol. Cyfeiriodd un aelod at yr arferiad i dalu costau i aelodau pwyllgorau'r Eisteddfod gan awgrymu na ddylid talu dim. Ni chafodd gefnogaeth o gwbwl gan neb y diwrnod hwnnw.

Wel, dydi o ddim yn destun hawdd. Ac fel enghraifft o hynny dyma stori glywais i – gwir neu beidio – am ddau bregethwr mewn cyfarfod pregethu flynyddoedd yn ôl, un gweinidog yn hen, yn dod i ben ei yrfa ac wedi priodi gwraig gyfoethog, y llall yn ifanc ac yn ddigon llwm ei fyd ar ddechrau ei yrfa gyda gwraig a dau o blant i'w magu. Ar ddiwedd yr oedfaon dyma'r trysorydd atyn nhw yn chwifio'i lyfr siec (fel y bydd trysoryddion, ond mwy am hynny yn nes ymlaen), a gofyn faint oedd arno iddyn nhw. 'Dim', meddai'r hen weinidog yn glên i gyd. 'Fynnwn i ddim tlodi eglwys fach dlawd fel eich un chi.' Roedd y gweinidog ifanc mewn lle cas ond roedd yn rhaid iddo gytuno, a chafodd ynte'r un geiniog chwaith. Mi welwch y pwynt. Doedd yr hen weinidog ddim angen yr arian ond fe greodd yr amgylchiadau lle roedd yn rhaid i'r llall, oedd ei angen, wrthod hefyd. Ddylai gweithredoedd y rhai sydd â digon ddim rheoli telerau'r lleill. Fe ellid bod wedi dadlau yn achos y ddau weinidog mai'r cam anrhydeddus i'r hen weinidog fyddai dweud, 'Rhowch fy ffi i i'r gweinidog ifanc, dechrau byw mae o.'

Na, dydi o ddim yn fater hawdd. Ac nid ar gyfer pobol all fforddio yn unig y mae pwyllgorau'r Eisteddfod Genedlaethol nac unrhyw sefydliad arall yn bod. Dylai costau gael eu talu er mwyn galluogi pawb, beth bynnag eu hamgylchiadau, i fod yn aelodau. Ni ddylai gweithredoedd y rhai da eu byd reoli telerau rhai tlotach, ond dylai'r rhai da eu byd fod yn ddigon anrhydeddus i beidio cymryd y ffi.

Bûm yn aelod o Gyngor yr Eisteddfod pan oedd hi'n ddrwg yn ariannol arni: yn sicr dyna oedd testun trafod pob pwyllgor bron, ac roedd costau teithio yn cael eu talu bryd hynny. Gweithred gynta nifer fawr o'r aelodau oedd llenwi eu ffurflen gostau, ac o edrych o'm cwmpas roedd gen i syniad go dda nad oedd y rhan fwya ohonyn nhw yn brin o geiniog neu ddwy. 'Dwi ddim isio swnio'n hunangyfiawn na chanmol fy hun, a 'dwi ddim yn gyfoethog, ond mi allwn fyw heb gostau teithio'r Eisteddfod a wnes i erioed eu hawlio. Ond mi ddylai costau fod ar gael ar gyfer y rhai sydd eu hangen, neu yden ni isio pobol sy'n gallu fforddio yn unig ar ein pwyllgorau a'n cynghorau i gyd? Dydw i ddim yn sôn am staff cyflogedig y sefydliadau hyn, wrth gwrs; mae costau teithio'n naturiol yn ddyledus iddyn nhw.

Mi gyfeiriais at drysoryddion cymdeithasau, a dyna i chi fater arall! Mi ddylai cymdeithasau fod mewn sefyllfa i dalu costau o leia i bawb sy'n dod o'r tu allan i'w gwasanaethu, ac mae'r rhan fwya o gymdeithasau yn arbennig am hynny chwarae teg. Ond haws cofio'r rhai sydd ddim. Ddechrau fy ngyrfa yn y Sarnau mi ges wahoddiad i gymdeithas oedd heb fod ymhell i ffwrdd i gynnal noson. Ar y diwedd gofynnwyd i mi gan ddyn yn chwifio'i lyfr sieciau faint oedd arno fo i mi. 'Dim ond rhywbeth at y petrol,' oedd fy ateb. 'Faint o betrol dech chi wedi ei ddefnyddio?' holodd. 'Rhyw alwyn,' medde fi. A chefais siec am bedwar a chwech ganddo!

Ddwy flynedd yn ôl mi gytunais i fynd i siarad i gymdeithas yng nghyffinie Llangernyw. Wna i ddim enwi'r lle, ac mi wn y gallwn fod wedi mynd yno y ffordd gynta, sef trwy Bentrefoelas. Ond gan nad ydw i mor ifanc ag y bûm, a'i bod yn ganol gaeaf, mi es am dro yng ngolau dydd y diwrnod cynt i weld ble roedd y pentre. Mater i mi oedd gwneud hynny wrth gwrs, ond penderfynais mai mynd yno trwy Lanrwst fyddai orau, siwrne nôl a mlaen o ryw 80 milltir. Teithiais yr 80 milltir nos drannoeth a darlithio am ryw awr. Ar ddiwedd y cyfarfod gofynnwyd imi faint oedd arnyn nhw imi. 'Rhyw ffeifar at y petrol,' medde fi, yn ddigon gwirion mae'n siŵr. Plymiodd y drysoryddes heibio i swp o bapurau decpunt a dod o hyd i bumpunt imi! Cefais ras i ymatal rhag gofyn, 'Dech chi'n siŵr y gallwch chi'i fforddio fo?'

Mae'r gwahaniaeth rhwng ardaloedd a'i gilydd yn fawr. Ym mhumdegau'r ganrif ddiwethaf pan oedd gynnon ni barti Noson Lawen yng Ngholeg Bangor, aem o gwmpas y cymdeithasau i gynnal nosweithiau. Caem ryw gymaint at gostau bws gan bob cymdeithas: dyna'r cyfan y gofynnem amdano, ac mi gofiaf yn iawn mai'r rhai mwya hael oedd cymdeithasau ardaloedd y chwareli – Bethesda a Llanberis, a'r rhai mwya crintachlyd oedd cymdeithasau yn ardaloedd ffermydd mawr Ynys Môn.

Pan oedd dau ohonom yn arwain Clwb Ffermwyr Ifanc y Sarnau mi roedd yna bwyslais gan y mudiad ar addysgu swyddogion ifanc sut i fynd ati i drefnu. Ac mi ddaru ni geisio addysgu ein hysgrifenyddion a'n trysoryddion fel hyn: Gofynnwch i bawb wrth anfon atyn nhw beth yw eu telerau neu nodi beth a gynigir iddyn nhw. Os ydyn nhw'n derbyn neu'n nodi telerau, yna rhoi'r siec mewn amlen iddyn nhw ar y noson. Os yden nhw'n dweud nad ydyn nhw isio tâl, neu'n dweud dim am y peth, yna rhoi tocyn llyfr neu arian iddyn nhw yn gydnabyddiaeth a hwnnw hefyd mewn amlen. Yn bendant nid oedd chwifio llyfr sieciau yn gyhoeddus, a hynny o flaen y gynulleidfa, i fod i ddigwydd. Hanner can mlynedd yn ddiweddarach, a finne'n ymweld â chymdeithasau, rwy'n sylweddoli nad yw'r wers yna byth wedi ei dysgu.

2016

# Lle hudolus

Tybed be fyddwch chi'n ei wneud wrth fynd mewn car ar eich pen eich hun? Gwrando ar y radio neu gasét neu gryno ddisg? Hymian ambell i gân? Gadael i'r meddwl grwydro? Nid siarad ar y ffôn bach gobeithio: tor cyfraith yw hynny erbyn hyn, diolch byth. Beth fydda i'n ei wneud yn amal yw adrodd yn uchel y farddoniaeth ddysgais i pan oeddwn i'n iau, a cheisio priodi'r geiriau efo'r lleoedd y bydda i'n teithio drwyddyn nhw.

Barddoniaeth T. H. Parry-Williams yw'r dewis amlwg pan fyddaf yn teithio drwy Eryri a byddaf yn adrodd yn uchel eiriau soniarus fel 'Fe ddaw crawc y gigfran o glogwyn y Pendist Mawr' ac 'i li afon Gwyrfai daw cramp fy marwolaeth i'. Mae digon o ddewis gan fod y gwron o Ryd-ddu yn hoff fardd. Yn nyffryn Nantlle 'Daeth dau wareiddiad newydd i'n dau blwy, ac ni ddaw Lleu i ddyffryn Nantlleu'n ôl' a geiriau tebyg gan R. Williams Parry fydd yn llenwi'r car â'u sŵn a'u clecian. Wrth deithio drwy Borthmadog, cerddi Eifion Wyn ac emyn Emrys – 'Arglwydd gad im dawel orffwys', a 'Pwy ydyw dy gariad, lanc ifanc o Lŷn?', geiriau William Jones Tremadog. Pan fydda i'n teithio i'r de o Lanbed a thrwy'r pentre gyda'r erthyl o enw 'Talley', daw geiriau arbennig y gof o Dalyllychau i'r meddwl – 'Wrth gofio'i riddfannau'n yr ardd a'i chwys fel defnynnau o waed'. Ac wrth wneud hyn oll rwy'n rhyfeddu at ddawn y beirdd, ac at gyfoeth ein traddodiadau.

Ond os af yn ôl i fy mhlentyndod, barddoniaeth plant sy'n dod i'r cof wrth gwrs, ac wrth imi fynd yn hŷn mae'r geiriau hynny'n dod fwyfwy i'r meddwl. Ac yn ddiweddar rwy'n cael fy hun yn adrodd yn amal gerdd T. Gwyn Jones, 'Lle bach tlws'.

> Yr oedd yno goed yn tyfu
> O gwmpas y lle bach tlws
> A dim ond un bwlch i fynd iddo
> Yn union 'run fath â drws.

Cerdd fach syml, ond mae dweud mawr ynddi. Ac fe gofiwch y diwedd falle, y bardd, oedd yn ifanc iawn, yn dweud wrth Idris – ei frawd o bosib – am y lle bach tlws. Ond roedd Idris yn ddeuddeg oed – yn hogyn mawr – a doedd o'n gweld dim byd ond coed. Ergyd y gerdd yw fod y dychymyg yn pylu wrth i ni fynd yn hŷn a byd rhamant yn cilio. Mor drist yw hyn, mor wir, ac fe'i disgrifiwyd yn gofiadwy gan Wordsworth hefyd:

> Shades of the prison house begin to close
> Upon the growing boy

A'r hyn sy'n digwydd i weledigaeth ddisglair y plentyn pan fydd wedi tyfu'n ddyn:

> At length the man perceives it die away
> And fade into the light of common day.

Erbyn hyn, yn anffodus, dim ond ambell i fan sy'n gyrru fy nychymyg 'yn drên', gan fod hen waliau carchar bodolaeth yn cau'r haul allan o'm bywyd a chen materoliaeth yn tueddu i bylu pethau. Ond diolch am ambell lecyn sydd o hyd yn dal yn gyfareddol ac yn disgleirio'n olau tanbaid mewn tywyllwch.

Yn ddamweiniol y dois i ar draws lle felly rai blynyddoedd yn ôl. Teithio, fel y byddwn yn amal, ar y ffordd brysur o Aberystwyth i Aberteifi yr oeddwn, a'r tro hwn wedi aros yn Aberaeron i brynu brechdan, ac yna'n chwilio am arhosfan i droi iddo i'w bwyta. Ac fe'i cefais ar yr allt serth brin filltir y tu allan i'r dref i gyfeiriad Aberteifi.

Cyn ailgychwyn ar fy nhaith, digwyddais sylwi bod yna gamfa yn y gwrych yn mynd drosodd i'r cae, a chan fy mod yn fusneslyd, ac yn gysglyd, dyma gamu drosti i weld i ble roedd yn arwain. Ac fe gefais sioc fy mywyd! Roedd camu dros y gamfa fel camu i fyd arall yn llythrennol. O'm hôl roedd ffordd brysur a thraffig di-baid ac arhosfan fudur, llawn sbwriel, yn duniau a phapurau o bob math. O'm blaen roedd twmpathau eithin a mwyar duon a chae ar oledd yn arwain yn syth, fe dybiwn i, at glogwyn ac yna, dim byd ond y môr!

Cerddais ar hyd y llwybr nes dod at fainc ac eistedd arni, fy nghefn at y ffordd a'r traffig, a'm hwyneb at y môr. Roeddwn i wedi gweld y môr am gyfran helaeth o'r ffordd, yn enwedig rhwng Aberystwyth ac Aberaeron, ond roedd ei weld y tro hwn fel ei weld am y tro cynta, fel mynd rownd y gornel rhwng Pentrefelin a Chricieth a'i weld, y môr mawr catholig yn ymledu o'm blaen. Mae'n rhoi sioc i mi bob tro.

Ond roedd y llecyn hwn uwchben yr allt ar fae Aberteifi yn wahanol i bob llecyn arall y bûm ynddo. Nid bod dim yn anarferol yn yr olygfa chwaith, a gallwn feddwl am sawl Idris na fyddai'n gweld dim ond cae a dŵr a thref ac awyr. Môr yw môr wedi'r cyfan, a 'dyw Aberporth, y gwelwn gip arno i'r chwith, mo'r lle harddaf yn y byd gyda'i orsaf dracio, a thref yw tref, hyd yn oed Aberaeron gymesur gyda'i lliwiau pastel tawel.

Doedd hi ddim hyd yn oed yn ddiwrnod arbennig o braf: cymylau eitha isel yn yr awyr a'r dŵr yn llwyd. Ond roedd yno rywbeth yn y lle. Tybed a fu rywdro yn fangre caer Frythonig, tybed a oedd traed hen gynoeswyr yn dal i droedio'r fan, a oedd yna ambell floedd neu ochenaid yn dal i lercian yn y twmpathau? Falle mai ffansi'r foment ydoedd, ond rwy'n cael yr un teimlad bob tro y byddaf yn galw heibio, ac y mae pob taith ar yr A487 bellach yn bererindod. Dros y blynyddoedd gwelais natur yno yn ei amrywiol foddau, unwaith â chaenen o eira gwyrthiol yn gwynnu'r llethrau, droeon pan oedd yr haul yn machludo'n llwybr coch ar draws y môr, ac am wn i mai dyna'r adeg y byddaf yn ei hoffi orau, gan fod yr holl elfennau y credai'r Groegwyr gynt eu bod yn llunio'r greadigaeth – tir ac awyr, tân a dŵr – yn bresennol gyda'i gilydd bryd hynny.

Y tro diwethaf imi fod yno daeth i'm cof eiriau Williams Parry yn ei sonedau 'Gadael Tir' ac fe'u hadroddais yn uchel i'r gwylanod oedd yn troelli uwchben. A phan gyrhaeddais y geiriau sy'n sôn am ddod 'at y fan, lle clywir rhu y môr ar benrhyn tragwyddoldeb maith', fe ges i'r teimlad, teimlad nas cefais cynt, nad lle oedd yno, ond man rhwng dau le, rhyw orsaf ar y daith, rhyw lecyn nad yw'n bod, rhyw fesanîn rhwng dau lawr, rhyw goridor rhwng dwy ystafell. O'm hôl yr oedd ystafell bywyd yn ei holl ruthr a'i sŵn a'i phrysurdeb, rhu traffig yn dyrnu i fyny'r rhiw, a gwastraff ein byw afradlon yn sbwriel budr ar ymyl y ffordd; o'm blaen yr eang fôr fel rhyw fywyd tragwyddol yn chwyddo fyth i'r lan, ac yn ymestyn hyd byth. Ai wedi mynd yn hen yr wyf ac yn graddol droi fy nghefn ar lanast y bywyd hwn? Ai rhyw ddirgel hiraethu am fangre lle caf aros am byth, am ryw nefoedd – sy'n beth? Yn 'uffern lonydd, leddf, ar ryw bell ros' falle? Na, nid uffern chwaith, ond paradwys lle y gallaf 'lesmair wrando anweledig gôr Adar Rhiannon yn y perl gynteddoedd sy'n agor ar yr hen anghofus fôr'.

Ond dydi hi ddim wedi dod i hynny eto, a falle nad yw'r cyfan ond ffansi, ac mai hudoliaeth lle sy'n fy ngyrru yn benwan. Ond gan fy mod yn credu mewn rhannu profiadau hyfryd, byddwn yn barod i unrhyw un ddod efo fi i'r fangre arbennig hon, cyn belled nad yw'n Idris oedd yn gweld dim byd ond coed yn y lle bach tlws.

2010

# Chi a ti

Mae'n debyg fod gan bawb ohonon ni bobol yr yden ni'n dweud chi wrthyn nhw a rhai yr yden ni'n dweud ti wrthyn nhw. Hawdd yn tydi? Wel nagydi, ddim i fi, nac i lawer ohonoch chi falle.

Ddim yn amal y bydda i'n cyfadde bod y Saesneg yn gallach na'r Gymraeg, ond wir, dyma un enghraifft lle mae hynny'n wir. Dim ond yr *you* sydd ganddyn nhw, ar wahân i *thou* y byd crefyddol wrth gwrs, ac mae hwnnw wedi ei ddisodli i raddau helaeth iawn gan *you* erbyn hyn: '*hallowed be your name*' ddarllenais i ar y we wrth chwilio am Weddi'r Arglwydd. Dyna broblem y Saeson, os oedd hi'n broblem, wedi ei llwyr ddatrys. Ond i ni Gymry, wel pwy fase'n meddwl y gallai dau air mor fychan beri cymaint o anhawster.

Magwraeth ydi llawer ohono fo wrth gwrs. Fyddai Nhad a Mam byth yn dweud ti wrth ei gilydd, er mai ti fydden nhw'n ei ddweud wrthon ni'r plant. 'Dwi'n adnabod pobol sy'n dweud chi wrth eu plant yn ogystal. Falle bod y rheini yn dweud chi wrth y ci hefyd, os oes ganddyn nhw un. Rydw i wedi fy nghyfyngu oherwydd fy magwraeth felly i beidio dweud ti wrth fawr neb sy'n hŷn na fi, dim ond wrth rywun yr un oed neu iau.

Mae fy ngwraig o Sir Drefaldwyn wedi ei magu'n wahanol. Saesnes oedd ei mam beth bynnag, a phan ddysgodd hi Gymraeg roedd yn dweud ti wrth bawb. Dyna duedd ei phlant felly. 'Dwi'n cofio mynd ar ymweliad â'i chartref am y tro cynta, a chamu oddi ar y bws ger y post yn Llangadfan. Yno yn sefyll ar y palmant yr oedd ewythr Nansi, un mewn gwth o oedran. 'Sut wyt ti, Yncyl?' gofynnodd iddo, a chefais dipyn o sioc wrth ei chlywed!

Canlyniad ein magwraeth, mae'n siŵr, yw fy mod i'n galw fy nau fab yn nghyfraith yn chi, a hithau'n dweud ti wrthyn nhw. Yr un fath efo gwŷr dwy o'm hwyresau, chi gen i, ti ganddi hi. Ond 'dwi'n dweud ti wrth y merched sy'n gariadon i ddau o'm hwyrion. Pam tybed? Ond dyna ddigon o rwdlan teuluol am y tro.

Mae'r holl fater yn broblem y tu allan i'r teulu hefyd, yn fwy felly o bosib. Mae dwy ferch o'r un oed yn union y bûm i'n athro arnyn nhw yn yr ysgol gynradd yn byw yn yr ardal, a 'dwi'n dweud ti wrth un a chi wrth y llall. 'Dwi'n meddwl mod i'n gwybod pam. Mae rhieni un yn fy ngalw'n Mr Pritchard tra mod i wedi bod yn was priodas i dad y llall, yn ffrindiau efo fo ers dyddiau ysgol ac yn ei alw'n ti, a fo felly efo fi. Ydi, mae'r cyfan yn dod yn ôl dro ar ôl tro i hir arfer a dylanwad magwraeth a rhieni.

A dweud y gwir, 'dwi ddim yn meddwl ei fod o bwys mawr be 'dech chi'n galw rhywun; sut 'dech chi'n eu trin nhw sy'n bwysig. Ond mae yna un eithriad. Mae'n gas gen i glywed pobol ar y cyfryngau yn dweud ti wrth ei gilydd mewn rhaglenni. Gallwn enwi rhai sydd wrthi o hyd. Mae cyflwynwyr 'Heno' yn ddrwg am hyn, roedd hi'n ti a tithe hyd yn oed efo Cyfarwyddwr newydd yr Urdd yn gymharol ddiweddar, un o'r swyddi uchaf ei statws yng Nghymru. Mi wn i pam mae hyn yn bod: ymgais mae'n debyg i wneud y rhaglenni yn rhai cartrefol. Ond y gwrthwyneb sy'n digwydd. Mae'n cyfleu'r syniad i ni wylwyr a gwrandawyr ein bod tu allan i bethau, heb fod yn rhan o'r cylch clòs, cyfyng, cyfryngol. Os mêts, mêts. Falle nad felly y mae hi mewn gwirionedd, ond yn sicr dyna'r argraff a gyflëir. Mae mwy iddi na hynny hefyd. Nid pawb sy'n cael eu cyfarch efo ti, ac mae hynny ar unwaith yn creu math o ddau ddosbarth o bobol sy'n ymddangos yn y rhaglenni. Dydi o damaid o bwys os ydi'r cyflwynydd yn ffrindiau penna efo'r gwestai, nid fel dau neu ddwy ffrind y maen nhw'n cyfarfod yn y rhaglen.

Fy nghyngor fyddai dilyn Dei Tomos. Dyma i chi ddarlledwr nad yw byth yn galw neb yn ti ar ei raglenni, ac fe'i clywais yn dweud nad yw'n cyd-fynd â'r arfer. Ti a tithe cyn ac ar ôl y rhaglen falle, chi yn ystod y darllediad. A hawdd iawn yw dychwelyd i hen arferiad os oes raid. Pan oeddwn i'n gweithio i Wynedd daeth Gwilym Humphreys yn Gyfarwyddwr Addysg. Roeddwn yn ei adnabod yn dda yn y coleg ac yn canu mewn triawd efo fo. Ti a tithe oedd hi bryd hynny, ond yn ein swyddi yng Ngwynedd, chi bob tro. Pan ymddeolodd aeth yn ti a tithe yn ôl a hynny'n gwbwl naturiol. Cwbwl naturiol, medde fi. Falle wir, ond mi fydd chi a ti yn broblem i mi tra bydda i, a'r achlysuron problemus hynny ydi'r unig adegau y teimlaf ddyhead Huw Jones yn fy meddiannu – 'Dwi isio bod yn Sais'.

2016

# Cŵn

Waeth i mi gyfadde ar y dechrau ddim, does gen i ddim i'w ddweud wrth gŵn. Yr unig rai y gallaf eu goddef yw y rhai yr ydw i'n hoff o'u perchnogion, a rhyw oddef ail law yw hwnnw.

Wrth fynd heibio, rhaid imi gyfeirio at un achlysur yn ymwneud â chi ddigwyddodd pan oeddwn i'n blentyn, eitha ifanc am wn i, gan mai wedi mynd efo fy nhad yr oeddwn i draeth Penllech yn Llŷn. Ond rwy'n cofio'r achlysur fel ddoe. Daeth dyn od yr olwg i'n cyfarfod ar y traeth, dyn tal oedd yn gwisgo shorts, peth digon anarferol bryd hynny dybia i. Arhosodd i siarad efo Nhad gan eu bod yn amlwg yn adnabod ei gilydd. Yn sydyn daeth ci o rywle ac fe ddychrynodd y dyn am ei fywyd. Cofiaf ei frawddeg byth, a'r llais main oedd ganddo: 'Mae gen i ofn pob ci ond ci ni.' Ond nid dyna arbenigrwydd y foment ond y ffaith mai'r gŵr yma oedd Bodfan, neu Bodfan Anwyl y geiriadurwr, a brawd Syr Edward Anwyl. Rwy'n dal i ddefnyddio ei eiriadur Spurrell, fel y gelwir ef, hyd y dydd heddiw ac yn cofio hefyd fod gan y Dr John Gwilym Jones feddwl mawr o'r geiriadur hwnnw. Roedd Bodfan yn byw gerllaw yn ardal Llangwnnadl ac yn mynd i draeth Penllech yn amal, yn wir yn nofio yno bron bob dydd; ac yn drist iawn boddi wnaeth o un pnawn ar y traeth hwnnw heb fod neb hyd y dydd heddiw yn siŵr iawn sut y digwyddodd hynny.

Ond isio sôn am fy mhrofiadau i efo cŵn yr oeddwn. Bu adeg pan oedd tri theulu o Saeson yn byw ym mhentre'r

Sarnau, ym Mhenybanc, Broncaereini a'r Bwthyn, a bryd hynny gallwn gyfri mwy o gŵn yn y pentre nag o bobol. Dydi hi ddim felly erbyn hyn, diolch am hynny. Mae cŵn yn byw ar draws y ffordd i mi, ond cŵn ffarm yw y rheini, ac maen nhw'n dderbyniol ac yn cyfarth yn Gymraeg. Yn fy meddwl i, dim ond ffermwyr ddylai fod yn berchnogion cŵn, ond does dim rhaid i chi wrando arna i, 'dwi'n sobor o ragfarnllyd!

Mae Penybanc yn agos i Neuadd y Sarnau, yr hen ysgol, ac yno unwaith yr oedd gŵr a gwraig, Saeson anghymdeithasol, a nifer o gŵn yn byw. Mae ymddygiad y dyn un noson yn sefyll yn fy nghof. Noson Eisteddfod y Sarnau oedd hi, nos Wener gynta Chwefror, a'r arferiad ar ôl i'r plant orffen eu cystadlaethau nhw – tua wyth o'r gloch – ydi eu bod yn mynd allan i redeg tipyn o gwmpas y Neuadd a gollwng stêm. Mae'n gweithio'n iawn bob tro, heb amharu dim ar yr eisteddfod. Byddwn ninnau, rai o aelodau'r teulu, yn picio i'r tŷ am baned gan ein bod yn byw gerllaw, ac felly'r tro yma. Yn sydyn, daeth cnoc ar y drws ac aeth un o fy wyrion i'w ateb. Gŵr Penybanc oedd yno yn holi am Nansi, gan y gwyddai ei bod hi ar bwyllgor y Neuadd. Aeth hithau i siarad efo fo. Cwyno yr oedd o fod y plant wedi deffro ei gŵn, ac roedd o hefyd wedi ffonio'r heddlu a daeth dau ohonyn nhw i'r Sarnau. Bu bron i rai o aelodau fy nheulu ei lindagu, ond llwyddwyd i dawelu pawb yn y man. Chafodd o fawr o foddhad o'i ymweliad, coeliwch chi fi, na chydymdeimlad gan yr heddlu chwaith. Yn ffodus fu'r hen sinach ddim byw yn hir yn y fro cyn ymadael i rywle arall. Gwynt teg ar ei ôl o.

Falle mai rhagfarn yn erbyn perchnogion cŵn ddylai fod gen i mewn gwirionedd, nid y cŵn eu hunain. Bu amser pan fyddai'r cyfryw berchnogion mewn gwlad a thre yn mynd â'u cŵn am dro er mwyn iddyn nhw gael gwneud eu busnes yn ddigon pell oddi wrth eu tai nhw. Mae pethau wedi gwella erbyn hyn, ond mae'n dweud llawer am y perchnogion mai dim ond ar ôl deddfu yn erbyn, a ffein drom am dorri'r deddfau hynny, yr aeth y mwyafrif i'r drafferth o lanhau ar ôl eu hanifeiliaid. Y mwyafrif ddwedais i; mi wn fod rhai yn gwneud hynny cyn i'r deddfau ddod i rym, chwarae teg.

'Dwi isio sôn am ddau gi yn arbennig fu'n rhan o fy mhrofiad i mewn rhyw ffordd. Un oedd Sam, ci fy mrawd oedd yn byw ym Meddgelert efo'i fodryb. Hen derier bach oedd Sam, un snaplyd, blin, ac mi groesais gleddyfau efo fo sawl tro. Falle mai profiad annymunol efo fo sy'n gyfrifol 'mod i'n casáu cŵn, wn i ddim, 'dwi ddim yn cofio, ond mi allai fod. Byddai'n rhaid iddo ddod efo ni am dro ym Meddgelert pan oedd fy chwaer a finne ar ein gwyliau yno. Enw'r stryd yn y pentre sydd ar ffordd Penygwryd yw Stryd Gwynant, ac yn un o'r tai yn y stryd honno roedd cath yn byw. Fe ymosododd unwaith ar Sam a chrafu ei drwyn, a'r hyn 'dwi'n ei gofio wrth fynd â fo am dro yw ei fod, cyn cyrraedd y tŷ arbennig hwnnw, yn croesi'r ffordd ac yn mynd ar wib heibio'r fan. Oedd, roedd o'n cofio, ac roedd o'n rhoi rhyw bleser rhyfedd i mi i wybod bod meistr ar meistr Mostyn.

Bu gan un o fy wyresau gi, gast Jac Russell o'r enw Siani – un ddigon annwyl a dweud y gwir, ac roedd y teulu i gyd yn ei haddoli. Mi fyddwn i'n tynnu ar y plant weithiau ac yn dweud y dylai Siani rowlio ar y llawr a marw er mwyn inni gael gwneud sosej rôls ohoni. Rhyw dynnu coes gwirion fel yna. Mi gofiaf am un ymweliad arbennig gan Llio, ei berchennog. Wyth oed oedd hi ar y pryd ac fe ddaeth i'n tŷ ni un min nos efo'i mam a chael swper efo ni – tatws newydd cynta'r tymor o'r ardd. Aeth yr un fach ati i ddweud wrthyf am un o driciau newydd Siani, a finne, yr hen sinach ag ydw i, yn ail adrodd fy nyhead i wneud sosej rôls ohoni. Roedd hi'n flin iawn wrtha i, fel y gallwch feddwl. 'Ddylet ti ddim bod yn flin efo fi,' meddwn i, 'rwyt ti wedi cael croeso yma a thatws newydd o'r ardd i swper.'

A dyma hi'n troi at ei mam a chyda holl ddoethineb a sinigiaeth yr wythmlwydd oed yn dweud: 'Mae'i datws o'n iawn, 'i bersonoliaeth o 'di'r drwg.'

Wel, am ddweud, am fy rhoi yn fy lle. Ac roeddwn i wrth fy modd. Oeddwn, wedi mopio'n llwyr. Pam? Wel, ystyriwch am funud. Roedd hi, yn wythmlwydd oed, wedi defnyddio'r gair personoliaeth yn ei ystyr a'i gyd-destun cywir. Mwy na hynny, roedd ei brawddeg yn gytbwys o'r diriaethol a'r haniaethol, tatws a phersonoliaeth. A finne'n clywed cymaint o iaith sathredig ymysg plant ac oedolion, roedd ei brawddeg bron fel goleuni mewn tywyllwch! Ac fe'i cofiaf tra bydd gennyf gof.

Mae'r wyres honno wedi priodi erbyn hyn ac mae ganddi hi a'i gŵr gi, oes wrth gwrs, Labrador mawr, du, ac mi rydw i'n cau fy ngheg!

2016

# Ateb parod

Rydw i wrth fy modd efo atebion parod, sydyn, ac yn edmygu'r bobol yna sy'n gallu meddwl mor chwim. 'Dwi wedi llwyddo fy hun ambell waith, ond gan amlaf mae'r ateb clyfar yn dod yn rhy hwyr, ac os oes ysbaid wedi mynd cyn yr ateb dyw'r effaith ddim yr un peth.

'Dwi'n rhyw dybio mai fy hoffter o'r ateb parod sy'n golygu 'mod i'n dal i gofio'r rhan fwya o un o'r cerddi gwamal ddarllenais i pan oeddwn yn blentyn hyd y dydd heddiw. 'Ateb Call' yw ei theitl, ac fe ymddangosodd yn Llyfr 2 o'r gyfres *Darllen a Chwarae* gyhoeddwyd amser maith yn ôl. Chofia i ddim pwy oedd yr awdur ond 'dwi'n meddwl mai W. Mitford Davies oedd yr arlunydd, ac roedd un o'i luniau ardderchog o ar y dudalen efo'r gerdd.

Un o'r llyfrau oedd yn yr ysgol yng Ngwyddelwern oedd o, ac fe'i darllenais ganwaith. 'Dwi ddim wedi gweld copi ers blynyddoedd lawer, ond dyma'r pennill cynta bron yn gywir, gobeithio:

> Gofynnwyd imi unwaith gan ddyn o'r enw Siôr,
> 'Pa faint o fwyar duon sy'n tyfu yn y môr?'
> Atebais innau yntau a hynny yn ddi-oed,
> 'R un faint ag sydd o benwaig yn tyfu ar y coed.'

Dydw i ddim mor siŵr o'r ail bennill, chwarae ar y gair 'lli', 'dwi'n meddwl, ac mae'r pennill ola yn rhywbeth i'w wneud efo côt i Bero'r ci a'r llinell ola un yw:

Aeth Siôr i ffwrdd dan wenu, a finne'n teimlo'n gawr.

Debyg iawn, teimlo'n gawr oherwydd yr atebion parod sydyn 'call' a roddwyd i gwestiynau gwirion Siôr. Ac mae'r fedr honno gan lawer.

Dyma gyfeirio at ryw bedair enghraifft glywais i ac sy'n dod yn syth i'r meddwl wrth ystyried dawn yr ateb parod, yr ateb sy'n clensio sgwrs neu ddadl, sydd – fel y dwedodd Tom Parry yn ei lyfr ar lenyddiaeth yng Nghyfres Pobun am rywun neu rywbeth – 'fel clo ar ddrws ac nid clep'.

Mae gwleidyddion yn enwog am eu hatebion parod, a chlywais lawer erioed. Un sy'n dod i'r meddwl yn syth, gan fy mod i yno, yw Gwynfor Evans yn annerch cyfarfod ar ran Plaid Cymru yng Ngwyddelwern pan oeddwn yn hogyn, a rhywun yn ymosod yn ffyrnig eiriol arno gan edliw culni'r Blaid iddo yn meddwl am neb na dim ond Cymru. 'A be mae'r Beibl yn ei ddweud?' holodd yr ymosodwr yn uchel ei gloch, a dyfynnu'r ateb, 'Ewch i'r holl fyd a phregethwch yr efengyl i bob creadur.' Ac meddai Gwynfor Evans yn dawel fonheddig, fel y byddai, 'gan ddechrau yn Jerwsalem.'

Stori wedyn gan y Parch. J.W. Jones Conwy, un o bregethwyr mwya dawnus y Methodistiaid a'r un a'm bedyddiodd i, tase fater am hynny. Pwysleisio yr oedd bwysigrwydd yr eglwysi bychain oedd, er eu maint, yn rhan o'r eglwys fyd eang. Fe adroddodd stori am ddau Sais yn teithio ar y trên – y *Mail* – o'r Bermo i Gaer ac yn stopio yn nhrymder nos yng ngorsaf fechan y Garneddwen rhwng Dolgellau a Llanuwchllyn, stesion neu 'Halt' nad oedd wir yn ddim ond pwt o blatfform a chwt pren. Y ddau yn rhoi eu pennau allan a gweiddi'n haerllug ar y porter yn Saesneg. 'Ai dyma Paddington?' 'Nage,' atebodd y porter, 'ond yr un cwmni.'

Rai blynyddoedd yn ôl cefais innau ateb sydyn gan Idris Davies, yr arweinydd Noson Lawen arbennig o Lynceiriog, un hynod chwim ei feddwl a ffraeth ei dafod. Bu'n un o weithwyr selog ei gymdeithas yn ei fro a thu hwnt ac mae'n chwith gorfod rhoi 'Y Diweddar' o flaen ei enw erbyn hyn.

Rai blynyddoedd yn ôl fe ffoniodd o fi a gofyn imi fynd yn ŵr gwadd i ginio cymdeithas arbennig yn y Glyn, eu cinio Nadolig. Roedd hyn bron i flwyddyn cyn yr achlysur. Tua diwedd Chwefror roeddwn i yn y Bala a phwy welwn i'n siarad efo rhywun ar ochor y stryd ond Idris. Ac mi wyddoch fel y mae rhywun, rhyw hen amheuaeth pan welais i o ai cinio Nadolig ynteu ginio Gŵyl Ddewi yr oeddwn i wedi addo mynd iddo, a dyma groesi'r ffordd i ofyn iddo. 'Na, rwyt ti'n iawn,' meddai. 'Dolig nid Gŵyl Ddewi wyt ti i fod acw. Rho fo fel hyn, rw't ti'n debycach i Siôn Corn nag i Ddewi Sant!'

Ac un enghraifft arall. Roedd cydweithiwr – Gruff Roberts, Dyserth – a finne, pan oedden ni'n gweithio i Awdurdod Addysg Gwynedd, wedi mynd i gynhadledd ymgynghorwyr Saesneg yn Efrog lle'r oedd rhai o gewri byd addysg yn Lloegr yn darlithio. Un ohonyn nhw oedd merch o'r enw Catherine Perera, oedd yn arwain rhyw broject ar ddysgu Saesneg yn ysgolion Lloegr ar y pryd. Merch ddeallus tu hwnt. Amser te ar yr ail ddiwrnod roedd Gruff a finne yn digwydd rhannu bwrdd efo hi, a hithau'n holi amdanom ac am ein cefndir Cymreig. 'Dwedwch i mi,' holodd yn Saesneg, 'oes gan yr iaith Gymraeg lenyddiaeth?' Cefais gymaint o sioc clywed y fath gwestiwn gan ferch mor arbennig fel na allwn wneud dim ond edrych arni'n gegrwth. Ond nid Gruff, diolch i'r drefn. Fe ddaeth ei ateb fel ergyd o wn, ac fe'i dyfynnaf yn y Saesneg gwreiddiol: '*Welsh had a literature when your ancestors were swinging in the trees.*'

Mi dderbyniodd Catherine Perera yr ateb yn raslon iawn os cofiaf, ond roedd hi'n ergyd yn y solar plecsys on'd oedd? A pheth felly yw'r ateb parod gan amlaf.

2016

# Diflastod

Rhaid i mi gyfadde 'mod i wedi dod i'r casgliad mai'r diflastod pennaf yng Nghymru erbyn hyn yw rygbi rhyngwladol. Ac mae tri gair yn arbennig yn gyfrifol am y diflastod hwnnw, sef y cyfryngau, y cymalau a'r cwrw.

Ydw, rydw i'n gwylio'r gemau rhyngwladol i ryw raddau, ac roeddwn i'n arfer mynd i rai ohonyn nhw. Ond pam 'dwi'n gwylio a pham mai'r gêm yn erbyn Lloegr yw'r un bwysica? Does a wnelo hyn oll ddim â rygbi, mae a wnelo ag ymladd hen frwydrau'r gorffennol oedd yn arfer bod ar gaeau yn erbyn ein prif elyn, a'n prif elyn dros y canrifoedd, does dim gwadu hyn, fu'r Saeson. Mae curo'r Saeson ar y maes cenedlaethol fel rhoi cweir iddyn nhw ym mrwydr Bryn Glas neu un o amryw frwydrau eraill y pum can mlynedd diwethaf. Trueni bod cymaint o Gymry yn genedlatholwyr ar y maes rygbi yn unig ac yn credu bod curo'r hen elyn yn rhyw fath o iawn am bopeth arall wnaethpwyd inni. A pha anthem genedlaethol well i'w chanu ar achlysuron o'r fath na Deleila? Cymru gwlad y gân ynte?!

Erbyn heddiw y mae Adrannau Chwaraeon S4C a Radio Cymru'n cyfrannu'n helaeth tuag at y diflastod hwn. Yn wir, rydw i bron yn credu erbyn hyn mai'r adrannau chwaraeon sy'n rhedeg ein cyfryngau; yn sicr y mae ganddyn nhw ormod o rym. Cawn ein hatgoffa mewn bwletinau newyddion ddegau o weithiau mewn diwrnod am ddyfodiad a phwysigrwydd y chwe gwlad fel y gelwir y gystadleuaeth, ac o bwysigrwydd yr hyn a ddywed hwn a'r llall. Cawn yr efengyl yn ôl Shane Williams neu Jonathan Davies neu eu tebyg yn cael ei hadrodd inni fel tase hi'n rhan o'r Bregeth ar y Mynydd, ond yn llawer pwysicach wrth gwrs. A chawn ddadansoddiad treiddgar un neu ragor o'r chwaraewyr rhyngwladol hynny drodd eu cefn ar rygbi yng Nghymru a mynd i chwarae i Ffrainc neu Loegr.

Yr ail reswm am y diflastod yw'r cymalau sy'n sefyll am gyhyrau a chryfder corfforol yn ogystal ag am agweddau neu rannau o'r gêm. Bu rygbi unwaith yn gêm braf i'w gwylio, ac rwy'n ddigon ffodus i gofio'r saithdegau a'r rhedwyr gwyrthiol oedd gennym bryd hynny. Erbyn hyn aeth rygbi yn frwydyr gorfforol sy'n para am wyth deg munud, ar linell a elwir yn llinell fantais, ac os bydd rhywun yn llwyddo i wneud rhediad o ychydig lathenni efo'r bêl, waw, mae hynny'n wyrth. Aeth ein chwaraewyr rygbi yn gorfforol gryf nes bod y cryfder bron yn glefyd erbyn hyn, a chyrff rhai o'n chwaraewyr rhyngwladol mor gyhyrog neu eu bod bron yn grotesg. A gwell imi beidio cyfeirio at glustiau rhai ohonyn nhw! Cadw'r llinell amddiffynnol neu groesi'r llinell fantais yw'r gêm erbyn hyn, ac os bydd un tîm yn 'gofyn cwestiynau' i'r llall, wel dyna beth yw llwyddiant. Diflas ar y naw yw'r rhan fwya o gemau bellach a phrin yw'r medrau cynhenid yn y chwarae. Roedd hyd yn oed gicio diddiwedd Clive Rowlands yn fwy cyffrous na'r hyn sy'n digwydd heddiw. A ŵyr ein chwaraewyr bellach hyd yn oed ystyr y term ochrgamu? Go brin, ond maen nhw i gyd yn gybyddus â'r 'llwybr tarw'. Mae'r sylwebyddion yn cyfrannu at y diflastod hwn hefyd, a phob tro y clywaf am rywun yn 'croesi'r gwyngalch' – erchyll ymadrodd –rwy'n teimlo fel sgrechian.

Ac yna'r cwrw. Ni ellir rygbi heb hwnnw. Hwnnw stopiodd fi i fynd i gemau. Y tro ola imi fod, wedi talu'r tocyn druta ar y trên (Arriva Cymru *on the make* y diwrnod hwnnw), bwyta pryd drud yn y ddinas (busnesau Caerdydd *on the make* y diwrnod hwnnw), a thalu ffortiwn bron am docyn i'r gêm (Undeb Rygbi Cymru *on the make* y diwrnod hwnnw), roeddwn i'n codi ac eistedd bob yn ail fel jac yn y bocs wrth i'r rhai yn yr un rhes fynd i nôl cwrw, yna'n ôl i'w yfed, codi i fynd i'w wagu o'u cyrff cyn ail ddechrau'r broses. Byddai gwahardd diod o arena'r chwarae yn help ond gan mai *on the make* y mae Undeb Rygbi Cymru wnân nhw mo hynny.

Falle o ran hynny y dylwn i fod yn fwy goddefgar tuag at yr yfwyr hyn. Be fyddai rygbi bellach heb y cwrw, a heb yr heip meddwol ar strydoedd Caerdydd? Mae'r ateb yn y teitl – diflastod. Ac fel tase i gadarnhau fy nghred, mi welais ar y teledu mewn gêm ryngwladol chwe gwlad y llynedd, neu Gwpan y Byd, 'dwi ddim yn cofio pa un, y peth erchyll hwnnw y *Mexican wave* yn mynd trwy'r dorf. Mewn difri y *Mexican wave* mewn gêm rygbi ryngwladol! Dyna mewn gwirionedd yw cyrraedd y *pits* on'd te fe?

2016

# Trenau

Ar un o waliau'r ystafell a alwaf yn stydi y mae llun o Stesion Gwyddelwern. Chaiff o ddim bod yn unman arall achos dydi'r teulu ddim yn ei hoffi, ond tra byddaf i, yno y bydd y llun. Stesion Gwyddelwern yn yr eira ydi o ac mae trên yn dod i mewn o gyfeiriad Dyffryn Clwyd a Stesion Derwen; llun gan rywun o'r enw D. Roberts, rhif 5 o gasgliad o 75, yn dyddio'n ôl i 1951.

'Dwi wrth fy modd efo fo, achos 'dwi wrth fy modd efo trenau. Gyda llaw, stesion ddweda i nid gorsaf, achos mae'r gair yn dod o'r Lladin *statio* sy'n golygu sefyll ac mae ganddon ni gymaint o hawl iddo â'r Saeson. Y syniad o drên yn sefyll neu'n aros, dyna roes fod i'r gair. Ac aros neu sefyll y byddai pob trên ddeuai trwy Wyddelwern.

'Dwi wedi byw rhan gynta fy oes wrth y lein a threnau yr LMS yn pasio'n rheolaidd drwy'r dydd a gyda'r nos, o Gorwen i'r Rhyl a'r ffordd arall, a'm huchelgais ar un adeg oedd bod yn yrrwr trên. London Midland Scottish oedd yr LMS ac roedd o'n gwmni mawr. Yna yng Nghorwen roedd cwmni arall efo lein o Riwabon i Bwllheli sef y GWR – y Great Western Railway. Pan oeddwn i'n hogyn roeddwn i'n meddwl bod yr LMS yn well na'r GWR: London a Scottish yn well na Gorllewin Cymru. 'Dwi wedi callio erbyn hyn.

Mae, neu mi roedd, cyfundrefn y rheilffyrdd yn un ryfeddol. Meddyliwch fod O.M. Edwards yn gallu mynd o Lanuwchllyn i Rydychen neu Lundain heb newid ond unwaith – yn

Rhiwabon! Ond yna daeth Beeching a'i fwyell, dinistriwr cibddall os bu un erioed, ac fe ddifethodd ac fe ddarniodd y gyfundrefn wych gan ei gwneud yn gysgod o'r hyn a fu.

Ond dyna ddigon o fytheirio, a dyma fynd ati i gyfeirio at ambell brofiad yn ymwneud â threnau. Y cynta, mae'n siŵr, oedd trên bach yr ucheldir o Gaernarfon i Feddgelert ac ymlaen i Borthmadog. Fuoch chi ar hwnnw? Naddo? Dech chi ddim wedi byw. Wel, mi 'dwi yn ei led gofio pan oedd o'n mynd cyn dechrau'r rhyfel. Bach iawn oeddwn i, mae'n rhaid, achos mi fu'n rhaid i Nhad danio matsys pan oedden ni'n mynd trwy'r twneli rhwng Beddgelert a Nantmor am 'mod i ofn y tywyllwch. Ie, tipyn o hen fabi oeddwn i!

Ym mlynyddoedd cynta Ysgol Tŷ Tan Domen yn y Bala roedd pnawn dydd Mawrth yn dod â phrofiad o ddau drên i mi. Hyd yn oed yn y blynyddoedd pan oedd bws wedi disodli'r trên i ni blant Gwyddelwern, mi fyddwn ar bnawn Mawrth teithio ar y trên o'r Bala i Gorwen er mwyn cael gwersi piano gan Christmas Evans yn ei dŷ, Cartrefle. Yna cawn y trên pump i Wyddelwern – y GWR a'r LMS yn fy nghario y diwrnod hwnnw felly.

Mae gen i obsesiwn efo amser ac ofn bod yn hwyr ble bynnag y byddaf. Fy ofn mawr wrth fynd at Christmas Evans i gael y wers biano oedd colli'r trên pump i Wyddelwern gan fod y stesion yng Nghorwen beth pellter o Gartrefle. Ond mi drewais ar gynllun. Byddai Christmas Evans yn fy anfon i fyny'r grisiau at y piano pan gyrhaeddwn a byddai yntau'n dilyn yn araf ac yn swnllyd gan fod ei frest yn wan a dringo'r grisiau yn dipyn o dasg iddo. Digon o amser i mi symud bysedd y cloc bum munud ymlaen, a dyna wnawn i bob tro. Wnes i erioed ystyried oedd o'n sylwi bod y cloc yn ennill pum munud bob pnawn dydd Mawrth!

'Dwi'n mynd ar drenau bob cyfle gaf i. Bûm unwaith cyn

belled â'r Kyle of Lochalsh gan aros yno am noson ac yn Inverness ar y ffordd i fyny a'r ffordd i lawr. 'Dwi'n euog o fod wedi llusgo Nansi i wahanol stesions hefyd – yn Llundain yn enwedig. 'Be gawn ni wneud heno? Be am bicio i Victoria neu St Pancras neu King's Cross?' A wna i mo'ch blino trwy grybwyll enwau stesions mawr eraill Lloegr a gwledydd y cyfandir. Mae bod ynddyn nhw bob amser yn wefr.

Mae dwy agwedd i hyn wrth gwrs; y syniad o drenau o bob math yn mynd ar eu taith i wahanol fannau gan leibio'r milltiroedd, a'r llall yw'r holl bobol sy'n gwau drwy ei gilydd, yn brysio mynd o fan i fan, o gaffi i siop, i fyny ac i lawr grisiau llonydd a symudol, yn gwylio'r hysbysfyrddau, yn gwarchod eu paciau, yn chwilio am sedd, y cyfan yn ymddangosiadol ddigynllun a digyfeiriad, ond mor ddisgybledig a bwriadus â gwenyn mewn cwch. Pawb ar fynd, pawb â'i stori, â'i fwriad, â'i helbul a'i broblem. A'r cyfan oll wedi ei grynhoi o fewn cwmpas y llygad. Gwych o le yw stesion a gwych o brofiad yw bod yno.

Ond yn ôl at y trenau ac un atgof i orffen. Pan oeddwn i'n 70 mlwydd oed cefais wireddu breuddwyd plentyndod pan brynodd y teulu, chwarae teg iddyn nhw, yr anrheg orau ges i erioed. Cyfle i yrru trên Llangollen, o Langollen i Lyndyfrdwy ac yn ôl ddwywaith. Y tro cynta fel y taniwr, a'r ail dro fel y gyrrwr. Profiad ardderchog, cael tynnu ar y lifar i gyflymu neu arafu, brecio lle'r oedd o'n nodi'r cyflymder ar ochor y lein, a thynnu ar y chwisl wrth gwrs lle bynnag y byddai'n gorchymyn hynny. Roeddwn i'n meddwl fy hun y munudau hynny gan deimlo mai fi oedd yn rheoli'r peiriant pwerus. Dim ond un peth oedd yn tynnu oddi ar y profiad. Mi ddwedais mai gyrru trên oeddwn i; wel, 'di hynny ddim cweit yn gywir, gyrru injian oeddwn i. Pam na fasen nhw wedi bachu cerbyd neu ddau wrth yr injian wn i ddim; hyd yn oed efo'r cerbydau hynny'n wag, byddai wedi rhoi gwell syniad o reoli trên go iawn.

Ond na hidiwch, mi wnes i fwynhau'r gyrru y noson honno flynyddoedd yn ôl bellach, ac mae gen i dystysgrif i brofi imi wneud hynny'n llwyddiannus, ac yr ydw i yn falchach o honno na'r un arall sydd gen i. Wir i chi!

2016

# Edrych yn ôl

# Nôl adre

Nid Gwyddelwern yw'r pentre harddaf yng Nghymru, ac nid Bryn Myfyr, fy nghartre nes imi briodi, yw'r tŷ harddaf yn y pentre, oddi allan beth bynnag; ond i mi pan oeddwn i'n blentyn roedd o'n lle rhyfeddol.

Ar y landing yr oedd y llun oedd, o bwyso bys yn y lle iawn, yn agor i dwnnel tanddaearol, twnnel oedd yn arwain i Gastell Caernarfon fel yr un yn nofel Elisabeth Watkin Jones, *Plant y Mynachdy*. Y landing oedd yr oriel lle clywn yn amal yn y nos sŵn traed y Capten John Gwynne yn cerdded yn araf ar hyddi nes aros o flaen y llun a llwyddo i ddarganfod y botwm hud. Drwy ffenest y stydi y gollyngwyd y neidr laddodd y plismon yn *Dirgelwch Gallt y Ffrwd* (E. Morgan Humphreys), ac yng nghefn y tŷ, y tu hwnt i'r ardd, yr oedd y boncyn serth llawn rhedyn a drain lle y darganfuwyd corff brawd y gweinidog. Dan y bwrdd yn y gegin yr oedd howld y llong yr hwyliodd Harri ynddi i *Ynys y Trysor* (R. Lloyd Jones) – howld llawn llygod mawr gyda llaw! A thrwy holl ffenestri'r ffrynt gallwn weld y ficrej, tŷ yr oedd golau i'w weld ynddo hyd yn oed pan nad oedd neb yno'n byw, gan ei fod yn lloches i ladron a llofruddion, a'i selerydd yn llawn o bobol ddiniwed – a phlant – oedd yn cael eu cam-drin a'u poenydio. Yn nhrymder nos a phobman yn dawel, gallwn, o agor un o'r ffenestri, glywed eu sgrechian a'u hochneidio wrth iddyn nhw erfyn am drugaredd!

Fe ddaeth hyn i gyd yn ôl i mi yn ddiweddar pan ges i a Nansi ein gwahodd gan berchnogion presennol Bryn Myfyr i'w weld ar ôl iddyn nhw weithio'n galed arno am sawl blwyddyn. Teulu o Bolton sydd yno rŵan, Saeson yn anffodus, ond pobol glên iawn, y gŵr yn dysgu Cymraeg ac un o'r plant bellach yn ffrwd Gymraeg Ysgol Brynhyfryd.

Ie, profiad od oedd dychwelyd i'r hen le, a dychmygion y gorffennol yn troi o'm cwmpas, a chan fod Nansi efo fi, daeth dau atgof arall yn glir i'r cof hefyd, rhai go iawn y tro hwn.

Unwaith erioed y cysgais i ar ben fy hun yn y tŷ, er imi fyw ynddo am chwarter canrif. Ym mhumdegau'r ganrif ddiwethaf mi briododd Margaret, fy chwaer, ac roedd un o'r ystafelloedd ffrynt yn llawn dop o anrhegion priodas. Ar y Sul yn dilyn y briodas roedd fy nhad yn pregethu ym Meddgelert ac aeth yno efo fy llysfam, Anti Annie, i aros efo'r teulu ar y nos Sadwrn. Byddwn yn arferol wedi mynd efo nhw, mae'n debyg, ond rhaid oedd aros i warchod yr anrhegion.

Roedd Nansi yn y briodas, ond roedd yn rhaid iddi hi fynd adre. Alle hi a fi ddim aros yn y tŷ ar ein pennau ein hunain a ninnau heb briodi. Beth tasen ni'n penderfynu cysgu efo'n gilydd! Byddai hynny yn bechod yn erbyn yr Ysbryd Glân – yn enwedig i fab y mans. Roedd hyn cofiwch cyn y chwedegau, welodd newid syfrdanol mewn moesau, arferion ac agweddau. Felly adre y bu'n rhaid iddi fynd, a finne'n ei danfon ar y bws ac yn dychwelyd i Wyddelwern yn hwyr.

Tŷ digon unig ei leoliad ydi Bryn Myfyr er ei fod ar fin y ffordd, ac roedd fy nghalon yn curo'n eitha cyflym wrth imi roi'r goriad yn y drws. Ac wrth ei agor mi gurodd yn gyflymach fyth achos mi glywais ddrws un o'r llofftydd yn cau. Bu bron imi ffoi oddi yno gan i'r hen ysbrydion yr oeddwn wedi eu creu ac wedi byw yn ddigon hapus yn eu mysg pan oeddwn yn blentyn, ddod yn ôl i darfu arnaf. Ond rhaid oedd ymwroli a chamu i mewn i'r pasej, ac yn syth i'r gegin gan oleuo pobman wrth fynd drwy'r tŷ. Estynnais y procer o'r lle tân a mynd ati'n ofnus grynedig i chwilio pob ystafell, ond wrth gwrs doedd neb yno, a'r gwynt, fwy na thebyg, oedd wedi cau drws y llofft wrth i mi agor y drws ffrynt. Ond dyna'r ofn gwaethaf a gefais erioed yn fy mywyd.

Digwyddiad ddwy flynedd yn ddiweddarach oedd yr ail atgof ddaeth i'r cof, a finne'n rhannu gwely efo Nansi. Drwg gen i'ch siomi – roedden ni wedi priodi erbyn hynny! Newydd briodi ac wedi bod ar ein mis mêl yng Nghaerdydd. Gan fod arian yn brin bu'n rhaid inni ddychwelyd adre'n gynnar cyn bod Bryn Beuno, y tŷ yr oedden ni'n mynd i fyw ynddo, yn barod. Doedd dim amdani ond landio yn Bryn Myfyr a chael braint fawr: cael cysgu yn y llofft ore, fel y galwem hi. Hon oedd llofft y pregethwyr ddeuai i aros o dro i dro, llofft oera'r tŷ efo leino sgleiniog ar y llawr, ac yr oedd hi'n fis Hydref.

Dyn llaeth Gwyddelwern bryd hynny oedd Emyr Roberts, Emyr Ty'n Celyn, ac roedd fy llysfam yn perthyn iddo. Pan ddwedodd hi wrtho y bore wedyn bod 'y plant', chwedl hi, wedi dod adre o'u mis mêl ac yn cysgu yn y llofft ffrynt, dyma fo i fyny ddwy ris ar y tro ac i mewn i'r llofft heb gnocio, a'r peth cynta wydden ni oedd bod dillad y gwely wedi cael ffling nes ein bod yn gorwedd yno heb yr un dilledyn drosom. Ond nid heb yr un dilledyn amdanom, fel y gobeithiai Emyr ein gweld. Roedd y tywydd yn oer a ninnau yn y llofft oera yn y tŷ. Ifanc neu beidio, mae yna adegau pan mae'n rhaid ichi wisgo pyjamas neu grys nos – diolch am hynny!

Chwarae teg i'r teulu caredig am fy ngwahodd i a Nansi yn ôl i'r tŷ. Roedd dychwelyd i'r hen le yn fy atgoffa i, tase angen am hynny, nad dim ond brics a mortar a choed a gwydr fel pob tŷ arall ydyw. Mae Bryn Myfyr, nad yw'n dŷ hardd mewn pentre hardd, yn llawer mwy i mi na hynny, ac fe fydd tra byddaf, gan y gallwn unwaith ei alw'n gartre.

2011

# Chwarae teg

Mae derbyn rhaglenni Sky Sports er mwyn cael gwylio criced yn costio'n ddrud i mi; bron i hanner canpunt y mis. 'Dwi'n beio Ysgol Tŷ Tan Domen, a'r bechgyn oedd yn cydoesi â mi yn y lle arbennig hwnnw. Ie, yr hen ysgol a'r hen hogiau oedd yno bryd hynny: efo nhw a thrwyddyn nhw y gwnes i fagu fy awch am griced.

Nid Elwyn Hughes, mab y gweinidog Annibynwyr, oedd y cricedwr gorau ohonom, ond y fo oedd y mwya brwdfrydig o ddigon. Mi dreuliodd un min nos cyn gêm yn cario dŵr i'w dywallt ar y wiced am ei bod mor sych. A'r noson honno daeth yn storm fawr o fellt a tharanau – a glaw! Gyda David Elwyn, un arall o'm cymrodyr, a'i dad y gwelais i gêm broffesiynol am y tro cynta: Lloegr yn erbyn Seland Newydd yn Old Trafford, gêm gynta Brian Close i Loegr a fynte ond yn ddeunaw oed. Cofio M. P. Donnelly hefyd, un o sêr Seland Newydd, a Trevor Bailey, bowliwr cyflym Lloegr.

Bûm yn chwarae i'r ysgol yn ystod fy mlynyddoedd ola yno, ond wnes i erioed ddisgleirio'n llachar iawn. Y batiad gorau ges i oedd yn erbyn Tywyn ar gae ysgol y dref honno, ac yr ydw i'n dal yn flin wrth gofio'r dyfarnwr yn codi ei fys i ddweud 'mod i allan a finne'n cael hwyl mor dda arni. Llywelyn Williams oedd y dyn drwg, yr athro Saesneg ar y pryd, un a alwem ni yn Chibaba am ryw reswm. Doedd neb ohonom yn gallu fforddio esgidiau chwarae criced, a'r hyn a wisgwn i fel y gweddill oedd pymps gwynion. Fe drawodd y bêl fy nhroed chwith a brifo fy mys bach ac adlamu i un o'r maeswyr y tu ôl i'r wiced. Dwedodd yr athro 'mod i allan, wedi fy nal tu ôl i'r wiced, a mynd fu raid i mi yn ufudd ddigon, fel y gweddai i gricedwr, er 'mod i'n gwybod 'mod i wedi cael cam a bod fy nhroed yn brifo. Rhaid ei bod yn ddiwrnod tamp achos roedd marc coch y bêl ar fy nhroed ac fe'i dangosais i'r dyfarnwr ar ddiwedd y gêm. 'Dwi ddim yn cofio wnaeth o ymddiheuro. Go brin!

Yr adeg honno roedd yna raglen ar y radio am ddeng munud i ddau bob dydd – *Cricket Scoreboard* – a byddai rhai ohonom yn dianc o'r ysgol os oedd gynnon ni wers rydd i ryw dŷ yn Heol y Domen i wrando beth oedd sgôr Morgannwg. Roedd hynt a helynt y sir honno yn bwysig iawn a phan anwyd merch i Wilf Wooller, y capten, anfonodd nifer ohonom lythyr ato i'w longyfarch ac i ddymuno'n dda i Forgannwg. Ac wrth gwrs tîm y sir honno oedd pencampwyr 1948. Yn ddiweddarach y deuthum i ddeall mai Tori oedd Wooller. Tybed fyddwn i wedi caniatáu fy enw ar y llythyr pe bawn i'n gwybod hynny ar y pryd?!

Ychydig iawn o griced chwaraeais i ar ôl gadael ysgol ar wahân i ambell gêm yn y coleg ac ambell un yn yr armi, a dwy neu dair pan oeddwn i'n gweithio i Wynedd. Ond 'dwi wedi gwylio llawer dros y blynyddoedd. Byddwn yn arfer mynd i weld y gemau prawf ac rwy'n cofio bod yn Lords pan oedd Lloegr yn chwarae yn erbyn India'r Gorllewin ac y daeth neges fod bom wedi ei chuddio dan y seddau. Bu'n rhaid inni fynd ar y cae tra oedd yr awdurdodau'n chwilio ym mhobman. Mi safodd fy mrawd yng nghyfraith a finne mor agos ag y gallen ni at y chwaraewyr gan dybio mai fanno oedd y lle diogelaf i fod ynddo. Ond 'dwi wedi rhoi'r gorau i'r gemau prawf ers rhai blynyddoedd. Mae pethau wedi dirywio, neu 'dwi'n hen-ffasiwn! Mae'r dyrfa'n afreolus ac yn swnllyd fel tyrfa bêl-droed erbyn hyn a'r holl gwrw a yfir yn niwsans, neu o leia yn gwneud niwsans o rai o'r gwylwyr.

Yn ychwanegol, mae hen arferiad y *Mexican wave* yn ddigon o fwrn, ac mae'n rhaid gofyn weithiau i be mae pobol isio dod i'r gêm gan nad ydyn nhw'n dangos fawr o ddiddordeb ynddi er eu bod fel finne wedi talu dros hanner can punt am y fraint. Yr hyn a wnaf bellach yw mynd i gemau'r siroedd yng Nghaerdydd a Bae Colwyn ac ambell i gae arall megis New Road, Caerwrangon (Worcester). Hwn yw fy ffefryn i. Yno y mae'r genedl Seisnig ar ei gorau, a d'wedwch a fynnoch chi, gêm yn adlewyrchu syberwyd Lloegr ydi criced wedi'r cyfan! Yn gefnlen i'r chwarae y mae'r eglwys gadeiriol urddasol ac afon Hafren yn treiglo'n araf a rhwysgfawr rhwng yr eglwys a'r cae. Yno o hyd y mae hen begoriaid fel fi yn cofio'r dyddiau da pan oedd Tom Graveny ar ei orau, ac yno hefyd y gwelais i'r batiad gorau erioed, am wn i, a hynny gan Matthew Maynard i Forgannwg yn erbyn y tîm cartre. Roedd o fel darn o gerddoriaeth neu farddoniaeth, yn gelfyddyd yn sicr.

Adref, fel y crybwyllais i, y mae gen i *Sky*, a gallaf fwynhau mewn cysur gemau o bob rhan o'r byd ac ar bob adeg o'r flwyddyn. Ond 'dyw gwylio gemau ar y teledu ddim yn fêl i gyd chwaith erbyn hyn. Rwy'n cael fy niflasu gan yr holl dechnoleg a ddefnyddir, a'r holl ddadansoddi a wneir. Yn ei hanfod gêm syml yw criced ac mae angen ei chadw felly. Yn ei hanfod mae hi hefyd i fod i ddangos y natur ddynol ar ei orau, ac felly y daeth y dywediad *'it's not cricket'* am anonestrwydd a diffyg chwarae teg i fod. Heddiw mae bygwth a thwyllo a gwrthod 'cerdded' pan fydd batiwr yn gwybod ei fod allan yn rhan o'r gêm fodern, ac yn rhan o'r dirywiad.

Ond dyna fo, 'dwi'n hen mae'n debyg, a phob newid yn fy ngolwg yn newid er gwaeth! 'Dwi chwaith ddim yn hoffi'r cae mawr sydd yn Nghaerdydd bellach, mae o wedi colli ei agosatrwydd cyfeillgar. Meddyliwch am greu arena griced fawr ym mhrifddinas Cymru er mwyn i Loegr gael chwarae criced yno! Mae'r syniad yn ddwl yn fy meddwl i, ond dwl neu beidio mi fydda i ar y trên o Wrecsam yn ei 'nelu hi am y brifddinas sawl gwaith yn ystod yr haf mae'n siŵr, gan obeithio y bydd Morgannwg yn cael hwyl arni. Ac er bod arian yn brinnach nag y byddai, mi fydda i'n dal i dalu bron i hanner canpunt y mis i Sky er mwyn gwylio'r gêm ac yn dal i gofio dyddiau da Ysgol Tŷ Tan Domen.

2011

# Rhaffau gwellt

Pan oedd un o fy merched newydd symud i fyw i bentre Llangian ar Benrhyn Llŷn, aeth i'r siop leol un bore ac fe'i cyflwynwyd gan y siopwraig i gwsmer arall oedd yno. Pan ddeallodd hwnnw pwy oedd hi a bod ei theulu o ochor ei thad yn hanu o Lŷn mi holodd: 'Wyddech chi fod ein hen daid wedi bod yn y carchar?' Ac yna, fel pe bai'n teimlo ei fod wedi tramgwyddo, mi gaeodd ei geg yn glep. Biti, achos fe fu farw'n fuan wedyn heb ddadlennu rhagor. Ond mi es ati i chwilio a cheisio dod o hyd i'r hanes, pryd y bu fy nhaid yng ngharchar a pham, ac mae gen i erbyn hyn beth o'r stori, ond nid yw'n gyflawn gen i chwaith. Os oes rhywun sy'n darllen hwn all fy ngoleuo, byddwn yn hynod o falch o dderbyn unrhyw wybodaeth.

Gwas ffarm oedd Robert Pritchard, fy nhaid o ochor fy nhad; gwas ym Mhlas ym Mhenllech, un o ffermydd mawr Stad Cefnamwlch rhwng pentre Tudweiliog ac ardal Llangwnnadl yn Llŷn. Rywbryd yn ystod ei gyfnod yno y bu yng ngharchar, a hynny am wyth neu ddeg diwrnod.

Roedd o a'i wraig Margaret yn byw ar ddyddyn bychan yn Rhos Borthychain, ei chartref hi, a ganwyd iddyn nhw chwech o blant, a Nhad oedd yr ieuengaf ond un. Perthynai'r tyddyn i'r stad, ac er ffarmio yno a gweithio ym Mhlas ym Mhenllech, digon prin oedd y gynhaliaeth i fagu chwech o blant a anwyd yn y cyfnod rhwng 1883 a 1901.

Hyd yn oed yn ei henoed roedd hi'n fain arno. Cofiaf fynd

yno ar wyliau ac roedd dwy o'r tasgau a wnawn ar y tyddyn yn tanlinellu hynny. Un oedd dal y teclyn pren; (pren troi) yr oedd wedi ei lunio ei hun ar gyfer gwneud rhaffau gwellt. Byddwn yn sefyll yn un pen a'r teclyn yn fy llaw ac yn ei droi wrth iddo fo fwydo'r gwellt i wneud y rhaff. A daeth gwneud rhaffau gwellt i mi yn enghraifft berffaith o'r hyn a ddywed y ddihareb mai 'Anghenraid yw mam pob dyfais'. Ond yn fwy na hynny daeth yn symbol i mi hefyd o dlodi'r cyfnod, a'r annhegwch economaidd oedd yn bodoli yn ein gwlad, a brwydr fy nhaid a llawer un arall i fagu ei deulu mewn amgylchiadau anodd. Mae wedi cryfhau fy mwriad i ddarganfod ei hanes ac efallai gyfiawnhau'r weithred a'i gyrrodd i'r carchar. Y dasg arall a danlinellai ei dlodi oedd cymysgu blodau dail tafol wedi iddyn nhw grino – siwgwr coch y byddai rhai yn eu galw – efo bwyd yr ieir. Wnes i erioed feddwl na sylwi oedd yr ieir yn ei fwyta, yn cael eu twyllo falle i feddwl bod eu bwyd yn rhywbeth amgenach nag ydoedd!

Griffith Owen oedd tenant Plas ym Mhenllech yng nghyfnod fy nhaid. Daeth i'r denantiaeth ar farwolaeth ei dad Robert Owen yn 1882 a bu yno hyd 1904. Roedd ei wraig Elin, a hanai o Laniestyn, yn ddynes bwysig ymhlith y Methodistiaid; yn ddigon pwysig i fod yn destun ysgrif yn y *Drysorfa Fawr* yn dilyn ei marwolaeth.

Mae sawl stori i'w chael pam yr aeth Taid i'r carchar a beth yn union ddigwyddodd a phryd. Y stori gynta glywes i wrth ddechrau holi oedd ei fod wedi ei ddyrchafu'n hwsmon a'i fod felly yn gyfrifol am dorri bara ar gyfer prydau bwyd y gweision. Un byr iawn ei dymer oedd o, ac fe ddywedir iddo wylltio un diwrnod am fod y dorth yn galed ac iddo ei thaflu a tharo Elin, y wraig barchus, yn ei hwyneb. Yn anffodus, 'dyw'r stori yna, hyd y gallaf gasglu, ddim yn wir. Rwy'n dweud 'anffodus' am yr hoffwn feddwl i Taid, wrth ymwrthod â'r dorth galed, daro ergyd dros gyfiawnder cymdeithasol, a'i fod hyd yn oed yn y dyddiau cynnar hynny yn dipyn o radical, er mae'n siŵr na wyddai ystyr y gair.

Mae'r straeon eraill yn rhai ynglŷn â dwyn ŷd, ac mae'n debyg mai un o'r rheini sy'n wir. Fe fyddai gweision ffermydd bryd hynny yn dwyn ŷd er mwyn bwydo'r ceffylau a'u gwneud yn fwy nerthol a bywiog. Rhyfedd o fyd, y gweision yn dwyn oddi ar y perchnogion i fwydo ceffylau'r union berchnogion hynny er mwyn cael brolio pan fydden nhw'n cyfarfod yn y pentre neu'r llofft stabal ar fin nosau, mai ar eu ffermydd nhw yr oedd y ceffylau gorau.

Yn ôl un fersiwn o'r stori fe ddaliwyd Taid gan Elin y wraig yn dod i lawr grisiau'r granar efo bwced ac iddi ei gyhuddo o ddwyn ŷd. Fynte wedyn yn gwylltio fel matsien ac yn taro'r bwced dros ei ben. 'Dwi reit hoff o'r stori yna hefyd, ond alla i ddim credu ei bod yn wir. Mae'n fwy na thebyg mai'r hyn ddigwyddodd mewn difri oedd fersiwn arall a glywais o'r stori, sef bod y wraig wedi mynd at Taid pan oedd o ar y buarth efo'r ceffyl a'i gyhuddo o ddwyn ŷd ac iddo ynte ei tharo ar ei braich efo'r strap. Ond beth bynnag ddigwyddodd, i'r llys y bu'n rhaid iddo fynd ar gyhuddiad o ymosod ar y wraig, a chafodd ddedfryd o garchar am wyth niwrnod neu bythefnos: ie, am drosedd mor fach â hynny!

Alla i ddim cadarnhau'r rhan yna o'r stori chwaith gan imi chwilio'n ofer hyd yn hyn am unrhyw gyfeiriad at yr achos yng nghofnodion Llys Bach Pwllheli a Llys Chwarter Caernarfon, ond dros y blynyddoedd clywais fwy nag un awgrym am yr achos. Mi glywais un o aelodau fy nheulu'n mynegi cydymdeimlad ei fod wedi gorfod mynd i garchar a cholli ei waith ym Mhlas ym Mhenllech ac ynte â theulu ifanc i'w magu. Clywais ddweud hefyd i Griffith Owen a'i wraig boeni'n fawr am iddyn nhw fynd â'r achos yn ei flaen, ac i'r poeni hwnnw achosi eu marw cynnar, er bod y ddau yn 65 pan fuon nhw farw, y gŵr yn 1912 a'r wraig yn 1921. Mae bedd y ddau ym mynwent Llanbedrog.

Lluniwyd baled am yr helynt gan ŵr Cae Helyg, Penllech, ond methais ddod o hyd iddi, a dau bennill yn unig wn i ohoni – pennill yn canmol gwaith Taid fel certmon a thröwr a'r llall yn melltithio Elin Owen.

Doedd raid i wraig Plasmhenllech
Sacio'i chertmon gwych,
Un handi gyda'i geffyl
Ac union iawn ei rych.

Pe cawn i wraig Plasmhenllech
O flaen y Ganan Fawr,
Fe'i chwthwn i'r cymylau
Na ddôi hi byth i lawr.

Mae'r dasg heb ei chwblhau ond rwy'n dal ati ac mae'r teclyn gwneud rhaffau gwellt sy yn fy meddiant yn anogaeth imi wneud hynny. Ydw, rwy'n dal i dyrchu gan obeithio dod o hyd i ddiwedd y stori, ac rwy'n gofidio bod fy nhad yn un mor dd'wedwst am hanes ei ieuenctid. Fyddai o byth yn dweud dim wrthon ni'r plant. Ac eto, rhaid 'mod i'n gwybod rhywbeth, achos pan fyddai oedolion yn gofyn i mi yn blentyn – fel y byddai pobol mewn oed bryd hynny – 'Be wyt ti am fod ar ôl tyfu, pregethwr fel dy dad?', fy ateb i bob tro fyddai: 'Nage, lleidr fel fy nhaid!'

2014

# Mewn angladd

Mae'n siŵr gen i fod pawb ohonoch chi yn gwybod stori Chwedl Llyn y Fan lle daeth y wraig brydferth o'r llyn i briodi'r mab ffarm. Pwnc y stori yw tri o achlysuron pwysica'r bywyd teuluol, sef bedydd, priodas ac angladd. Fe rybuddiodd y wraig ei gŵr y byddai'n dychwelyd i'r llyn pe bai o'n ei tharo deirgwaith.

Ac wrth gwrs fe ddigwyddodd hynny yn y diwedd. Mewn bedydd bu'r wraig yn hollol wirion fel tase hi wedi meddwi, ac fe'i trawyd yn ysgafn ar ei braich gan ei gŵr. Bu'n crio a chrio mewn priodas pan oedd pawb arall yn hapus ac fe'i trawyd yr eildro. Ac yna fe chwarddodd yn uchel mewn angladd pan oedd pawb arall yn syber a thrist. Fe'i trawyd am y trydydd tro ac i'r llyn y dychwelodd.

Chwedl yw hon, ond fel ym mhob chwedl, mae gwirionedd ynddi, sef bod teimladau dynol a'r mynegiant ohonyn nhw yn perthyn yn agos iawn i'w gilydd. Mynegi emosiwn y mae'r ddau begwn teimlad. A dyna pam fod sawl un wedi ei chael yn anodd i beidio chwerthin mewn angladd ac i beidio crio mewn priodas.

Mae'r rhai sy'n cynnal angladdau erbyn hyn yn sylweddoli'r agosrwydd hwn mewn emosiwn, a phrin y ceir gwasanaeth bellach nad oes yna achos chwerthin ynddo er mwyn llacio'r tyndra, yn amlach na pheidio oherwydd rhyw atgof doniol am y sawl sy'n cael ei gofio.

Bu un angladd ym Mhentre Bychan yn foddion difyrrwch

mawr i mi dros y blynyddoedd, ac fel hyn y digwyddodd pethau.

Pan fu farw cefnder i mi, un nad oeddwn wedi gwneud llawer efo fo fel y cerddai'r blynyddoedd, mi alwais i weld ei lysfam oedd yn byw yn Rhuthun. Wrth imi ffarwelio â hi mi dd'wedodd y byddai'r gwasanaeth yn yr amlosgfa ym Mhentre Bychan am ddau o'r gloch, ac fe ychwanegodd – 'ac mi fydd o fory.'

Dyletswydd teuluol yw dyletswydd teuluol ac felly i Bentre Bychan yr es i drannoeth a sylwi bod dau neu dri o geir a hers y tu allan i'r adeilad. Doedd hi ddim yn ddau; roeddwn i'n gynnar fel arfer, felly dyma aros er mwyn i weddill y teulu gyrraedd, ond ddaeth neb. A hithau wedi troi dau mi es i'r swyddfa a gofyn pryd oedd yr angladd. 'Mae o i mewn rŵan,' meddai'r ysgrifenyddes wrtha i, ac fe aeth â mi i mewn i'r capel drwy'r cefn.

Eisteddais yn dawel yn y sedd ôl a sylwi mai dwy resiaid o bobol oedd yno a gweinidog neu ficer nad oeddwn i'n ei adnabod yn sefyll o'u blaenau. Gyda imi eistedd dyma fo'n gwasgu'r botwm oedd yn cau'r llenni ar yr arch, dyma pawb yn codi a fynte'n llefaru geiriau'r traddodiant i '*Our dear departed sister Lillian Baines*'. Pan sylweddolais i 'mod i yn yr angladd anghywir dyma ddechrau chwerthin yn ddistaw a sleifio allan fel lleidr yn y nos ac yn ôl i'r swyddfa, a gofyn am angladd fy nghefnder gan ei enwi y tro hwn. 'Fory am ddau o'r gloch,' atebodd yr ysgrifenyddes ar ôl edrych yn y llyfr.

I'r car â fi a gwên fawr ar fy wyneb tra bod yr osgordd deuluol yn pruddaidd sefyllian a siarad. Pe bawn i fel Morwyn Llyn y Fan mi fyddwn draean o'r ffordd yn ôl i'r llyn! Beiwn y llysfam am fy nghamarwain, ac edrychwn ymlaen at gyrraedd adref i ddweud yr hanes, ond roedd Nansi'n gwybod am fy nghamgymeriad cyn imi ddweud dim wrthi. Roedd hi wedi

picio i weld Mrs Jones Siop, fel y bydden ni'n ei galw, un oedd
yn adnabod fy nghefnder, a phan aeth yno meddai Mrs Jones:

'Mae Elfyn wedi colli'i gefnder, 'dwi'n gweld.'

'Do,' atebodd Nansi. 'Mae o wedi mynd i'r angladd.'

'Ond fory mae o,' meddai Mrs Jones, 'mae o'n dweud yn y
*Daily Post*.' Ac wrth gwrs yr oedd o.

'Wedi camddeall mae o,' medde Nansi. 'Dydio ddim yn
clywed yn dda iawn.'

Oeddwn, roeddwn i wedi camddeall gan mai'r hyn
dd'wedodd fy modryb oedd y byddai'r cyhoeddiad yn y papur
drannoeth, nid y byddai'r angladd ar y diwrnod hwnnw.

Roedd hynny ddeng mlynedd ar hugain yn ôl ond mae'n
fwriad gen i o hyd i fynd i chwilio am garreg fedd Lillian Baines
os oes ganddi un: yn un o fynwentydd ardal Wrecsam y bydd
o. A rhag i dynged ryfedd afael ynof neu rhag ofn bod y chwedl
yn fwy cyffredinol wir nag y tybiaf, 'dwi erioed wedi mentro
crio mewn priodas na bod yn wirion mewn bedydd. A 'dwi
wedi gorfod ildio i gael teclyn i helpu fy nghlyw!

2012

# Teithio i'r ysgol

Cychwyn o gartre am hanner awr wedi saith a chyrraedd yn ôl am bump: felly roedd hi pan ddechreuais ar fy ngyrfa yn Ysgol Tŷ Tan Domen ym mhedwardegau'r ganrif ddiwethaf. Mae gan lawer o blant ddoe atgofion tebyg am gychwyn cynnar a chyrraedd adre hwyr mae'n siŵr, ond af i ddim i edliw i blant heddiw mor dda eu byd ydi hi arnyn nhw o'i gymharu, er bod y demtasiwn yn fawr. Yn siŵr i chi mi fyddai'r rhan fwya o rieni heddiw'n gwichian pe bai eu plant yn gorfod diodde'r fath oriau, yn gwichian mewn protest!

Roedd llond ffordd ohonom yn seiclo o Wyddelwern i Gorwen i gyfarfod y trên bob dydd, ac os byddai'r criw o'r Llan, sef y pentre fel y galwem ef, wedi mynd o flaen fy chwaer a finne, mi fydden nhw'n gadael carreg ar ben y wal i nodi hynny, fe wnaem ninnau'r un peth petaen ni am ryw reswm wedi cychwyn ar y daith yn gynnar.

Dwy filltir go dda sydd o Wyddelwern i Gorwen, dim byd ar feic medde chi, nagoedd pan oedd y tywydd yn braf ac yn gynnes, ond artaith am hanner awr wedi saith y bore mewn glaw a niwl a gwynt a rhew ac eira, ac roedd mwy o'r pethau hynny erstalwm choelia i byth. Anfantais teithio mewn tywydd felly oedd gorfod treulio'r dydd mewn dillad gwlybion ac mae'n syn na fyddai mwy ohonom wedi diodde iechyd gwael oherwydd hynny. Ac i feiciau trymion heb thrî spîd yn hwyr y prynhawn a ninnau wedi blino ac ar lwgu roedd Allt Trewyn ac Allt Maesgwyn yn dipyn o elltydd.

Mewn sied yng nghefn Caxton House, siop bapurau Corwen, y cadwem ein beics ac mae'n siŵr gen i fod yna gytundeb rhwng ein rhieni a'r perchnogion i dalu rhyw ychydig am y fraint. Roedd wyth ohonom ym mhob compartment ar y trên ac un o'r bechgyn hyna fel arfer yn fòs neu briffect arnom. Cofiaf George Edwards Llandderfel (fu'n bennaeth Coleg Glynllifon), Herbie Hughes (fu'n weinidog ym Maesteg a darlithydd yn y Drindod) a Gwyn Tŷ Newydd (fu'n ddarlithydd yng Ngholeg Cyncoed, tad Bardd y Goron yn y Fenni 2016) yn gwneud y swydd honno, y tri wedi mynd bellach, gwaetha'r modd.

Cymeriad arall a gofiaf oedd John Davenport o Lyndyfrdwy. Pan gychwynnodd Dei y Crown, Gwyddelwern yn yr ysgol fe aeth John ati ar y bore cynta yn y trên i geisio pennu llysenwau ar gyfer yr hogiau newydd. David Wallace Richards oedd enw llawn Dei'r Crown ac o'r herwydd roedd arno ofn am ei fywyd gael ei alw'n DŴR. 'Be ydi d'enw di?' holodd Davenport iddo. 'David Wallace Richards, ond Dei neith,' oedd ei ateb, a Dei Neith fuo fo gydol ei flynyddoedd yn yr ysgol!

'Dwi'n cofio un olygfa drên yn dda. Bob dydd ar y ffordd adre, rhwng y Jyncshion a thwnnel Llandderfel mi fyddai gweddill y brechdanau oedd wedi eu paratoi inni gan ein mamau a'u cario yn ein bagiau ar gyfer yr awr ginio yn cael eu taflu allan yn gynhaliaeth i'r adar. Wel, pwy fyddai isio bwyta brechdanau wedi eu gwneud y noson gynt ac wedi treulio bore yn ein bagiau ysgol nes mynd yn bethe soeglyd cynnes – ac anghynnes! Na, doedd dim cinio ysgol yn y blynyddoedd cynnar, ond fe ddaeth, ac fe fyddai Mrs Rees yn curo'r ladl codi grefi i'n cael i dawelu nes bod darnau o enamel yn bownsio i bobman, a chryn dipyn i mewn i'r bwyd, 'dwi ddim yn amau.

Un diwrnod, a finne wedi bod yn yr ysgol am ryw dair blynedd, fe'm galwyd i ystafell Puw y prifathro, ac yn eitha crynedig yr es i yno gan feddwl be ar y ddaear oedd fy nghamwedd. Roedd dyn diarth efo'r prifathro, sef Maelor Jones, neb llai na'r Cyfarwyddwr Addysg. Meddyliwch! Oedd y gilotîn yn aros amdanaf? Ac am beth?

Ond doedd dim rhaid imi boeni. Roedd y ddau isio manylion am blant Gwyddelwern, faint o'r gloch yr oedd plant y ffermydd pella, megis Anwen a John, Maerdy Bach a Gwenfyl Bryn Du yn cychwyn ar eu taith ac yn cyrraedd adre, a phethau felly. Roedd ymgyrch ar droed i gael bws i'n cludo yn lle'r trên ac roedd angen darbwyllo aelodau'r pwyllgor addysg o'r angen, mae'n debyg.

Fe gafwyd bws yn y man a daeth diwedd ar y seiclo, diolch am hynny, ond fu fawr o newid yn yr oriau chwaith. Y drefn oedd fod y bws yn ein codi yng Ngwyddelwern tua chwarter i wyth, yn codi plant y Betws a Melin y Wig yn y Ddwyryd a'n cludo i'r Bala erbyn rhyw ugain munud wedi wyth lle roedd gynnon ni bron i dri chwarter awr i aros cyn y gwasanaeth boreol yn yr ysgol. Y rheswm am hyn oedd fod y bws yn mynd wedyn drwy Wern Goch i'r Parc i nôl plant yr ardal honno.

Yna, ar ddiwedd y dydd y ni oedd yn cael y fargen sala am yr eildro a phlant y Parc wedi hen gyrraedd adre tra oedden ni yn stelcian o flaen siop Senyn yn aros am y bws.

Fel y gallwch chi feddwl, rhai pwysig iawn oedd y dreifars a daethom i adnabod pob un yn dda, ac i wybod faint y medren ni dynnu arnyn nhw. Roedd rhai yn Gymry – Gwilym Tai Brics, Albert Edwards, Wili Wilson (y mae un o'i ddisgynyddion yn beldroediwr proffesiynol efo Lerpwl erbyn hyn) a Jack Davies, ond roedd amryw yn Saeson o gyffinie Birmingham ddaeth i Gorwen ar ddiwedd y rhyfel – Ralph Thornton, Alfred Grimes a Jack Gibbons i enwi tri. Mi fyddai rhai yn well na'i gilydd am gydsynio i fynd at y prifathro ar ddyddiau eira i ddweud ei bod 'yn lluwchio yn arw yn Bethel', a chaem fynd adre'n gynnar ambell waith.

Roedd y gwasanaeth bysiau rhwng y Bala a Chorwen yn un eitha gwael bryd hynny am wn i ac roedd ambell oedolyn yn manteisio ar y bws ysgol i deithio, ac fe gaen nhw wneud hynny dim ond iddyn nhw ofyn i'r dreifar.

Un diwrnod daeth y Tad Catholig ar y bws a Jack Gibbons, dyn prin ei eiriau oedd y dreifar. Adroddaf y sgwrs yn y Saesneg y llefarwyd hi gan nad yw'n swnio yr un fath yn y Gymraeg. Camwedd y Tad Catholig oedd camu i mewn i'r bws heb ofyn a phan stopiwyd ef gan y dreifar dyma ddigwyddodd:

'*Where do you think you're going?*'

'*Corwen.*'

'*Not on this bus you're not.*'

'*Don't you know who I am? I'm Father James.*'

'*I don't care if you're Father Christmas; you're not coming on this bus.*'

Ac adre a'i gynffon yn ei afl y bu'n rhaid i'r Tad Catholig fynd!

2013

# Mewn pedwarawd

Mae'n hawdd cael gwared â rhyw bethau arbennig a difaru wedyn eich bod wedi eu lluchio. 'Dwi'n siŵr ei fod yn brofiad i bawb, ac mae'r difaru'n dod yn amlach wrth i chi fynd yn hŷn. Y drafferth ydi nad ydech chi'n gweld pan fyddwch chi'n ifanc fod yna werth mewn ambell lyfr, ambell lythyr, ambell lun, ambell doriad papur newydd a dydech chi ddim yn eu cadw. Yna wrth fynd yn hŷn yn gofidio. Wel, dyma anogaeth i chi sy'n ifanc neu'n weddol ifanc i ystyried yn ofalus cyn taflu dim. Gwn, mi wn i'r broblem, cael lle i gadw popeth. Mae ein tai yn llawnach nag y bydden nhw o ddodrefn a phob math o bethau, a rhaid taflu ymaith o dro i dro. Wel, byddwch yn ofalus.

Ond mae gen i rai pethau yr ydw i'n dal fy ngafael ynddyn nhw, ac yn ddiweddar mi ddois ar draws un pan oeddwn i'n chwilio am rywbeth arall, sef copi o gylchgrawn Coleg Bangor, *Omnibws*, yn dyddio'n ôl i ganol pumdegau'r ganrif ddiwetha, ac ynddo yr oedd dau lun, a daeth un o'r lluniau â phrofiad arbennig yn ôl i mi, atgof addas a finne'n ysgrifennu hwn yn nhymor yr eisteddfodau.

Lluniau llywydd ac is-lywydd myfyrwyr y coleg oedden nhw. Y llywydd oedd Meirion Lloyd Davies, a ddaeth wedyn yn weinidog adnabyddus yn Llanberis a Phwllheli. Dyn arbennig iawn; ac mi deimlodd Nansi a finne golled bersonol pan fu farw. Byddem yn taro arno ac yn cael sgwrs yn achlysurol, gan amlaf mewn oedfa neu eisteddfod. Felly nid ei lun o ddaeth ag atgofion yn ôl i mi, ond y llall, llun yr is-lywydd, sef Rhiannon Harry.

Merch o Harlech oedd Rhiannon, ei thad I. D. Harry yn Warden Coleg Harlech ac yn ddiweddarach yn Gynghorydd Sir ym Meirionnydd. Roedd Rhiannon yn siarad Cymraeg ond ymhlith yr Eingl Gymry a'r Saeson y byddai'n cymdeithasu fwyaf, a doeddwn i ddim yn ei hadnabod yn dda.

Ond yna daeth yn eisteddfod, eisteddfod y colegau a gynhelid y flwyddyn y soniaf amdani ym Mangor, y 'rhyng gol' fel y gelwir hi erbyn hyn, ac fe'm cefais fy hun, a 'dwi ddim yn cofio sut, yn canu mewn pedwarawd yn yr eisteddfod leol i ddechrau, ac yna, gan inni ennill, yn yr eisteddfod fawr ei hun. Y pedwar ohonom oedd Rhiannon (Soprano), fyddai'n canu unawdau hefyd, Gaenor o'r Rhondda (Alto), fi'n denor a Gwynedd Jones o'r Rhewl yn fas. Y darn gosod oedd y pedwarawd o'r Elijah gan Mendelssohn – Bwrw dy Faich ar yr Arglwydd, ond mai yn Saesneg, fel yr oedd arfer yr oes, y canem – *'Cast thy burden upon the Lord'*.

Os gwyddoch chi'r cyfansoddiad arbennig yma, mi wyddoch fod yr amseriad yn araf, fod iddo linellau hir, a daliadau hir ar ddiwedd pob llinell, ac mae angen andros o wynt i'w ganu yn iawn heb dorri brawddegau – rhywbeth y mae beirniaid canu yn hoff iawn o sylwi arno! Mi fyddai Gwynedd a fi yn ymarfer wrth gerdded i fyny Allt Glanrafon, yr allt serth sy'n uno Bangor a Bangor Uchaf, gan dybio, os gallen ni gynnal y llinellau wrth gerdded i fyny allt y gallem yn hawdd wneud hynny ar lwyfan.

Mi enillson y rownd gynta ym Mangor ac felly dyma ymddangos ar yr un llwyfan – llwyfan y PJ – yn yr eisteddfod fawr ei hun, ac ennill yno hefyd os cofia i'n iawn. Fel gyda phob pedwarawd arall a ganodd erioed, am wn i, roeddwn i ar y pen yr ochor dde, Rhiannon wedyn, yna Gaenor, a Gwynedd ar y pen arall, ac roedden ni'n canu heb gopi wrth gwrs. A ninnau newydd ddechrau arni, mi ddigwyddodd rhywbeth i mi ar y llwyfan nad oedd o erioed wedi digwydd o'r blaen. Mi ddechreuais i grynu a 'dallwn i wneud dim am y peth. Wn i ddim beth ddigwyddodd, ai sylweddoli'n sydyn fod cannoedd yn y gynulleidfa a dim smic i'w glywed ond ni a'r cyfeiliant piano? Pwy a ŵyr. Ond dechrau crynu yn ddilywodraeth wnes i beth bynnag. Yna daeth gwaredigaeth. Mi sylweddolodd Rhiannon beth oedd yn digwydd ac mi afaelodd yn fy mraich heb i neb arall sylwi, a gwasgu mor galed nes bod gen i gleisiau am ddyddiau lle bu ôl ei bysedd. 'Dwi'n cofio'r boen wrth ysgrifennu hwn, ond 'dwi'n cofio teimlo'n reit falch o'r cleisio hefyd achos roedd Rhiannon yn ferch brydweddol! Mi weithiodd beth bynnag, mi stopies grynu, a 'dwi ddim yn meddwl imi grynu byth ar lwyfan wedyn, er mod i'n teimlo'n nerfus bob tro y bydda i'n gwneud rhywbeth yn gyhoeddus.

Ie, 'Bwrw dy faich ar yr Arglwydd ac Efe a'th gynnal di,' oedd y geiriau ganwyd gynnon ni, ond Rhiannon a'm cynhaliodd i y diwrnod hwnnw. Mae Gwynedd yn dal i fyw yn Rhuthun, rwy'n ei weld yn achlysurol a bu'n canu fel finne efo Meibion Menlli. Galwodd Gaenor yma flynyddoedd maith yn ôl, ar ba berwyl a pham a sut, 'dwi ddim yn cofio. Dyna'r drwg o beidio cadw dyddiadur – rhywbeth arall y dylai'r rhai iau ohonoch ei ystyried. Ond wn i ddim beth ddigwyddodd i Rhiannon. Welais i mohoni na chlywed dim amdani ar ôl gadael coleg. Sais oedd ei chariad ar y pryd, ac mae'n bosib iawn iddi ei briodi a mynd i fyw i Loegr neu hyd yn oed dros y dŵr. Ydi hi'n dal yn fyw tybed? Mae hi mewn oed erbyn hyn, achos roedd hi'n hŷn na fi, 'dwi'n meddwl! Os ydi hi'n fyw go brin ei bod yn cofio am y pedwarawd ar lwyfan y PJ ym Mangor na'r tenor bach diniwed oedd yn crynu wrth ei hochor. Ond mi gofiaf i'r achlysur tra byddaf.

2014

# Gwenyn

Tydw i a gwenyn ddim yn ffrindiau mawr, wel doedden ni ddim, beth bynnag, yn ystod fy mhlentyndod a'm llencyndod yng Ngwyddelwern. Erbyn hyn 'dwi'n gorfod cydnabod eu pwysigrwydd yn y byd ac yn gallu rhyfeddu atynt fel creaduriaid sydd o'u maint, mae'n siŵr gen i, y pethau mwya deallus – os dyna'r gair – sydd ym myd natur.

Cafodd fy rhieni gychaid o wenyn yn anrheg priodas, ond yn ystod y gaeaf cynta mi fuon nhw farw, ac roedd y cwch yn dal yn yr ardd, ac yn wag. Pan ddaeth y ddau adre o'u gwyliau yn Llŷn un haf flwyddyn neu ddwy yn ddiweddarach, roedd haid o wenyn o rywle wedi setlo yn y cwch, a dyna gychwyn neu ailgychwyn diddordeb fy nhad yn y creaduriaid bychain hyn, ac mi fu yna ryw chwech neu saith o gychod gwenyn yn nhop yr ardd drwy gydol yr amser y bûm i'n byw gartref.

Yn anffodus, rhyw frid Eidalaidd oedd y rhai oedd wedi meddiannu'r cwch i ddechrau, ac ohonyn nhw fel petai y daeth gweddill y gwenyn. Hen bethau bach digon mileinig oedden nhw, ac mi wnaethon nhw, o'r cychwyn cynta, gymryd rhyw ffansi ryfedd ata i, os ffansi hefyd, gan fy ymlid a'm pigo neu fy ngholio pan awn yn agos atyn nhw yn yr ardd. Ac yn anffodus roeddwn i'n chwyddo bob tro y cawn golyn.

Yr hyn roddodd dop hat arni oedd imi gael colyn ar y diwrnod yr oedd syrcas yng Nghorwen. Roeddwn i wedi trefnu efo John Maerdy Bach i fynd yno ar gefn ein beics, ond pan alwodd o amdanaf, prin y gallwn ei weld gan fod fy nau lygad bron wedi cau a doedd gen i ddim gobaith mynd efo fo. Mi gyhoeddais ryfel ar y gwenyn y diwrnod hwnnw a phenderfynu mynd ati fesul un i'w lladd. Ond gan fod tua 35 mil o wenyn mewn un cwch yn ystod yr haf, a bod gennym saith o gychod yn gwneud cyfanswm o bron i chwarter miliwn o wenyn, doedd gen i fawr o obaith yn nagoedd, ac mi ddaeth y rhyfel i ben bron cyn iddo gychwyn.

Ond mi fu'n rhaid i mi ddysgu eu trin pan dyfais i'n llencyn, a hynny oherwydd un Sul arbennig pan gollwyd dwy haid o'r gwenyn. I chi sydd ddim yn gyfarwydd â nhw, rhaid esbonio. Y mae yna un frenhines ym mhob cwch, a dim ond un sydd i fod. Rhaid dinistrio pob cell arall sy'n debyg o gynhyrchu brenhines rhag i chi gael dwy, ac yn arferol byddai Nhad yn mynd drwy'r cychod yn ystod yr wythnos i wneud hyn gan y byddai i ffwrdd ar y Sul. Os ceir mwy nag un frenhines mewn cwch yr hyn sy'n digwydd yw fod y gwenyn yn ymrannu neu'n carfanu, rhai yn aros yn driw i'r hen frenhines a rhai yn ochri efo'r frenhines newydd, yn union 'run fath â phobol! Gan amlaf y frenhines newydd yw'r gryfaf ac mae'n ymlid yr hen frenhines allan, y hi a'i dilynwyr, sy'n rhai miloedd o wenyn. Dyna pryd y mae'r gwenyn yn 'codi' – haid fawr ohonyn nhw'n cael eu gyrru allan o'r cwch gan y lleill ac yn setlo ar gangen coeden heb fod ymhell. Yna maen nhw'n anfon rhai gwenyn i chwilio am gartref newydd iddyn nhw a phan ddôn nhw o hyd i gartre felly, hen gwch neu dwll mewn coeden, neu rywbeth felly, maen nhw'n dod yn eu holau a thrwy ddawns arbennig yn dangos i'r lleill i ba gyfeiriad i fynd. Yna mae'r haid yn codi oddi ar y gangen ac yn hedfan ymaith yn un cwmwl mawr du, a welwch chi byth mo'nyn nhw wedyn. Dyna, wrth gwrs, sut y daeth haid o wenyn o rywle i'r cwch gwag oedd yn ein gardd ni.

Wel, un Sul doedd Nhad ddim wedi bod yn ddigon gofalus, mae'n rhaid, ac fe gododd dwy haid o ddau gwch gwahanol yn ystod y dydd, a dim ond Margaret fy chwaer a fi oedd gartre. Allen ni wneud dim ond gobeithio y bydden nhw'n aros ar y ddwy gangen nes y deuai Nhad adre. Ond wnaethon nhw ddim. Rywbryd ar adegau gwahanol yn ystod y pnawn cododd y ddwy haid a diflannu dros y gorwel. Yn dilyn hyn penderfynwyd fod yn rhaid i mi ddysgu sut i ddal yr haid, hynny ydi cael bocs, ei leinio efo mêl a mynd at y gangen ac ysgwyd y gwenyn i mewn iddo. A'r rheini, gannoedd ohonyn nhw yn hedfan o gwmpas eich pen. Profiad erchyll, ond mi ddysgais ac wrth gwrs roeddwn i'n gwisgo'r dillad a'r cyfarpar addas i sicrhau na chawn fy ngholio. Mi fyddai'r gwenyn, o fod yn y bocs, yn meddwl eu bod wedi dod o hyd i gartre newydd a wnaen nhw ddim hedfan i ffwrdd wedyn! Ond roedd yn gas gen i'r job er imi ei gwneud fwy nag unwaith, a phan briodais mi addunedais na fyddwn i byth yn cadw gwenyn.

Ond y nhw gafodd y gair ola. Mi fues i a Nansi'n byw ar ôl priodi mewn tŷ oedd yn perthyn i fy llysfam – roedd Nhad wedi ailbriodi erbyn hynny. Fe benderfynodd roi un cwch gwenyn yn ein gardd ni. Meddyliwch! Ar fore Sul bedyddio Sioned ein merch hynaf, mi es i'r ardd am dro cyn capel ac mi ddaeth gwenynen ar fy ôl a'm colio yn fy nhalcen. Fe fedyddiwyd Sioned gyda'i thad yn eistedd yn y set fawr a'i lygaid bron â chau, a choler ei grys a botymau'r ddwy lawes yn agored. Roedd golwg mawr arna i. Ond roedd ei mam yn edrych yn iawn diolch byth!

'Dwi ers blynyddoedd wedi sylweddoli pwysigrwydd gwenyn, a phan ddaw un i'r tŷ mi fydda i'n gafael ynddi'n ofalus a mynd â hi allan yn fyw. Ond rhyw berthynas caru a chasáu sgin i efo nhw hyd y dydd heddiw.

2015

# Newid ddaeth...

Mynd i Berlin dros flwyddyn yn ôl bellach wnaeth imi sylweddoli y fath newid ddaeth i deithio yn y byd ers fy llencyndod, ac mi aeth fy meddwl yn ôl i'r tro cynta y teithiais i dramor; na, nid i Berlin, mae'n wir, ond i'r un wlad – yr Almaen.

Yr unig beth sydyn yn y cyfan oedd y penderfyniad i fynd. Roeddwn yn y fyddin, mewn gwersyll yn Beaconsfield, yn loetran efo rhyw gant o rai eraill ac yn disgwyl yr alwad, a phan ddaeth fe ddaeth yn ddisymwth, mor sydyn yn wir fel na chefais amser i gysylltu efo Nansi, oedd yn y coleg ym Mangor, dim ond ysgrifennu cerdyn – *letter card* (dech chi'n cofio rheini?) – a sgriblo rhywbeth fel: 'pan gei di hwn mi fydda i ymhell i ffwrdd yn yr Almaen!' (Sob, sob). Oedd, roedd y penderfyniad yn un sydyn; doedd y daith ddim.

O Beaconsfield i Lundain ar drên araf, o Lundain i Harwich ar drên arafach, ac yna ar long arafach fyth gymrodd drwy'r nos i groesi Môr y Gogledd i'r Hook of Holland. Trên wedyn drwy'r dydd ar draws yr Iseldiroedd a'r Almaen nes cyrraedd Hanover yn hwyr y prynhawn.

Dau beth 'dwi'n ei gofio am y daith honno. Un ydi'r ffaith imi gael cinio ar y trên, y tro cynta erioed. A finne'n fachgen yr LMS o Wyddelwern a'r GWR o Gorwen, doeddwn i erioed wedi dychmygu bod y fath beth i'w gael a bwyd ar drên. Gan ein bod oll yn y rhan honno o'r trên yn perthyn i gatrawd addysg – y '*Royal Army Education Corps*' – roedd gennym dair streipen, ac felly'n cael gwell gwasanaeth na'r rhai nad oedd ganddyn nhw streipen o fath yn y byd, ac roedd cannoedd o'r rheini ar y trên hefyd. Roedd o'n wych o brofiad, rhywun yn dod rownd i gymryd ein harcheb ac yna ryw hanner awr yn ddiweddarach yn dod i'n cyrchu i ran arbennig oedd wedi ei osod allan fel caffi. Agoriad llygad yn wir!

Yr ail beth 'dwi'n ei gofio ydi fod y trên yn mynd yn ei flaen o Hanover i Berlin, i'r rhanbarth Brydeinig o'r ddinas, ac oherwydd hynny yn gorfod teithio drwy ddwyrain yr Almaen, oedd dan law'r Rwsiaid bryd hynny. Mi fyddai'n rhaid i bob bleind gael ei dynnu a phob golau ei ddiffodd i deithio drwy'r rhanbarth hwnnw rhag ofn i ryw filwyr Rwsiaidd mwy gwallgo na'i gilydd gymryd yn eu pennau i danio eu gynnau at y trên.

Doedd Berlin mo'r lle diogela i fod ynddo ganol y pumdegau, ond roedden ni'n ddiogel yn ymyl Hanover lle y buom am dair wythnos cyn cael ein gwasgaru i wahanol rannau o'r wlad. Ac eto, pa mor ddiogel oedden ni? Mi fydden ni'n dal ar bob cyfle i beidio gweithio yn y fyddin gan ei fod yn lle da i ddysgu osgoi gwaith, ac un pnawn dyma wahoddiad i fynd i wrando ar ryw uchel swyddog o'r fyddin yn annerch y milwyr.

Roedd o'n ddyn pwysig iawn achos roedd ganddo goch yn ei lifrai oedd yn golygu ei fod yn rhywbeth fel *Major General* o leia. Cawsom bnawn braf o stelcian gan gymryd arnom wrando o ddifri ar y dyn yn siarad. Ond yna daeth o'i enau frawddeg a'n sobrodd ni i gyd: 'Peidiwch â bod dan unrhyw gamsyniad,' medde fo yn Saesneg, 'ryden ni yma i ymladd y Rwsiaid os a phan y penderfynan nhw ymosod.'

Mi wn i rŵan beth na wyddwn ar y pryd sef bod tensiwn anhygoel ar gyfandir Ewrop a bod byddinoedd Ynysoedd Prydain a'r America a Ffrainc yn yr Almaen nid er mwyn ei hadfer wedi'r rhyfel ond rhag ofn i'r Rwsiaid ymosod, ac na fu'r byd erioed yn agosach at drydydd rhyfel byd nag yn y cyfnod hwnnw. Ac roedd milwyr yn eu miloedd yn y wlad – roedd deng mil ar hugain yn Osnabruck, y ddinas y cefais fy hun ynddi am y rhan fwyaf o'm hamser yn yr Almaen.

Ond rwyf wedi crwydro. Dweud yr oeddwn imi fod yn Berlin yn gymharol ddiweddar, y brifddinas a ailadeiladwyd yn llwyr gan iddi gael ei malurio yn y rhyfel. Roedd rhyw gynnwrf rhyfedd yn y gwaed wrth gerdded ar hyd yr *Unter den Linden*, syllu ar y *Reichstag*, ymweld â *Brandenburg Gate* a *Checkpoint Charlie*, a gweld y fan lle bu *bunker* Hitler a lle y cyflawnodd yr adyn hwnnw hunanladdiad ddiwrnod yn unig ar ôl priodi Eva Braun. Ond yr hyn a'm trawodd fwyaf, ar y ffordd adre'n arbennig, oedd y gwahaniaeth mawr yn y teithio. Noson a diwrnod, bron bedair awr ar hugain yn y pumdegau. A heddiw? Wel, brecwast yn y gwesty yn Berlin a chinio ganol dydd yn y Berwyn Arms yng Nglyndyfrdwy! Hynny, am wn i, oedd y sioc wnaeth imi sylweddoli 'mod i wedi byw gydol fy oes drwy newid anhygoel sydd wir yn ddim llai na chwyldro mewn teithio'r byd.

2015

# Blacmel

Yn ddiweddar mi gerddais rownd waliau Caer, rhywbeth y bydda i'n ei wneud yn achlysurol, gan aros ennyd mewn dau le o leia. Un yw twr Newton neu dŵr Phoenix, lle, medd traddodiad, y safodd y Brenin Siarl 1af i weld ei fyddin yn cael cweir gan fyddin Cromwell ar Rowton Heath ar y 24ain o Fedi 1645 yn ystod y Rhyfel Cartre. Caiff ei alw'n dŵr Siarl 1af hefyd, er bod amheuaeth erbyn hyn ai yno yr oedd o mewn gwirionedd neu ar un o dyrau'r eglwys gadeiriol. Ond 'dydi o fawr o bwys bellach!

Mae man arall sy'n bwysicach i mi, a phan gyrhaeddaf yno fe oedaf er mwyn dwyn i gof. Mae'r fan arbennig yma ar ochor ogleddol y ddinas, ac yno, ar draws y ffordd (*City Walls Road*) y mae adeilad oedd unwaith yn gartref i ysbyty Caer, y *Chester Royal Infirmary*. Pan oeddwn i'n blentyn mi dreuliais i naw wythnos yn yr adeilad arbennig hwn ac mae'r cof am hynny mor glir heddiw ag y bu o erioed.

Chwech a hanner oeddwn i pan fûm i mor anffodus neu wirion a chroesi'r ffordd wrth ein tŷ ni heb edrych, pan ddigwyddai un o'r ychydig geir a deithiai drwy Wyddelwern mewn diwrnod fod yn pasio. Aeth handlen y drws i fy ngheg, ei rhwygo a thorri fy ngên, ac i Gaer y bu'n rhaid imi fynd ac aros yno am y naw wythnos. Nid mod i'n ofnadwy o symol na dim i fod yno gyhyd, y rheswm am y cyfnod maith oedd eu bod yn ceisio sythu fy ngheg cyn imi ddod adre. Methu wnaethon nhw ac mae gen i geg gam o hyd!

Mae'n syndod gymaint yr wyf yn ei gofio am yr amser dreuliais i yno. Mi wnaeth argraff fawr arna i mae'n rhaid, ond am un digwyddiad arbennig yr ydw i isio sôn, sef am yr adeg y ces i fy mlacmelio, er na wyddwn i ystyr y gair bryd hynny. Hen beth cas ydi blacmel ac mae o wrth gwrs yn drosedd difrifol. Un o fy hoff lyfrau Cymraeg erstalwm oedd llyfr o'r enw hwnnw, gan G. E. Breese, y gweinidog Wesle, rhywbeth i'w wneud efo dwyn defaid os cofia i'n iawn. Beth bynnag, blacmel sy'n dod i fy meddwl bob tro yr edrychaf ar yr hen adeilad yng Nghaer. Mae talcen y ward plant, lle roeddwn i, yn wynebu'r waliau, ac ar ei ffrynt yr oedd balconi. Yn wyrthiol, mae'n dal yno, ond wedi ei newid yn ystafell efo tair ffenest ynddi erbyn hyn. O leia mae'n ddigon tebyg i mi fedru ei gofio fel yr oedd, a phan fydden ni blant yn gwella mi fydden ni'n cael mynd ar y balconi er mwyn yr awyr iach, am wn i, rhai yn eu gwlâu a rhai allan o'r gwely.

Roedd bachgen arall ychydig yn hŷn na fi yn y gwely agosa i mi ar y ward, Joseff, neu Joe fel roedd o'n cael ei alw. Mi ddysgais Saesneg yn yr ysbyty gan nad oedd neb yn siarad Cymraeg yno, a dysgodd Joe bennill i mi. Doeddwn i ddim yn gwybod ei ystyr ond roeddwn i'n falch iawn ohonof fy hun. 'Mini, Mini meini mo' oedd y llinell gyntaf ac adroddais y pennill yn fy malchder wrth un o'r nyrsys. *'Oh! you naughty boy!'* a slap ar fy llaw ges i am fy nhrafferth. O wel!

Beth bynnag am hynny, ar y balconi yr oedd y ddau ohonon ni un diwrnod, Joe yn dal yn ei wely a finne allan ohono a'r ddau ohonon ni wrth ein boddau pan oedd y trenau'n mynd heibio. Rywbryd yn ystod y pnawn roeddwn i isio mynd i'r toiled ac roedd o'n bell. 'Pam na wnei di drwy'r relings,' medde Joe, 'welith neb mo'no ti.' Ac felly bu. Doedd neb o gwmpas a welodd neb mo'no i chwaith!

Rai dyddiau'n ddiweddarach a ninnau'n ôl ar y balconi gan

fod y tywydd yn sych, mi faciodd lori i mewn i'r ardd a dechrau arllwys ei llwyth ac roeddwn i'n medru edrych i lawr arni a'i gweld yn blaen drwy'r relings. 'Dwi ddim yn cofio be oedd ynddi: tywod neu sment neu rywbeth mae'n siŵr; ond roedd dau ddyn efo hi, ac wrth gwrs roedd gweld lori i hogyn chwech oed yn rhamant ac yn rhywbeth gwerth edrych arno.

Doedd Joe ddim yn gallu ei gweld o'i wely a doedd dim modd symud hwnnw'n nes fel ei fod yn gallu gweld chwaith. Ond roeddwn i wrth fy modd, a chwarae teg i mi, yn ceisio dweud wrtho fo be oedd yn digwydd. Ond roedd hynny'n gwneud pethau'n waeth, ac roedd o'n andros o genfigennus. Gorchmynnodd fi sawl tro i symud oddi wrth y relings a pheidio edrych. Gan nad oedd o'n medru gweld doedd o ddim yn fodlon i mi weld chwaith. Ond roeddwn i'n gwrthod bob tro. Ac yna daeth y blacmel. 'Os na ddoi di oddi wrth y relings a stopio sbïo ar y lori mi ddweda i wrth y Sister be wnest ti y diwrnod o'r blaen!' Wel, roeddwn i wedi dychryn am fy mywyd ac mi wnes i ufuddhau ar unwaith. Da y cofia i nad oedd y Sister yn un i'w chymryd yn ysgafn!

Sgwn i beth ydi hanes Joe erbyn hyn os ydio'n fyw? Miliwnydd falle efo'i gwch yn y Bahamas, wedi cyfarfod rhai naïf tebyg i mi ar daith bywyd? Neu hwyrach mai yn y carchar mae o, wedi methu rhoi'r gorau i'w hen arferion! Os felly syrfio fo reit!

2015

# Eos Cwmain

Rywbryd ym Mehefin tua diwedd chwedegau'r ganrif ddiwethaf oedd hi, a finne'n brifathro ar Ysgol y Sarnau. Gydag arian cinio plant Ty'n Rhos un bore Llun fe ddaeth nodyn gan y tad yn datgan bod eos yng Nghwmain, ac yn fy ngwahodd i gysylltu ag o er mwyn i mi gael ei glywed yn canu.

Fel y gallwch chi ddychmygu roeddwn i'n gyffro i gyd pan ddarllenais i'r nodyn, ac ar yr un pryd yn amheus a fyddai'r fath aderyn yn dod i'r ardal hon. Ond mi es i ati rhag blaen i wneud trefniadau i'w glywed. Ac fe fyddai modd gwybod i sicrwydd ai eos oedd o ai peidio. Onid oedd Geraint Lloyd Owen (yr Archdderwydd erbyn hyn) ar y pryd yn athro yn ysgol Corwen ac yn byw yn y Bwthyn, Sarnau, ac onid oedd ei dad Henry Lloyd Owen yn un o banelwyr y rhaglen radio 'Byd Natur'? Y cyfan y byddai'n rhaid ei wneud fyddai recordio'r aderyn yn canu ac anfon y tâp drwy Geraint at y rhaglen honno.

Dyma sôn wrtho am y peth ac roedd o'n cytuno efo'r cynllun ac yn llawn brwdfrydedd. Y broblem nesa oedd cael peiriant recordio, rhywbeth cymharol brin yr adeg honno, yn enwedig un oedd yn gweithio efo batri yn hytrach na thrydan. Ond roedd gwaredigaeth wrth law yma eto. Roedd gan y Parch. Goronwy Prys Owen, oedd yn weinidog yn Talybont a Llidiardau ar y pryd, recordydd tâp batri, ac fe gysylltwyd ag o, ac roedd o'n fwy na bodlon dod draw efo ni i Gwmain i recordio'r aderyn yn canu.

Fe drefnwyd i gyfarfod y rhiant wrth gapel Soar tua naw un

noson a phan gyrhaeddson ni yno dyma ddeall fod yr aderyn wedi symud o lecyn yn ymyl y ffordd a'i fod yn canu bellach yn un o gaeau Gwern Braichdwr yng ngwaelod y cwm. Bu'n rhaid cerdded trwy ddau neu dri o gaeau oedd yn drwm gan wlith nes bod ein coesau'n socian cyn cyrraedd yn weddol agos i'r fan lle'r oedd yr aderyn. Ac yn wir roedd o yno, ar goeden helyg yng nghanol tir corsiog Gwern Braichdwr yn canu ei hochor hi.

Roedd y rhiant, fel amryw o ffermwyr yr ardal, yn dipyn o regwr, nid bob yn ail gair, ond yn lliwio ei sgwrs ambell waith. 'Pwy ydi hwn sy efo chi heno?' sibrydodd, gan nad oedd o'n adnabod Goronwy. 'O, rhywun sy'n gweithio i'r cyngor yn Nolgellau,' oedd ateb Geraint gan obeithio'i glywed yn ei sbelio hi yng ngŵydd y gweinidog. Ond hyd y cofiaf ddigwyddodd hynny ddim, a 'dwi ddim yn meddwl y byddai Goronwy wedi ymateb mewn unrhyw ffordd tase fo wedi rhegi yn ei glyw. Mae gynnon ni syniadau od am weinidogion, on'd oes?

Beth bynnag am hynny, ymlwybrodd Goronwy yn nes ac yn nes at y goeden gan ddal y meic o'i flaen ac fe gafwyd recordiad o'r aderyn yn pyncio cân er ei bod hi'n dechrau tywyllu erbyn hyn. Cawsom wybod gan y rhiant fod yr eos yn canu am y rhan fwyaf o'r nos.

Cafodd Geraint y tâp i'w anfon i'w dad ac aeth y tri ohonom yn ôl i'r Sarnau a gwahanu yno. Roedd hi'n hwyr erbyn hyn ac roedd Nansi yn ei gwely, ac mi wnes baned a mynd i fyny i'r llofft i adrodd yr hanes wrthi. A finne ar ganol fy stori mi glywais sŵn graean yn cael ei daflu yn erbyn y ffenest a llais yn hanner gweiddi hanner sibrwd: 'Pritchard, Pritchard.' Geraint oedd yno ac mi es at y ffenest a'i hagor yn llydan.

'Dech chi isio clywed eos yn canu?' holodd. 'Rhowch ych pen allan drwy'r ffenest a gwrandewch.'

Mi wnes inne hynny, ac yn y gors – Cors y Sarnau, sydd ryw ddau gan llath oddi wrth y tŷ, roedd côr o adar yn pyncio hynny fedren nhw. Nid un 'eos' ond dwsin o leia. Ac yna fe wawriodd y gwirionedd arnom. Yr hyn oedd yn gyffredin i Gors y Sarnau a thir corslyd gwaelod Cwmain oedd coed helyg, ac ar goed helyg y bydd yr aderyn bychan hwnnw, telor yr helyg, yn hoffi bod. Mae digonedd ohonyn nhw i'w cael yng Nghymru ac maen nhw'n canu yn y nos.

Yn ein barn ni felly, doedd dim eos yng Nghwmain, ni ddanfonwyd y tâp i 'Fyd Natur' ac ni ddaeth anfarwoldeb i ni na'r cwm. Yn y man, distawodd y gân ond daliodd y rhiant hwn hyd ei farw'n ddiweddar i gredu mai eos oedd o – a phwy sydd i ddweud, wir, nad oedd o'n iawn? Ond chawn ni byth wybod.

2016

# Cwningod

Mi fûm i, pan oeddwn yn fy arddegau, yn elyn anghymodlon i gwningod, ac yn y cyfnod hwnnw roedden nhw'n bla yn y wlad.

Ar ffarm Ty'n Celyn yng Ngwyddelwern y dechreuais i fynd ati i'w dal, a hynny tua diwedd yr ail ryfel byd. Cael caniatâd Hugh Roberts i osod maglau ar ei dir, a mentro'n anghyfreithlon wedyn dros y terfynau i ddwy ffarm gyfagos – Tŷ Nant a Maesgwyn Ucha. Mi ddois yn dipyn o arbenigwr ar osod maglau ac i adnabod rỳn cwningen a gwybod lle i leoli'r fagal gan fod yna batrwm cam a sbonc yn rhediad pob un.

Pan oeddwn beth yn hŷn mi gefais fenthyg gwn Emyr, mab Ty'n Celyn, Ffôr ten nid twelf bôr. 'Dwi ddim isio canmol fy hun ond mi ddois yn eitha shot arni, ac ar ddydd Sadwrn ac yn ystod y gwyliau byddwn yn mynd i saethu, a mynd rownd y maglau bob dydd, yn agored chwe diwrnod yr wythnos a sleifio ar y Sul.

Roeddwn i'n casáu diberfeddu cwningod ond rhaid oedd gwneud cyn mynd â nhw i'r Llan i gyfarfod Dei Castell o Landegla oedd yn dod efo'i fan ddwywaith yr wythnos i'w prynu, ac yn mynd â nhw i Lerpwl i'w gwerthu. 'Dwi ddim yn cofio faint oeddwn i'n ei gael amdanyn nhw, dim llawer mae'n siŵr, ond digon i brynu fferins, ac yn ddiweddarach, hogyn gwirion ag oeddwn i, i brynu ffags.

Ar wyliau yn Awst yn Llŷn roedd dau ddull arall o'u dal, a hynny yn nghynefin fy nhad ym Mhenllech a Thudweiliog. Roedd Llŷn bryd hynny yn nefoedd i ddaliwr cwningod, ac i mi a nghefnder Wil fe ddatblygodd un dull o'u dal yn hollol naturiol a heb ei gynllunio. Roedd ganddo fo gi o'r enw Lad, ci defaid bychan a gwaed teriar ynddo fo, ac mi fyddai'n dod efo ni'n dau i lan y môr. Aem trwy fuarth cartre Bob Rhos, cefnder arall, ac roedd gan hwnnw glamp o gi glas o'r enw Cherry. Unwaith, am ryw reswm fe benderfynodd Cherry ddod efo ni a chrwydro efo Lad o gwmpas allt y môr. Wrth fynd heibio i dwmpath o eithin a drain dyma Lad yn plannu i mewn i'w ganol a Cherry'n rhyw hanner redeg, hanner ddawnsio ar y tu allan. Yn sydyn daeth cwningen allan o'r twmpath a rhedodd Cherry ar ei hôl a'i dal. Ninnau wedyn yn dal Cherry a gafael yn y gwningen cyn iddo'i llarpio.

Doedd dim stop arnon ni ar ôl hyn, nac ar y ddau gi chwaith: roedden nhw fel tasen nhw'n deall be oedden nhw i fod i'w wneud, a chan fod allt y môr rhwng Porthychain a Phenrhyn Melyn yn llawn o dwmpathau drain ac eithin, a'r cwningod yn bla, roedd helfa dda i'w chael, ac anamal y bydden ni'n dychwelyd yn waglaw.

Roedd un ffordd arall o ddal cwningod, a hynny yn ystod y cynhaeaf pan ddeuai'r beindar i dorri'r ŷd yn y cae gan leihau libart y cwningod a swatiai ynghanol y tyfiant tan y funud ola. Aem ati yn y bore i gau'r tyllau cwningod yn y cloddiau trwy osod tywarchen ryw hyd braich i mewn ym mhob twll. Yna pan ddengai'r cwningod o'r ŷd, os nad oedden ni'n gallu eu dal wrth redeg ar eu holau, ac roedd hynny'n bosib gan fod yr ysgubau ŷd yn eu drysu, roedden ni'n eu cael pan swatien nhw yn y tyllau.

Un peth oedd dal y cwningod; peth arall oedd eu gwerthu. Ond daeth fy ewythr, tad Wil, i delerau efo bwtsiwr ym Mhwllheli – Dan Thomas oedd ei enw os cofia i'n iawn, ac felly ar amal i fore byddem yn aros y bws o Aberdaron i Bwllheli i fynd i werthu'r cwningod. Prin y caem ddigon i dalu'r bws, mae'n siŵr, ac ambell swlltyn i brynu Wdbeins yn Siop Isa, Tudweiliog. Ond roedd mynd i Bwllheli ar y bws yn rhamant ynddo'i hun.

Fe ddaeth y maglu a'r saethu a'r hela i ben yn ddisymwth yn fy hanes gan imi gael rhyw fath o dröedigaeth. Arferwn ar dro fynd i weld modryb imi oedd yn byw yng nghyffinie pentre Llanelidan; mynd ar y bws o Wyddelwern i Nantclwyd a cherdded wedyn y ffordd a'r llwybr i'w chartref. Un min nos a hithau'n tywyllu roeddwn i'n dychwelyd ar hyd y llwybr i ddal y bws pan welais rywbeth yn y gwyll yn neidio a dawnsio ar ganol y cae. Mi es yno i weld beth ydoedd a chanfod cwningen wedi ei dal mewn magal. Roedd ei dawns yn ddawns angau gan ei bod wrth ymlafnio felly yn tynhau'r weiren am ei gwddw.

Fe es ati i geisio'i gollwng yn rhydd a llwyddo trwy drafferth, ac fe ruthrodd, yn ddiolchgar am wn i, ar draws y cae a phlannu ar ei phen i'r gwrych. Mi effeithiodd yr olygfa yn fawr arna i, a dyna pryd y cefais i dröedigaeth. Mi sylweddolais fod fy null o ddal cwningod trwy eu maglu yn ddull creulon tu hwnt, a bod pob dull wir yn agwedd ar greulondeb dyn at anifail. Ymdynghedais na fyddwn byth wedyn yn ceisio dal na saethu'r un gwningen. Ac yr ydw i wedi cadw at hynny ar hyd y blynyddoedd. Erbyn hyn fedrwn i ddim lladd cwningen dros fy nghrogi, ac mi fydda i'n ypsetio os digwydd imi daro un efo'r car.

Mi rydw i braidd yn cywilyddio pan gofia i mor ddideimlad oeddwn i, hyd yn oed yn necio cwningen fyw heb feddwl ddwywaith am y peth, ond yn gymysg â'r cywilydd hefyd mae'r cofio bod y dyddiau hynny, yn enwedig dyddiau heulog hafau Llŷn, yn ddyddiau da dros ben.

2010

# *Ofn*

Mi rydw i'n greadur reit ofnus yn y bôn, nid yn unig yn y nos ond yng ngolau dydd hefyd.

Pan oeddwn i'n blentyn ym mlynyddoedd cynta'r ysgol uwchradd mi fyddwn yn helpu un o ffermwyr Gwyddelwern, sef Hugh Roberts Ty'n Celyn, ar ei rownd laeth bob gwyliau, ac wrth fynd ar y rownd honno roedd arna i dri ofn mawr.

Y cynta oedd y Ficrej yr oeddwn wedi dychmygu pob math o erchyllterau yn digwydd yno fel yr ysgrifennais i mewn ysgrif arall (Nôl adre). Dychmygu o glydwch a diogelwch fy nghartref wnawn i bryd hynny, a dyma fi, yn foreol bob dydd o'r gwyliau haf, yn gorfod cerdded i fyny'r cae serth a gweld y tŷ fel anghenfil mawr yn torsythu uwch fy mhen. Gwaeth na hynny, byddai'n rhaid mynd trwy frwgaij a thyfiant trwchus at y drws cefn a gosod y botel lefrith ar y llechen fflat y tu allan cyn ei heglu hi oddi yno gynted gallwn i trwy'r goedlan fechan drwchus ac i lawr i gyfeiriad y stesion, a byddwn wedi cyrraedd bwthyn o'r enw Maes Hyfryd cyn i'm calon ddechrau arafu ac i'r arswyd raddol gilio.

Ond yr oedd gwaeth o fy mlaen – y fynwent, gan fod y llwybr i'r pentre yn mynd reit drwy ei chanol. Gwyddwn amdani'n dda gan y byddwn i a rhai o blant y Llan yn chwarae llawer yno, chwarae cuddio gan amlaf, ac roedd yna ddiogelwch mewn cwmni gan na fyddwn byth yno ar fy mhen fy hun. Ond ar y rownd laeth roedd pethau'n wahanol. Gwyddwn am y garreg fedd yr oedd arni'r geiriau bygythiol

'Cofia farw', a gwyddwn am y gist garreg yr oedd ei hochor wedi malu, fel bod esgyrn y corff oedd ynddi yn rhywle yn gallu codi a chrwydro'r fynwent unrhyw adeg o'r dydd neu'r nos.

Antur enbyd oedd cerdded fy hunan bach yn gynnar y bore rhwng rhesi o gyrff yn y fynwent, gan ddychmygu clywed siffrwd ar y llwybr y tu ôl i mi, neu weld cip o wyneb esgyrnog yn syllu arnaf o'r tu ôl i un o'r cerrig, neu ddisgwyl clywed cloch yr eglwys yn canu a neb yn tynnu yn y rhaff!

Ond arswyd neu beidio, roedd y gwaetha o 'mlaen i, y trydydd ofn a'r un mwya, gan fod un botel lawn ar ôl yn y crêt, ac wrth ddrws y Church House yr oedd yn rhaid gadael honno.

Tŷ bychan dwy ystafell uwchben neuadd yr eglwys oedd Church House, ac roedd stepiau serth yn mynd i fyny yn syth at y drws o lwybr y fynwent. Yno trigai Lisi Ann efo'i thad a elwid yn Huw Dau Lais am ei fod weithiau'n siarad mewn llais main, merchetaidd, a thro arall mewn llais dwfn, dynol. Doedd Lisi Ann ddim yr un fath â phawb arall, doedd hi ddim yn edrych yr un fath chwaith: wyneb od ganddi a llygaid mor groes nes eu bod yn edrych yn syth i'r awyr trwy'r amser. Byddai'n crwydro'r fynwent yn y nos mewn hen got laes a het ddi-siâp ac, am wn i, yn cyfathrachu efo'r meirw.

Y bore Llun cynta mi es i fyny'r stepiau fel llygoden. Roedd y botel wag yno yn aros amdanaf a'r drws wedi ei gau, a chyfnewidiais y ddwy botel mor ddistaw ag y gallwn cyn brasgamu i lawr y stepiau yn fy ôl. Welais i neb, ac erbyn diwedd yr wythnos roedd yr arswyd yn dechrau cilio – potel wag ar y stepen bob dydd a'r drws wedi ei gau yn sownd. Doedd dim bygythiad.

Ond fore Sadwrn, gwae fi! Doedd dim potel wrth y drws. Beth wnawn i? Gwyddwn fod Hugh Roberts yn daer i gael pob potel wag yn ôl os yn bosib, ac fe fyddai'n disgwyl yr un faint o boteli gwag yn y crêt ar ddiwedd y rownd ag oedd yna o rai llawnion ar ei chychwyn. Yn sicr doeddwn i ddim yn mynd i guro'r drws i ofyn am y botel.

Roedd yr ateb yn syml: anghofio amdani a cheisio gwagu'r poteli o'r crêt i gefn y fan heb i Hugh Roberts weld bod y cyfri un yn fyr. Felly ar ôl gosod y botel lawn wrth ddrws Lisi Ann dyma gilio i lawr y stepiau yn ddistaw bach fel arfer, ond cyn imi gyrraedd y gwaelod dyma lais yn gweiddi 'Hei!'. Sefais mewn arswyd, gan y gwyddwn pwy oedd yno, ac roedd hi'n ymdrech wirioneddol i droi fy mhen. A dyna lle'r oedd Lisi Ann yn sefyll yn y drws yn ei choban, coban fu unwaith yn wen, yn edrych yn syth i fyny i'r awyr a photel lefrith wag yn ei llaw. Roedd golwg fel drychiolaeth arni. 'Tyrd yma,' gorchmynnodd yn swta, a doedd dim i'w wneud ond dringo'n grynedig ati ac estyn fy llaw yn betrus am y botel.

'Talu dydd Sadwrn,' meddai'n sarrug gan wthio swp o bres i fy llaw. Cydiais yn dynn yn yr arian a'i gwadnu hi i lawr y stepiau a'm gwynt yn fy nwrn ac i ddiogelwch canol y pentre.

Ni chiliodd fy ofn o'r Ficrej na'r fynwent yn llwyr ohonof, a phan af i'r hen ardal gallaf ymdeimlo â'r arswyd a deimlwn unwaith wrth edrych ar y tŷ uwchben y pentre, ac rwy'n dal i hanner disgwyl clywed cnul cloch yr eglwys wrth gerdded llwybr y fynwent. Ond pan edrychaf ar y stepiau sy'n arwain at ddrws y Church House, tŷ sy'n wag ers blynyddoedd bellach, does dim rhithyn o ofn yn treiddio drwof. Ond rwy'n teimlo'n euog ac yn gresynu, gresynu imi fod yn rhan o'r esgymundod cyffredinol a brofodd Lisi Ann gydol ei hoes yn y Llan am ei bod yn wahanol. Beth allaf ei ddweud o'i phlaid? Un o bobol ddiniwed ein cymdeithas oedd hi, un na chafodd erioed chwarae teg mewn bywyd, ond tra byddai sawl teulu parchus yn y pentre yn mynd am bythefnos, am fis weithiau heb dalu am y llaeth, roedd Lisi Ann yn talu bob wythnos yn ddi-feth. Ac os oedd sawl potel wag ddigon budur yn cael ei dychwelyd o amal un o dai'r pentre, nid felly y botel o'r Church House. Roedd honno bob amser yn hollol lân ac yn sgleinio fel swllt newydd. Yn ddigon glân i Hugh Roberts allu ei hail lenwi â llaeth heb orfod ei golchi pe bai'n dymuno. Nid ei fod o'n gwneud hynny wrth gwrs.

2011

# Glencoe

Y mae teithio ar hyd yr A82 o Loch Lomond i Fort William yn yr Alban yn brofiad arbennig. Os ewch chi y ffordd honno mi ewch drwy Glencoe, sy'n gwm dwfn ynghanol mynyddoedd uchel. Lle rhamantus ar un olwg, lle llawn hanes, lle i godi ofn arnoch pan fydd y niwl yn chwarae o gwmpas copaon y mynyddoedd, y dydd yn darfod ac ysbrydion y gorffennol yn cyniwair yn y fan.

Pan welais i'r lle am y tro cynta wyddwn i ddim am y gorffennol gwaedlyd oedd i'r cwm arbennig hwnnw, ond yno fe ddigwyddodd lladd erchyll pan ddaeth milwyr Dug Argyll, y Campbells, i aros gyda'r McDonalds oedd yn trigo yno. Cawsant eu bwydo a'u lletya, cawsant bob caredigrwydd, ond yn y nos dyma nhw'n troi ar eu gwesteion a lladd bron i gant a hanner ohonyn nhw. Rhan oedd hyn o wrthryfel y Jacobeiaid yn yr ail ganrif ar bymtheg.

Rywbryd ddiwedd y saithdegau mewn Cynhadledd Llenyddiaeth Plant mi glywes yr awdures Albanaidd Mollie Hunter yn annerch ac yn sôn am ei llyfrau i blant, ac yn dilyn y gynhadledd bûm yn darllen amryw ohonyn nhw i blant Ffridd y Llyn pan oeddwn yn brifathro yno. Yn eu plith yr oedd *The Ghosts of Glencoe* – nofel gyffrous seiliedig ar y lladd dychrynllyd yn y lle yn 1621. Roedd y plant wrth eu boddau efo hi a'i nofelau eraill, a phleser mawr i mi oedd clywed llyfrgellydd Ysgol y Berwyn yn cwyno bod plant Ffridd y Llyn yn ddigon o niwsans pan aethant i'r ysgol honno, yn holi a holi am lyfrau Mollie Hunter!

Rydw i wrth fy modd yn mynd i'r Alban, ac wedi bod yno droeon. Rywbryd tua canol yr wythdegau roedd pedwar ohonom yn aros mewn gwesty ger Fort Augustus ac ar y nos Sul yn teithio efo glannau Loch Ness o Inverness i'r gwesty ac yn chwilio am le i gael bwyd. Dyma ddod i bentref Drumnadrochit, ac yno yr oedd tafarn ac i mewn â ni. Rywbryd yn ystod y pryd bwyd daeth dau ddyn i mewn efo'u gitârs a dechrau canu. Doedden ni ddim yn cymryd llawer o sylw o'r canu ond ei dderbyn fel rhyw sŵn yn y cefndir, hynny ydi nes i mi godi nghlustiau pan glywais i'r geiriau *O cruel is the snow that sweeps Glencoe and covers the graves o' Donnell.* Cân swynol dros ben o ran ei halaw ond yn adrodd hanes y lladd erchyll ddilynodd y croeso yn y cwm diffaith hwnnw.

Wedi hynny mi fûm yn chwilio ym mhob siop recordiau am recordiad o'r gân, ond yn ofer. Doedd hi ddim ar unrhyw albwm na chasét hyd y gwelwn, na neb erioed wedi clywed amdani.

Tua diwedd y degawd mi ges fy ngwahodd i Gynhadledd Genedlaethol y Mudiad Meithrin oedd yn cael ei chynnal y flwyddyn honno yn Harlech. Yn ystod y cinio nos mi wnes i gyfarfod gwraig o'r enw Anne Lorne Gillies, un o gynrychiolwyr yr Alban a chantores werin fu'n ein diddanu ar ôl y cinio y noson honno. Roedd hi hefyd, peth prin iawn yn yr Alban, yn siarad Gaeleg yn rhugl. Mi gytunais i fynd i'r Alban i siarad am ddatblygiad iaith efo cynrychiolwyr yr Ysgolion Gaeleg yn y wlad, ac fe drefnodd hi'r cyfan. Bûm yn Glasgow am dridiau, ac un gyda'r nos fe aeth â fi o gwmpas y ddinas yn ei hen Forris Minor, ei thrwyn ar y llyw ac yn smocio un sigarét ar ôl y llall. Roedd hi'n dipyn o gymeriad. Roeddwn i wedi cyfarfod un o swyddogion addysg Glasgow yn ystod y dydd, ac mi ddigwyddais ddweud wrthi nad oedd wedi gwneud argraff arbennig o dda arnaf. 'Och,' meddai yn ei hacen Albanaidd gref, 'mae o'n codi'r crîps arna i ac yn fy atgoffa o'm gŵr cynta oedd yn dod o linach y Campbells!' Pan glywais yr enw mi gofiais am Glencoe, ac mi dd'wedais wrthi mod i'n gwybod yr hanes ac wedi bod yn chwilio am y gân glywais i gynta yn y dafarn yn Drumnadrochit. 'Dwi wedi ei recordio,' medde hi. 'Mae hi ar dâp gen i – *The Hills of Lorne!*' Wel wir! Mae'r tâp o fy mlaen i y funud hon, llun y gantores ar y clawr, a phedair ar ddeg o ganeuon arni, ac mae ganddi lais pur fel grisial, ac rwy'n gwrando arni'n canu o dro i dro, gan ailchwarae'r tri munud a hanner sy'n adrodd hanes y brad yn y cwm.

Ond nid yw'r stori yn gorffen yn y fan yna. Y tro diwetha imi weld Glencoe roedd yr un pedwar ohonom yn teithio yn y car i fyny o Fort William i gyfeiriad Loch Lomond. Roedd hi'n ddiwrnod tywyll bygythiol, y niwl yn isel ar y copaon ysgythrog a'r 'glaw o'r mynydd yn gloywi'r meini', i ddyfynnu Dic Jones. Ar ochr y ffordd ym mhen ucha'r cwm y mae arhosfan, ac yno ar garnedd o gerrig gyda'r olygfa drawiadol yn gefndir iddo roedd pibydd unig yn sefyll yn dalsyth wedi ei wisgo yng ngwisg draddodiadol yr Alban. Roedd hi'n olygfa i'w thrysori, i oedi a'i hedmygu, ond nid y fi oedd yn dreifio, ac yn anffodus aethom heibio'r fan heb hyd yn oed arafu.

Fe gollwyd y cyfle ac ni ddaw byth yn ôl, a hynny am nad yr un golygfeydd sy'n ddrama i bawb, a doedd hon ddim i'r un oedd yn gyrru'r car y diwrnod hwnnw!

2015

# Pafiliwn Corwen

Mae pafiliwn Corwen wedi cau am byth, ac erbyn hyn wedi ei dynnu i lawr. Brawddeg weddol fer, dim ond pymtheg gair, a falle i lawer ohonoch chi sy'n darllen hwn nad yw'n ddim amgen na brawddeg syml yn cyfleu gwybodaeth nad oes ganddoch chi, falle, fawr o ddiddordeb ynddi. Ond i ni a anwyd ac a fagwyd yn Edeirnion, yng nghysgod yr hen bafiliwn, mae'r frawddeg yn saeth unionsyth i'r galon.

Does neb sy'n fyw heddiw yn cofio'i adeiladu. Roedd o'n bod cyn iddo ymddangos yng Nghorwen, neuadd arddangos ydoedd yn Lerpwl. Yna, yn 1913 fe'i prynwyd gan Bwyllgor Eisteddfod Jiwbilî Corwen ac fe'i codwyd ar ei safle presennol am £1620 – cost uchel bryd hynny – gan gwmni Miles o Rosllannerchrugog.

Cyn mynd ati i gofnodi rhai o'm hatgofion am y lle, dyma nodi'n fyr rai o'r digwyddiadau mawr a welwyd yno – yr Eisteddfod Genedlaethol yn 1919, dwy Eisteddfod yr Urdd – y gyntaf erioed yn 1929 a'r gyntaf wedi'r rhyfel yn 1946, pedair Eisteddfod Powys, a thair Gŵyl Cerdd Dant – un wedi ei threfnu gan bwyllgor Cylch Penllyn. A'r cewri ymddangosodd ar y llwyfan – Lloyd George, Aneirin Bevan, Jubilee Young i enwi dim ond tri. Cwmnïau opera o bob math wedyn, gwyliau cerdd, dramâu, gigiau, gan gynnwys ymddangosiad ola Edward H. Dafis. Mae'r lle yn diferu o hanes. Yn ystod blynyddoedd y rhyfel fe fu'n storfa fwyd, ond daeth yn ei ôl i'w lawn ogoniant yn 1946.

Gallaf glywed aroglau'r pafiliwn rŵan wrth ysgrifennu hwn, arogl llwch a phren, arogl oedd yn cynhyrfu'r gwaed bob amser. Bûm yno'n blentyn, bûm yno'n llencyn ifanc, ac yno'n ŵr yn ei oed a'i amser, a'm hymweliadau â'r lle yn pontio dros drigain mlynedd.

Y siaradwr gorau a glywais yno oedd Aneirin Bevan. Fe'i clywais yn annerch ddwywaith, a'r lle dan ei sang y ddeudro. Fe'm plesiodd yn fawr y tro cynta ac rwy'n cofio un o'i frawddegau hyd heddiw. Pan ofynnwyd iddo beth oedd ei farn am yr Unol Daleithiau, dyma'i ateb, ac fe'i dyfynnaf yn y Saesneg gwreiddiol gan na ellir gwneud cyfiawnder â'i eiriau mewn cyfieithiad: '*The only country that has passed from barbarism to decadence without going through the intervening stages of civilization.*' Doedd yr Unol Daleithiau ddim yn boblogaidd iawn ar y pryd fel y gallwch chi gasglu!

Ond fe'm digiodd yr eildro. Pan ofynnwyd iddo am ei farn am Senedd i Gymru – a hynny os cofiaf yn iawn gan A. J. Chappel, perchennog *Seren y Bala* ar y pryd – dyma'i ateb: '*Littler stages for littler men.*' Yn gam neu'n gymwys cefais y darlun bryd hynny o ŵr oedd wedi mynd yn rhy fawr i'w sgidiau ac fe newidiais fy marn amdano.

Y pregethwr gorau a glywais yno oedd Jubilee Young. Roedd o a'r Parch. T. Ellis Jones, Bangor, yn cynnal cyfarfod pregethu dan nawdd y Bedyddwyr a'r lle yn orlawn. Fel y newidiodd pethau! Hogyn ysgol oeddwn i a 'dwi'n cofio dim o'i bregeth, dim ond cofio'i weld, yn ŵr tal, tenau, gosgeiddig a'i lais cyfareddol yn treiddio i bellafoedd dyfnaf y pafiliwn. Yn wir allwn i dim meddwl y byddai neb yn cofio'i bregeth ar ôl yr holl flynyddoedd. Roeddwn i'n anghywir. Rwy'n mynd ar dro i ymweld â chyfaill i mi sy'n dal i fyw yng Ngwyddelwern – Cledwyn (Cledwyn Parry), a wnes i erioed gyfarfod â neb efo cof mor anhygoel ag sydd ganddo fo. Ar un ymweliad diweddar â'i gartre aethom i sôn am y pafiliwn ac roedd o'n cofio'r cyfarfod pregethu'n iawn. Mae o'n hŷn na fi ond llencyn oedd ynte bryd hynny a chredwch neu beidio roedd o'n cofio un o'r straeon adroddodd Jubilee Young y noson honno: stori am hogyn bach oedd yn byw mewn tre fawr yn Lloegr ar stryd lle roedd croes ar ben yr heol, ac a aeth ar goll wrth gicio pêl o un stryd i'r llall. Aeth y bêl drwy ffenest un o'r tai a daeth y gŵr allan a'i geryddu. Meddai'r bachgen wrtho: '*Take me to the cross and I can find my way home from there, and father will pay*'. Ac fe allwch ddychmygu be allodd pregethwr o ddawn Jubilee Young ei wneud o'r dyfyniad yna!

Pethau od ydi atgofion, maen nhw'n gyfrodedd afreolus yn y meddwl, o glywed cydadrodd 'Steffan yr Hen Bren Cnau' a chanu 'Plentyn Breuddwydion', o glywed Murray Dickie a'i lais tenor anhygoel, a gwrando ar Owen Edwards (y BBC) yn annerch yn un o wyliau Dyfrdwy a Chlwyd, o weld Charles Groves yn arwain a chlywed Stuart Burrows yn canu â phwythau yn ei geg, o ddawnsio unwaith ar y llwyfan mewn trywsus a sanau gwirion, a chlywed Telynores Maldwyn yn diolch am gael ei hanrhydeddu – gallwn fynd ymlaen ac ymlaen, ond rhaid ymatal er mwyn ymhelaethu ar rai o'r atgofion hyn.

'Steffan yr Hen Bren Cnau' i ddechrau. Os nad yw fy nghof yn chwarae tricie efo fi, a falle'i fod o, darn cydadrodd oedd hwn yn Eisteddfod yr Urdd 1946. Roedd parti o Wyddelwern yn cystadlu ar y cydadrodd ond aethon ni ddim pellach na'r eisteddfod gylch. A pha ryfedd. Fy nhad oedd yn ein hyfforddi a doedd ganddo ddim clem am adrodd, dim ond fod pawb yn tybio fod ganddo – am ei fod yn weinidog am wn i.

Yr unawd bechgyn oedd 'Plentyn Breuddwydion' ac rwy'n ei chofio hyd heddiw: 'Mae'n rhodio hyd lwybrau o hedd, ysgafn ei freuddwyd a'i ffansi'n ffri'. A ffansi ffri oedd unrhyw obaith i mi fynd heibio'r eisteddfod gylch hefyd gan fod yn yr un gystadleuaeth â mi hogyn o Gorwen o'r enw Eryl Jones, ac roedd o'n fy nghuro i bob tro. 'Dwi'n taro arno weithie, mae o'n byw yn ochre Caer ac yn perthyn i neb llai na Lewis Valentine, ac felly i Ian Gwyn Hughes, pennaeth cyfathrebu tîm pêl-droed Cymru hefyd. Gwrando ar eraill yn cydadrodd a chanu fu fy rhan yn y pafiliwn yn anffodus, nid perfformio fy hun.

Dyhead nid gwirionedd oedd cael cydadrodd a chanu ar lwyfan y pafiliwn yn Eisteddfod 1946 felly, ond rwy'n cofio Murray Dickie yn canu ar y llwyfan fel tase hi'n ddoe. Ymweliad gan Gwmni Opera Covent Garden oedd o, wn i ddim pwy oedd yn trefnu ond un o'r unawdwyr oedd tenor bychan eiddil o'r enw Murray Dickie, ac roedd hyn rywbryd yn niwedd y pedwardegau neu ddechrau'r pumdegau, mae'n siŵr, pan fyddai cwmnïau o'r fath yn mynd ar deithiau i gynnal cyngherddau. Un o'r Alban oedd Murray Dickie, a threuliodd y rhan fwya o'i yrfa gerddorol gyda chwmni opera Vienna, cyn symud i weithio i Dde Affrica lle bu farw tua canol y nawdegau. Fe dynnodd y lle i lawr efo'r unawd enwog o'r opera *La Boheme*, '*Your Tiny Hand is Frozen*', a chlywais rai'n dweud y gellid ei glywed yn canu o'r stesion – bron i hanner milltir i ffwrdd!

Tenor enwog arall fu'n canu yng Nghorwen oedd Stuart Burrows, a hynny yng Ngŵyl Dyfrdwy a Chlwyd yn 1961 pan berfformiwyd 'Acis a Galatea' (Handel) dan arweiniad Arwel Hughes. Rwy'n cofio'r achlysur am i Stuart Burrows, oedd yn ŵr ifanc iawn bryd hynny, gael damwain car y diwrnod cyn y perfformiad, a bu'n rhaid iddo gael pwythau yn ei geg. A chyda'r pwythau'n dal heb eu tynnu y canodd o yn yr ŵyl, gweithred arwrol yn wir.

Rhaid sôn ymhellach am Ŵyl Dyfrdwy a Chlwyd, a sut y cychwynnodd. Y stori ydi fod J. Morgan Nicholas (cyfansoddwr y dôn adnabyddus 'Bryn Myrddin') yn teithio trwy Gorwen un diwrnod ac iddo sylwi ar y pafiliwn a holi ei gyd-deithwyr pa ddefnydd oedd yn cael ei wneud ohono. Wn i ddim beth oedd yr ateb, ond fe holodd ymhellach a dod i'r casgliad y byddai'n lleoliad delfrydol ar gyfer Gŵyl Gerddorol. Nid un i freuddwydio breuddwydion oedd Morgan Nicholas ond un i'w gwireddu, a chyda John Hughes yn drefnydd cerdd ym Meirion bryd hynny, fe lwyddwyd i roi cychwyn i'r wyl yn 1956 gyda Chôr Dyfrdwy a Chlwyd, Cerddorfa Birmingham a Morgan Nicholas yn arwain. 'Y Greadigaeth' gan Haydn oedd y gwaith cynta berfformiwyd. Fe ymunais i â'r côr yn 1957, ac Evan Lloyd Maerdy Bach oedd yr unig un o Wyddelwern oedd yn aelod. *Stabat Mater* gan Dvořák oedd y gwaith ac mi fyddai'n galw amdanaf bob nos Lun efo'r geirie, 'Wyt ti'n dod i'r Stabal?' Robin Williams, neu Robin Exchange, oedd arweinydd carfan Corwen o'r côr bryd hynny – cerddor i flaenau ei fysedd.

Ysbeidiol fu fy aelodaeth i o'r côr, ymuno am rai blynyddoedd, gadael ac ail ymuno ac felly hyd y diwedd. Mewn cyfnod o bron i hanner can mlynedd fe fu'r mawrion yn canu ac yn arwain ac mae'n demtasiwn i enwi'n ddiddiwedd. Rhaid bodloni ar enghreifftiau gan grybwyll dwy gerddorfa, Cerddorfa Ffilharmonig Lerpwl, a Cherddorfa Symffoni Gymreig y BBC, a dau arweinydd – Charles Groves ac Owain Arwel Hughes, y naill yn Sais a'r llall yn Gymro Cymraeg. Ond byd rhyfedd yw byd yr iaith, clywais fwy o Gymraeg gan Charles Groves na chan Owain Arwel Hughes! Af i ddim i enwi'r gweithiau gyflwynwyd, ond rhaid nodi rhai o'r perfformwyr. Ymhlith y sopranos ymddangosodd ar y llwyfan yr oedd Janet Price, Heather Harper, Pauline Tinsley, Rebecca Evans, Mary Lloyd Davies; ymhlith y contraltos Helen Watts, Norma Proctor, Marjorie Thomas ac Eirian James; yna o blith rhestr faith o denoriaid gellir enwi Rowland Jones, Kenneth Bowen (bedair gwaith) a Wynford Evans, ac o blith y baswyr Trefor Anthony, Roderick Jones, John Shirley Quirk a'r enwocaf un i gyd – Bryn Terfel.

Ond pe baech chi'n gofyn i mi am un atgof sy'n sefyll allan goruwch pob un arall o'r holl wyliau hyn fyddai dim rhaid imi oedi eiliad i feddwl. Yn 1986 fe berfformiwyd *The Kingdom* gan Elgar ac yn y gwaith hwn y mae yna unawd i'r soprano – '*The Sun Goeth Down*'. Y soprano y flwyddyn honno oedd Eirian Davies, y gantores felynwallt a hanai o Landderfel. Anghofia i byth ei hymddangosiad na'i chanu. Roedd hi'n dal a lluniaidd, a'i gwallt wedi ei godi yn uchel ar ei phen gan wneud iddi ymddangos fel duwies Roegaidd. A'i chanu! Arallfydol yw'r unig air i'w ddisgrifio. Dyma eiriau critig y *Daily Post* – yn y Saesneg gwreiddiol: '*Eirian Davies' treatment of this great aria (was) truly ethereal.*'

Do, fe brofwyd eiliadau tragwyddol yn yr hen bafiliwn, a chwith iawn yw meddwl bod ei oes wedi dod i ben. Yn niflaniad yr hen le fe gollwyd eicon cenedlaethol, ac mi ryden ni'n ddigon prin o'r rheini ar y gorau.

2015

# Penblwydd arbennig

Dydi 75 ddim yn cael ei gyfri'n hen heddiw, ac mi fyddwn i'r cynta i gytuno. Ond mae'n oedran eitha anrhydeddus yn hanes sefydliadau a chymdeithasau, ac yn 2010 roedd ein cymdeithas ddiwylliannol ni yn y Sarnau – Cymdeithas y Llawrdyrnu – yn 75 oed, ond bu'n rhaid gohirio'r cofio hyd 2011 oherwydd yr eira.

I fod yn fanwl gywir falle mai 2011 yw'r flwyddyn iawn beth bynnag, gan mai yn 1936 y cynhaliwyd y cyfarfod cynta, ond cyfarfu'r pwyllgor sefydlodd y gymdeithas yn 1935!

Un o tua dwsin o aelodau'r pwyllgor hwn oedd Bob Lloyd (Llwyd o'r Bryn) a fo benodwyd i chwilio am enw i'r gymdeithas. Ac fe'i cafodd – Cymdeithas y Llawrdyrnu. Cymru Fydd, Senedd Cymru a'r Odyn oedd tri enw arall awgrymwyd.

Bob Lloyd hefyd gyfansoddodd gân y gymdeithas ac fe'i cenir hyd y dydd heddiw ar ddechrau pob cyfarfod, ar dôn John Hughes, 'Arwelfa', a dyma hi:

Dedwydd ydyw hwyrnos gaeaf
  Mewn cymdeithas lawen iach,
Llwyfan dysgu glân dianaf
  Neb rhy fawr a neb rhy fach.
Coder eto ddinasyddion
  Yn ein cymoedd lawer un,
Ac os aur yw bryniau Meirion
  Ti raid buro, ti dy hun.

Cyfarfod cynta'r gymdeithas ar Ionawr 2ail 1936 oedd darlith gan Bob Owen Croesor, a'i destun oedd 'Thomas Jones yr Almanaciwr'. Bob Lloyd oedd y llywydd, a'r tâl mynediad oedd chwe cheiniog i oedolion a dwy geiniog i blant, ac roedd yn rhaid cael dau wrth y drws: Glyn Jones Penybryn ac Arthur Thomas y Siop.

Bu Bob Lloyd yn ysgrifennydd y gymdeithas am flynyddoedd, ac fe'i dilynwyd gan ei ferch Dwysan, a hynny am gyfnod maith.

Roedd pwyslais y cyfarfodydd ar y brethyn cartre, yr aelodau fyddai'n cymryd rhan bron ymhob cyfarfod, mewn dadleuon, senedd, llys barn, noson lawen, gydag ambell ddarlith gan berson oddi allan.

Erbyn hyn mae'r patrwm wedi newid, hynny'n adlewyrchu prysurdeb bywyd pawb, ac fe geir llawer mwy o gyfranwyr o'r tu allan a llai o gyfarfodydd lleol. Nid bod y rheini wedi llwyr ddiflannu chwaith. Nosweithiau poblogaidd yn ddiweddar fu cyfraniad aelodau yn dod â chelfi diddorol i'w dangos a siarad amdanynt, neu siarad am eu hoff ddiddordebau, neu ddarllen y gwaith gynhyrchwyd ganddyn nhw ar gyfer yr eisteddfodau.

Yn yr ysgol y cynhelid y cyfarfodydd, yr ysgol sydd bellach yn neuadd hwylus fodern. Ni tharfodd cau yr ysgol ar y gymdeithas, gan mai'r adeilad oedd y canolbwynt, nid y sefydliad, ac mae'r adeilad gennym o hyd.

Dau weithgaredd sy'n rhan o'r gymdeithas yw'r eisteddfod a'r dramâu. Bu'r eisteddfod unwaith yn ŵyl agored ac yma yr enillodd W. D. Williams gyda'i englyn enwog – Gras o flaen bwyd:

O Dad, yn deulu dedwydd – y deuwn
   Â diolch o newydd,
  Cans o'th law y daw bob dydd
  Ein lluniaeth a'n llawenydd.

Ers blynyddoedd bellach, lleol yw'r eisteddfod, a'r ardal yn cael ei rhannu yn ddau dŷ ar gyfer y cystadlu.

Bu perfformio dramâu yn rhan bwysig o weithgarwch y gymdeithas yn y cyfnod cynnar a'r cyfnod 'modern' o ganol y chwedegau ymlaen, ac os mai lleihau wnaeth cyfarfodydd 'lleol' y gymdeithas mae'r dramâu wedi gwneud iawn am hynny. Ers 1965 pan berfformiwyd *Y Ciwrad yn y Pair* gan gwmni'r Ffermwyr Ifanc, a 1968 pan gafwyd yr ŵyl gynta, fe berfformiwyd gennym 138 o ddramâu gyda 185 o actorion yn cymryd rhan, 22 o gynhyrchwyr a phump o aelodau'r gymdeithas wedi cyfansoddi neu addasu dramâu. Record go dda i unrhyw ardal.

Y mae'r Llawrdyrnu yn dal yn fyw. Does dim cymaint yn mynychu erbyn hyn, ond ceir rhwng deg ar hugain a deugain i bob cyfarfod, o bob oed a statws – 'neb rhy fawr a neb rhy fach', ac mae hi'n llawn dop i bob eisteddfod a drama.

Yr un a gyfrifid yn dad y gymdeithas oedd Bob Lloyd, a phan fu farw fe ofynnodd Trefor Jones Llangwm y cwestiwn hwn mewn englyn:

Mae'n chwith, pwy lenwith ei le?

Roedd hynny yn 1962. Mae'r ffaith fod y gymdeithas yn fyw o hyd yn ateb yn ddigon eglur i rywrai wneud hynny. A gobeithio y gwêl y genhedlaeth nesa yn dda i ddal gafael ynddi, fel y bydd yna, ymhen pum mlynedd ar hugain arall, ddathlu'r cant.

2011

# Pori

Pan fydd y tywydd yn giami a dim byd pwysig yn galw, does unman gwell i fynd iddo na'r Archifdy yn Nolgellau; lle difyr dros ben, ac mi dreuliais sawl diwrnod wrth fy modd yno dros y blynyddoedd.

Fyddwch chi fel fi yn cael y papur lleol bob wythnos ac yn cwyno nad oes dim o ddiddordeb ynddo? Wel, nodwedd arbennig hanes lleol a'r papurau sy'n ei gofnodi yw bod yr hyn sy'n swnio'n weddol ddibwys a diflas heddiw yn bwysig a diddorol ymhen blynyddoedd.

Yr hyn wnes i rywbryd yn 2011 oedd troi i gyfrol 1961 o'r *Corwen Times* – dros hanner can mlynedd yn ôl – gan fanylu ar ambell gofnod difyr ynghanol llawer o ddeunydd oedd yn tynnu fy sylw.

Rhan ddiddorol o bapur lleol wrth iddo ddyddio yw'r hysbysebion sydd ynddo, yr hyn sy'n digwydd a'r prisiau. Mi wn nad ydi cymharu prisiau yn berthnasol heddiw a'n bod wedi newid i arian degol ond mi rydw i'n synhwyro bod teithio ar y trên bryd hynny yn eitha drud. Deuddeg swllt a chwe cheiniog i deithio o Lanuwchllyn i Gaer, chwech a chwech i Wrecsam, un swllt ar ddeg a thair ceiniog i fynd o'r Bala i Gaer a choron, neu bumswllt i Wrecsam. Rwy'n cymharu hynny efo fy nghyflog cynta i pan ddechreuais i yn athro yng Nghorwen – £32 y mis. Ond roedd hynny'n fwy nag yr oedd fy nhad yn ei gael bryd hynny ac ynte wedi bod yn weinidog ers dros ddeng mlynedd ar hugain!

O'i gymharu â mynd ar y trên roedd prisiau dramâu a chyngherddau – ac yr oedd llawer iawn o'r rheini'n cael eu cynnal – yn swnio'n gymharol rad. Roedd amal noson o ddramâu i'w chael am swllt, a doedd cyngherddau efo enwogion byd y gân ddim mwy na ryw hanner coron neu driswllt, coron ar y mwya, a hynny am y seddau gorau.

O sôn am gyngherddau, daeth cyngerdd ola David Lloyd yn yr ardal yn glir i'r cof wrth ddarllen y *Corwen Times* am wythnos ola mis Ebrill. Doeddwn i ddim yno, am fy mod yn gorfod cyflawni fy nyletswyddau fel tad, ond yr oedd Nansi, a chofiaf ei siom wrth iddi adrodd fel yr oedd llais ariannaidd y tenor o Sir y Fflint wedi dirywio cymaint, a phawb oedd yn y cyngerdd yn dyst i'r dirywiad hwnnw. Artistiaid eraill y cyngerdd oedd y soprano o Gorwen, Mary Jones, Arthur O. Thomas y bariton o Lynceiriog, oedd hefyd yn arweinydd eu côr, a Chôr Meibion Iâl, hen gôr Roger Hughes Bryneglwys oedd erbyn hynny dan arweiniad y cerddor dawnus o Gorwen, Robin Williams, neu Robin Exchange fel y bydden ni yn ei alw.

O sôn am brisiau, diddorol oedd gweld yr hysbyseb hwn yn un o'r rhifynnau:

Mynnwch
Fenyn Meirion
Menyn Cymreig gorau yn y Dairy Show 1960
y gorau ichwi
Ar gael yn y siopau lleol

Daeth i gof, wrth ei ddarllen, siopa cynta Nansi a finne yn y Post, Gwyddelwern ar ôl inni briodi, a'n penderfyniad i brynu Menyn Meirion yn hytrach na menyn Anchor Seland Newydd er ei fod ddimai'r pwys yn ddrutach! Cofio hefyd fod llawer o ffermwyr yr ardal yn prynu menyn Anchor. Mae hwnnw i'w gael heddiw ar silffoedd ein siopau, ond yn anffodus mae

Hufenfa Meirion wedi cau ers blynyddoedd. Mae gwers bwysig yn y fan yna.

Gan i mi gael fy ngeni a'm magu yn Edeirnion, dyma orffen efo gair am yr ardal honno. Roedd gen i ddiddordeb mawr mewn darllen am fwriad y Cyngor Dosbarth i ddod ag *overspill* Birmingham i'r fro. Syniad gwallgo Jim Griffiths y gwleidydd o Lanelli oedd o yn y lle cynta 'dwi'n meddwl, a'i fwriad i ddatblygu'r Drenewydd yn dref anferthol yn y canolbarth. Fe hoffodd rhai o gynghorwyr Edeirnion y syniad a diddorol darllen am y rhai ohonyn nhw oedd yn cefnogi'r fenter, gan ddweud mai symud diwydiant a gweithwyr allweddol oedd y bwriad er mwyn dod â gwaith i'r ardal, nid symud rhan sylweddol o boblogaeth Birmingham i ddyffryn Dyfrdwy – fel tase'r ddinas honno yn fodlon symud diwydiant heb symud y bobol! Ac fe ddywedwyd hefyd na fyddai pobol ddŵad fawr o dro yn integreiddio i'r bywyd Cymreig a dysgu'r iaith.

Derbyniodd y cyngor lythyr gwerthfawr gan Raymond Edwards (fu'n athro yn Ysgol y Berwyn) yn gwrthwynebu, gan nodi nifer o resymau dilys dros wrthod, ac yn adrodd am yr hyn ddigwyddodd yn ei fro enedigol yn y de-ddwyrain. Ond ei 'adael ar y bwrdd' gafodd y llythyr. Ddegawd yn ddiweddarach ymunodd Edeirnion â Chlwyd yn hytrach na Gwynedd ac y mae bellach yn rhan o Sir Ddinbych. Pan oeddwn i'n athro yng Nghorwen dan deyrnasiad M. O. Griffiths roedd yr ysgol yn ysgol Gymraeg, a'r iaith yn brif gyfrwng y dysgu tan y flwyddyn ola. Bellach, fel ysgol Carrog, hen ysgol W. D. Williams, mae hi'n ysgol ail iaith ers llawer blwyddyn. Do, fe lwyddodd Cynghorau Sir Clwyd a Dinbych, mewnlifiad araf, a difaterwch y trigolion cynhenid Gymreig i Seisnigo'r ardal a'r ysgolion heb help *overspill*. Lywodraeth y Cynulliad – drosodd atoch chi.

2011

# Mentro

Mae deugain, neu bedwar deg fel y gelwir ef heddiw, yn ffigwr pwysig iawn wrth sôn am amser. Ar un adeg hyd yn ddiweddar roedd disgwyl i bobol weithio am ddeugain mlynedd, ac yn y sector gyhoeddus o leia roedd y pensiwn yn llai os oeddech chi'n gweithio llai na deugain. Ac yn y bywyd priodasol mae dathlu priodas ruddem yn bwysig iawn. Mae dathlu'r deugain mewn oedran hefyd yn cael sylw arbennig gan y rhan fwyaf o bobol.

Tybed beth yw'r rheswm pam fod deugain mor bwysig? Ai dylanwad y Beibl ydi o? Yn ôl yr hanes bu Iesu Grist yn yr anialwch am ddeugain niwrnod a deugain nos, a bu cenedl Israel, ar ôl ei gwaredu o'r Aifft, yn yr anialwch am ddeugain mlynedd.

Beth bynnag yw'r rheswm am ei bwysigrwydd, tynnu sylw at un penblwydd deugain oed yw fy mwriad, sef penblwydd siop lyfrau Cymraeg y Bala – Awen Meirion, agorodd ei drysau ym Mai 1972, wythnos cyn ymweliad Eisteddfod yr Urdd â'r dref.

Yn ddamweiniol rywsut y cychwynnodd hi, a 'dwi ddim yn siŵr iawn oeddwn i nac amryw o'r lleill yn sylweddoli cymaint o fenter oedd hi ar y pryd. Mi ddigwyddodd Gerallt Lloyd Owen grybwyll wrthyf fod angen siop lyfrau yn y Bala a bod adeilad addas yn mynd ar rent yn y Stryd Fawr, sef yr un lle mae Tenovus heddiw i chi sy'n adnabod y dre. Ychydig ddyddiau ar ôl iddo grybwyll y peth doedd gan Emyr Puw, oedd yn athro yn y Wyddgrug, ddim petrol yn ei danc ac mi stopiodd y car wrth geg ffordd y Sarnau. Mi ddaeth draw i ofyn am betrol ac wrth sgwrsio mi ddigwyddais sôn wrtho am yr hyn dd'wedodd Gerallt. A dyna roi cychwyn ar bethau.

Casglwyd ynghyd ryw hanner dwsin o rai fyddai'n debyg o fod â diddordeb a chysylltwyd â'r cwmni o Fanceinion oedd yn rhentu'r siop. 1971 oedd hi ond roedd y rhent blynyddol yn naw cant o bunnoedd, sy'n swnio'n ychydig heddiw, ond oedd yn swm afresymol ddeugain mlynedd yn ôl. Ond wrth i'r drws hwnnw gau yn ein hwynebau agorodd un arall. Fe aeth *Madoc Stores*, siop groser ger cofgolofn Tom Ellis, ar werth, a dyma gychwyn y broses o'i phrynu.

Af i ddim i'ch blino efo manylion, ond y banc ddangosodd gefnogaeth inni o'r tri yn y Bala bryd hynny oedd y Midland, a'r rheolwr Tom Williams yn arbennig. Roedd o wrth ei fodd efo'r syniad a chawsom fenthyciad ar yr amod ein bod ninnau'n cyfrannu. Rwy'n cofio mynd at reolwr fy manc i, y Nat West yng Nghorwen i ofyn am fenthyciad er mwyn ei dalu i Fanc y Midland! Roedd y benthyciad y bu'n rhaid i mi ei gael yn hanner fy nghyflog am flwyddyn. Un arall cefnogol oedd Tom Roberts o Gwmni Cyfrifwyr Hill a Roberts, ac efo'r cwmni hwnnw yr yden ni hyd heddiw.

Unarddeg ohonom oedd yn y criw gwreiddiol, pob un yno am reswm – gallu gwneud rhywbeth i'r adeilad ac efo amser i weithio rhyw gymaint yn y siop. Cwestiwn amser yw'r rheswm nad oedd ffarmwr yn ein plith a bod nifer sylweddol o'r criw yn athrawon.

Erbyn hyn mae'n drist nodi fod chwech o'r cwmni gwreiddiol wedi ein gadael, nifer ohonyn nhw yn enwau cenedlaethol: Ifor Owen, fu'n gadeirydd arbennig o'r cychwyn, ac Emrys Jones Llangwm a Trefor Edwards y Parc, dau o gewri byd Cerdd Dant. Mae deunaw ohonom yn aelodau erbyn hyn a phawb o'r criw sy'n dymuno bod, yn gyfarwyddwyr y cwmni.

Ie, cwmni cyfyngedig yw Awen Meirion, ac un o'r brwydrau cynta gawson ni oedd cofrestru yn Gymraeg ac anfon ein cyfrifon blynyddol i Dŷ'r Cwmnïau yn yr iaith honno'n unig. Roedd prif ddyn Tŷ'r Cwmnïau yng Nghaerdydd yn walch gwrth-Gymreig ac am ein bod yn ddigyfaddawd ar fater yr iaith fe fygythiodd ddwyn ein cwmni i ben trwy osod hysbyseb yn y *London Gazette* i'r perwyl hwnnw. Ond wnaethon ni ddim ildio ac mi enillwyd y dydd yn y diwedd.

Mi fasech yn meddwl mai dyna ddiwedd ein brwydro am statws i'r Gymraeg, ond nid felly y bu. Yn gymharol ddiweddar mae'r Ingland Refeniw (chwedl Ifans y Tryc) wedi newid y ffordd y mae'n rhaid talu treth ar werth. Rhaid gwneud hynny ar y we erbyn hyn a doedd dim modd cofrestru yn y Gymraeg, felly dyma ddal ati i dalu yn yr hen ffordd ac wrth wneud hynny cawsom ddirwy o £200. Ond wnaethon ni ddim ildio ac erbyn hyn mae modd cofrestru yn y Gymraeg, brwydr arall wedi ei hennill, brwydr na ddylem orfod ei hymladd gan fod gennym ddeddf iaith a Chynulliad yng Nghaerdydd. Trist gyda llaw yw nodi na wnaeth llawer o gwmnïau amlwg Gymreig, tai cyhoeddi yn eu plith, ymdrech o gwbwl i ymladd y frwydr hon!

Bu'r busnes yn hwylio'n agos i'r creigiau am flynyddoedd, a chan fy mod yn ysgrifennydd y cwmni o'r dechrau, byddai fy nghalon yn suddo i'm sodlau bob tro y canai'r ffôn a llais yn dweud mai'r banc oedd yn galw a bod y rheolwr yn awyddus i gael gair. Gwyddwn beth oedd i ddod, y busnes yn rhedeg ar golled a'r unig beth a'n cadwai rhag mynd i'r wal oedd y ffaith fod gwerth yr adeilad yn codi'n gynt na'n dyled i'r banc!

Ond daeth tro ar fyd, ac ar ôl blynyddoedd o ddiodde siop fechan a charped wedi gwisgo'n dwll, llwyddwyd i gasglu digon i adnewyddu'r lle, er rhaid i mi gyfadde fod arna i hiraeth o hyd am yr hen siop, oes – a'r hen garped hefyd! Bellach talwyd pob benthyciad yn ei ôl a does arnon ni'r un ddimai i neb.

O'r cychwyn cynta roedden ni am i'r siop fod yn fwy na siop, yn fan cyfarfod ac yn ganolfan o ryw fath. Mae hynny wedi digwydd, a'r siop yn gwerthu tocynnau ar gyfer cyngherddau a dramâu ac yn fan gadael llythyrau a phecynnau i bobol heb sôn am fod yn ganolfan dosbarthu a gadael deunydd i'r papur bro *Pethe Penllyn*. Roedden ni'n awyddus fel cwmni i ddod i sefyllfa lle y gallem noddi gweithgareddau Cymraeg hefyd, ac mae'n dda cael adrodd inni gefnogi'n ariannol artistiaid a llenorion yn yr ysgolion, eisteddfodau cenedlaethol, *Pethe Penllyn*, *Wa-w*, *Y Faner Newydd*, Pwyllgor Coffa Ifor Owen a Theatr Bara Caws yn ystod y blynyddoedd diwethaf, yn ogystal â helpu i noddi rhai o'n hieuenctid i ymweld â Phatagonia.

Mae hyn oll yn rhyw fath o gydnabyddiaeth i'r llu sy'n gefnogwyr ffyddlon i'r siop ac yn prynu'n rheolaidd ynddi. Gyda chefnogaeth o'r fath, rheolwr sy'n gwybod ei bethe a staff ymroddgar, mae Awen Meirion, yr hen chwaer, er wedi pasio'r deugain erbyn hyn, yn fyw ac yn iach ac yn edrych ymlaen at y deugain nesa!

2012

# Dwyn llyfrau

Un o'm hoff lyfrau yn y cyfnod diweddar yw *The Book Thief* gan Markus Zusak sy'n adrodd hanes merch fach o'r enw Liesel Meminger a'i chyfeillgarwch gydag Iddew sy'n cael ei guddio yn ei chartre yn ystod teyrnasiad y Natsïaid. Mae'r Iddew yn ei dysgu i ddarllen, ac mae hi wedyn yn dwyn llyfrau er mwyn eu darllen ei hun a'u darllen iddo fo. Rwyf wedi gweld y ffilm o'r gyfrol hefyd, ond fel sy'n digwydd yn fynych mewn achosion o'r fath rwy'n credu bod y llyfr yn rhagori ar y ffilm.

Nid wyf fi erioed wedi dwyn llyfr, ond gallaf ddeall, a chydymdeimlo efo cymhelliad Liesel nad oedd llyfrau yn ei chyrraedd ond y rhai y gallai eu dwyn. Fodd bynnag, rwy'n gofidio hyd heddiw am un llyfr y dylswn, pan ges i'r cyfle, fod wedi ei stwffio dan fy nillad i'w gario adre neu ei gelu yn fy mag ysgol. Rwyf wedi benthyg ambell lyfr am gyfnod hirfaith sydd bron fel dwyn a phan oedden ni yn symud i fyw i'r Sarnau a finne'n mynd drwy fy llyfrau mi ddois ar draws dau oedd yn perthyn i lyfrgell y Brifysgol ym Mangor. Wedi eu benthyg yr oeddwn a heb eu dychwelyd, a'r system mae'n amlwg heb fod yn ddigon tyn i ddilyn eu trywydd. Mi wnes barsel ohonyn nhw a'u hanfon yn ddienw yn ôl i'r coleg!

Ond am lyfr arall yr oeddwn isio sôn. Dim ond y fi ac un arall, Trefor Williams, oedd yn astudio Cymraeg yn y chweched dosbarth yn Ysgol Tŷ Tan Domen yn nwy flynedd ola'r pedwardegau. Caem ein holl wersi yn Ysgol y Merched gyda'r ardderchog Glenys Hughes, Glenys Jones Llanfyllin yn ddiweddarach, yn athrawes arnom. Ond er mai yn ysgol y merched y caem ein gwersi, o Ysgol y Bechgyn y deuai'r llyfrau, ac un ohonyn nhw oedd *Cerddi* T. H. Parry-Williams.

Dyma gyfrol gyhoeddwyd yn 1931 a hon yw'r un sy'n cynnwys ei gerddi ddeilliodd o'i ymweliad â De America, a'r 'Ferch ar y Cei yn Rio' falle yw'r fwyaf adnabyddus o'r rhai sydd ynddo. Ond oherwydd cerdd arall yr wyf yn gofidio peidio dwyn y gyfrol.

Hon yw'r gerdd fyrraf yn y gyfrol, sef 'Y Weddi', cerdd bedair llinell sy'n cyfleu bod y bardd yn ymwybodol, tra oedd ef yn crwydro ar gyfandir pell, fod ei fam gartref yn Rhyd-ddu yn gweddïo drosto. A dyma hi:

> Clywais hi'n gynnes o'm hamgylch,
> Mwynheais ei chyffwrdd swil,
> A gwn pwy a'i gyrrodd i grwydro
> O Gymru i gyrrau Brasil.

Dydi hi ddim yn gerdd arbennig, dydi hi mo'r orau yn y llyfr o bell ffordd, ac nid hi – ar ei phen ei hun – yw'r rheswm yr wyf yn gofidio peidio dwyn y gyfrol. Oddi tani – ac roedd digon o le ar y dudalen gan nad oes cerdd arall arni – roedd cyfieithiad Saesneg wedi ei ysgrifennu mewn pensil, a dyma fo:

> I felt it float warm all around me,
> I lavished its shy little thrill,
> And I know who caused it to journey
> From Wales to the shores of Brazil.

Er mod i'n credu bod y cyfieithiad lawn cystal â'r gwreiddiol, nid dyna reswm fy ngofidio chwaith, ond yr enw, neu'n hytrach y llythrennau o dan y cyfieithiad:

DTLl 1932.

Doeddwn i ddim yn llawn sylweddoli ar y pryd pwy oedd y DTLl yma ac felly doedd y gyfrol yn golygu dim i mi, ond yna pan ddois i i wybod yn iawn am y gwrthrych dyna pryd y dechreuais gicio fy hun am fod mor onest. Ie, D. Tecwyn Lloyd oedd y cyfieithydd, un o gewri ein llên, ac yn fy nhyb i beth bynnag, un o ysgrifenwyr rhyddiaith gorau'r ugeinfed ganrif. Ond er na wyddwn i fawr ddim amdano bryd hynny, rhaid bod ei gyfieithiad a'r llythrennau a'r dyddiad oddi tano wedi creu argraff arnaf, gan mod i'n eu cofio hyd heddiw.

Bûm yn holi o gwmpas a llythyru yn y wasg leol yn y gobaith fod y gyfrol ym meddiant rhywun, rhywun callach na fi oedd wedi ei dwyn falle, ond yn ofer. Digon prin ei bod ar gael erbyn hyn, mae wedi mynd i ddifancoll a ddaw hi byth i'r golwg, a finne, wrth ystyried hynny, yn rhyw deimlo nad yw gonestrwydd yn rhinwedd bob amser.

2015

# Bysys

Pythefnos o wyliau ym Meddgelert a phythefnos arall yn Llŷn oedd pob Awst i mi yng nghyfnod fy mhlentyndod. Ym Meddgelert byddwn yn aros yn *Emrys House*, tŷ a siop ynghanol y pentre, y drws nesa i westy'r Tanronnen ac yng ngolwg y bont, y bont gul sy'n achosi cymaint o drafferthion i yrwyr heddiw gan fod y drafnidiaeth mor drwm. Y bont yw man cyfarfod tair ffordd, yr un o Gaernarfon trwy Ryd-ddu, yr un o Gapel Curig a Phen y Gwryd a'r un o Aberglaslyn a Phorthmadog.

Pont gul dros afon Colwyn ydi hi ac ar bob ochor iddi y mae yna gilfach fechan y gallwch chi sefyll ynddi i wylio'r byd yn mynd heibio. Mae wal y bont yn ddigon llydan i chi eistedd arni hefyd, ac yno ar fin nosau braf o haf y byddai hogiau'r pentre yn ymgynnull. Tuag yno hefyd y byddwn i'n cyfeirio fy nhraed ar ôl cyrraedd ar fy ngwyliau gan fy mod bryd hynny yn adnabod yr hogiau i gyd. Nid mod i'n cael croeso mawr pan welen nhw fi, dim ond 'sut mai' digyffro fel tasen nhw wedi ngweld i'r diwrnod cynt, fel y bydd hogiau tua'r unarddeg oed yma.

Un Awst, a finne wedi cyrraedd y pentre fel arfer mi es at y bont a'r criw hogiau oedd arni, ond y diwrnod arbennig yma chefais i ddim hyd yn oed y cyfarchiad arferol gan fod pawb yn gwylio'r tair ffordd â llygaid barcud. Yn sydyn dyma waedd gan un ohonyn nhw, rhywbeth tebyg i 'comandiriobys'. Mi ddalltes mai bws oedd diwedd y gair, ond doedd gen i ddim syniad beth oedd y gweddill. Ond yr eiliad hwnnw dyma fws yn dod i'r golwg o gyfeiriad Caernarfon heibio gwesty'r *Saracens* a throi dros y bont cyn diflannu i gyfeiriad Aberglaslyn. Mi rydw i'n cofio mai un o fysys *T. Jones and Son Menai Bridge* oedd o. Roedd yr enw'n fach ar ei ochor ac yn fawr ar ei gefn.

Mi gymrodd beth amser imi ddeall beth oedd yn digwydd gan nad oedd neb yn esbonio, ond y gair oedd yn cael ei weiddi oedd 'comandirio', sef hawlio. Gêm hawlio bysys oedd hi a'r gamp oedd cael y blaen ar weddill y criw a hawlio mwy o fysys na phawb arall.

Mi ddois i ddeall hefyd fod mwy i'r gêm na chasglu'r nifer mwya o fysys. Pwysicach os rhywbeth oedd cael gafael ar y bysys mawr crand, nid y rhai bach dibwys. Ddaru comandirio bws *T. Jones and Son Menai Bridge* ddim cynhyrfu neb, dim hyd yn oed yr hogyn hawliodd o gan mai bws bach digon dinod efo seti pren ynddo oedd o.

O dipyn i beth roedd y gêm yn datblygu; ar ôl i un weiddi 'comandiriobys' byddai un arall yn gweiddi 'comandirioffyrm', a fo bellach fyddai'n berchen pob bws ddeuai heibio oedd yn perthyn i'r ffyrm arbennig honno. Weithiau byddai ambell un yn gweiddi 'comandiriorbysarffyrm', ond roedd haerllugrwydd o'r fath bron yn wahoddiad i chi gael eich taflu i'r afon.

Rhan bwysig o bleser bod ar y bont oedd gwylio bysys mawr yn dod o gyfeiriad Aberglaslyn a throi am Nant Gwynant, dwy gornel a thynnu i fyny o fewn darn ffordd o hanner canllath. Mi fyddai ambell fws mwy na'i gilydd yn gorfod croesfacio cyn llwyddo i rowndio'r tro wrth westy'r *Prince Llewelyn*, ac mi fyddai'r bysys mawr yn crynu i gyd a sŵn nerthol y peiriant o dan y bonet yn cynhyrfu'r gwaed.

Ond y prif ddiddordeb oedd cael gafael ar – neu gomandirio – ffyrmiau mawr, ac mi ddysgais i lawer am gwmnïau bysys yr haf hwnnw. Doedd ffyrmiau lleol fel rhai *Whiteway Waunfawr* neu 'Clynnog and Trevor Motors' yn cyffroi fawr arnom, a doedd bysys *Crosville* ddim yn cyfri am ryw reswm, ond roedd ffyrmiau'r arfordir yn wahanol a cheid cryn ymgiprys am rai megis *Pye Colwyn Bay, Red Garage Llandudno* a *Rhyl United*. Ambell dro ceid cynnwrf ychwanegol wrth weld ambell fws o'r de megis Davies Pencader yn dod heibio, ac mi fyddwn i'n teimlo rhyw hiraeth rhyfedd pan welwn un o fysys Bryn Melyn Llangollen yn pasio. Ond y ffyrm yr oedd pawb am ei hawlio os gallai oedd *Don Everall Wolverhampton*. Roedd rhyw ramant yn yr enw i gychwyn, roedd o'n swnio fel *centre forward* go enwog, ac roedd pob un o fysys y ffyrm honno yn grand ryfeddol ac yn fawr, a phinacl y profiad o wylio bysys oedd gweld un ohonyn nhw yn croesi'r bont a gweddill y traffig wedi stopio i dalu gwrogaeth i'r fath greadigaeth nobl, ac i gydnabod mai ganddo fo yr oedd yr hawl gyntaf ar y bont.

Mi fu 'comandirio bysys' yn boblogaidd yn Meddgelert gydol yr haf hwnnw, ac ar ôl dychwelyd o'm gwyliau mi geisiais gael hogiau Gwyddelwern i ymddiddori yn y gêm, ond ddaru'r peth ddim cydio o gwbwl. Roedd yna wahaniaeth mawr rhwng eistedd ar bont Beddgelert yn Awst ac eistedd ar wal yr efail yng Ngwyddelwern ym mis Medi, ar fin ffordd nad oedd ei thraffig yn drwm beth bynnag. Ac yn fuan roeddwn innau'n rhy hen i chwarae gêm mor blentynnaidd, ond mi fues i'n teimlo cynnwrf yn y gwaed am flynyddoedd bob tro y gwelwn un o fysys *Don Everall* yn mynd heibio. Bellach mae bron bob un o'r ffyrmiau a welais un Awst ym Meddgelert wedi diflannu, a phob un ond rhyw ddau neu dri o hogiau'r pentre yn y cyfnod hwnnw wedi marw neu wedi hen adael yr ardal. Does dim ond yr atgofion yn aros, a diolch amdanynt.

2010

# *Y Gymru Hon*

# *Adladd*

Gair da yw adladd, er mai adlodd ddwedwn ni y ffordd yma, a gan amlaf gair ydi o am y tyfiant mewn caeau gwair ar ôl y cynhaeaf, y tyfiant newydd gwyrdd a ddaw yn y man yn dilyn y cynaeafu.

Ond y mae adladd i bopeth, nid i gynhaeaf yn unig, ac yn sicr ddigon y mae yna adladd diddorol dros ben yn dilyn pob eisteddfod genedlaethol. Eisteddfod Genedlaethol Wrecsam yn 1977 er enghraifft. Tybed faint ohonoch chi sy'n cofio honno? Roedd hi'n eisteddfod reit arbennig i mi gan mai ar ei dydd Sadwrn ola y gwnes i siafio am y tro diwethaf; 'dwi wedi cael hepgor y gwaith byth er hynny! Ar y dydd Sadwrn hwnnw hefyd yr oedden ni, Driawd y Sarnau – Geunor, Eleri a finne – yn cystadlu ar y triawd cerdd dant am y tro ola ac yn dod yn drydydd. Dirywiad yn wir gan inni ennill yng Nghaerfyrddin yn 1974. Maddeuwch y brol wrth fynd heibio!

Y mae darllen y wasg Gymraeg yn brofiad difyr wedi pob eisteddfod: adroddiadau a llythyrau yn canmol hyn a chondemnio'r llall. Yn dilyn yr eisteddfod hon fe fu yna lythyru oedd yn adlewyrchu dau helynt yng nghylch llenyddiaeth, dau helynt a achoswyd gan feirdd.

Roedd rheolau caeth ynglŷn â phwy oedd yn cael cystadlu bryd hynny, ac mi gofiwch, amryw ohonoch, am yr helynt mawr yn Aberteifi y flwyddyn gynt pan gadeiriwyd Alan Llwyd am fod Dic Jones wedi torri un o'r rheolau cystadlu. Wel, roedd yr helynt hwnnw yn dal i daflu ei gysgod flwyddyn yn ddiweddarach, ac yn dilyn gŵyl Wrecsam fe gyfeiriwyd mewn llythyr yn *Y Cymro* ar yr 16eg o Awst at y ffaith fod dwy reol wedi eu torri yn Wrecsam, sef bod un oedd yn feirniad wedi ennill yn yr Adran Ddrama, a bod y cyfansoddiad buddugol mewn cystadleuaeth arall eisoes wedi ei gyhoeddi mewn cyfrol. Mae'r llythyrwr gaiff fod yn ddienw yn edliw i'r troseddwyr eu brwdfrydedd wrth gadw'r rheolau yn Aberteifi. Mae'n gorffen ei lythyr fel hyn:

> Byddai'n ddiddorol cael ymateb y rhai canlynol, a fu yn y gorffennol yn huawdl dros gadwraeth yr amodau, i'r ffeithiau hyn: Archdderwydd Bryn, Mathonwy, Gwyn Thomas, Alan Llwyd a Golygydd y Cymro.

Enillodd Gwyn Thomas Bangor yn yr Adran Ddrama am Libreto ar gyfer opera Gymraeg er bod ei enw yn y Rhestr Testunau ymhlith beirniaid yr Adran Farddoniaeth – roedd i feirniadu'r Gyfrol o Gerddi efo Bobi Jones, cystadleuaeth, gyda llaw, a enillwyd gan Menna Elfyn. Doedd beirniaid ddim yn cael cystadlu yn unrhyw adran o'r eisteddfod bryd hynny. Yr wythnos ganlynol ymddangosodd llythyr yn y Cymro gan John Roberts, trefnydd yr Eisteddfod, yn esbonio bod Gwyn Thomas wedi ei wahodd i feirniadu yn yr Adran Llên ond ei fod wedi gwrthod, ac yn ymddiheuro am gamgymeriad y swyddfa yn cynnwys ei enw yn y Rhestr Testunau. Felly roedd gan Gwyn Thomas berffaith hawl i gystadlu yn yr Eisteddfod, ei dramgwydd falle o safbwynt y llythyrwr oedd llythyr ganddo ynte yn dilyn Eisteddfod Aberteifi a helynt y gadair yn datgan 'y dylai rheol yr eisteddfod fod yn ddigon plaen i bawb'.

Atebwyd yr ail gŵyn am y cyfansoddiad buddugol oedd eisoes wedi ei gyhoeddi mewn llythyr gan Mathonwy Hughes. Ef oedd beirniad yr englyn ac yr oedd i draddodi yn y Babell

Lên ar y dydd Mawrth. Mae'n dweud iddo fynd i'r Babell ar y dydd Llun i gyfarfod oedd yn nodi cyhoeddi cyfrol newydd o farddoniaeth ar y cyd gan nifer o feirdd. Roedd rhai o'r beirdd yno yn darllen detholiad o'r cerddi hynny ac yn eu plith yr oedd Alan Llwyd. Pan glywodd Mathonwy Hughes yr englyn yr oedd o wedi ei ddewis yn fuddugol yn cael ei ddarllen yn y cyfarfod, d'wedodd ei fod yn flin iawn ac iddo bendroni'n hir beth i'w wneud. Yn y diwedd penderfynodd mai ei ddyletswydd ef oedd dewis yr englyn gorau anfonwyd i'r gystadleuaeth, bod y penderfyniad hwnnw wedi ei wneud ym mis Mai, a rhwng yr Eisteddfod a datrys y broblem wedyn. A dyna wnaeth o. Ateb Alan Llwyd oedd ei fod yn dehongli'r rheol fel hyn – 'na ddylech fod wedi cyhoeddi eich gwaith cyn ei anfon i'r gystadleuaeth'. A chan fod hynny ym mis Ebrill a'r gyfrol heb ei chyhoeddi tan fis Awst, doedd o ddim wir wedi torri'r rheol!

Yr englyn dramgwyddodd oedd hwn:

Taid
Er i'r tes impio'r fesen, – a'i noddi
    Yn nyddiau ei heulwen,
  Rhyw fin hwyr, a'i hafau'n hen,
  'Roedd eira ar y dderwen.
                    (Alan Llwyd)

Bu peth llythyru wedyn yn ystod yr wythnosau dilynol cyn i J. Gwyn Griffiths Abertawe ar y 27ain o Fedi roi pen ar y mwdwl trwy ddyfynnu brawddeg Roegaidd oedd yn dweud: 'Mae'n anochel bod cenfigen rhwng crefftwyr ac artistiaid'. Pwy yn ei feddwl o oedd yn grefftwyr a phwy yn artistiaid tybed? Chawn ni byth wybod, ond oni fyddai bywyd yn llawer llai diddorol pe byddai pawb yn bihafio, yn cadw at lythyren pob rheol, a neb yn gwneud camgymeriad? Fel y d'wedodd T. Gwynn Jones unwaith:

Be na bai un bai'n y byd
Beiem undonedd bywyd.

2011

# *Dathlu*

Dychwelodd poblogrwydd y facintosh yn ddiweddar. Ydech chi'n ei chofio? Humphrey Bogart a'i gwnaeth hi'n boblogaidd wrth chwarae rôl y dyn caled mewn ffilmiau; y gôt wedi ei beltio'n dynn a'r goler wedi ei throi i fyny, yr het yn isel dros y talcen a'r sigarét dragwyddol yng nghornel y geg. Yn raddol yr aeth allan o ffasiwn, fel popeth arall am wn i, yn raddol fel mai prin y bydden ni'n sylwi ar y newid, nes i rywbeth ein hatgoffa.

Beth amser yn ôl mi welais gryn bump ar hugain o lorïau yn dilyn ei gilydd ar hyd y ffordd, lorïau o ganol y ganrif ddiwethaf a chyn hynny. Roedden nhw'n greadigaethau hardd ryfeddol ac mi synnais gymaint o amrywiaeth oedd yna ohonyn nhw, nid mewn maint ond mewn siâp. Mor wahanol i'r creadigaethau anferthol unffurf sy'n rhuo ar ein heolydd erbyn hyn. Wedi bod mewn rali yn rhywle yr oedd y lorïau hyn ac roed pob dreifar yn codi ei law wrth basio. Nes i mi eu gweld doeddwn i ddim wedi sylweddoli gymaint o newid oedd wedi bod mewn trigain mlynedd o amser, newid graddol, araf fel ym myd y facintosh.

Ond mynd i sôn am ffasiwn ym myd geiriau yr oeddwn i, achos mae newid yn digwydd mewn iaith fel popeth arall. Pwy erbyn hyn sy'n defnyddio geiriau fel perdoneg a diwifr? Ond fe fuon nhw'n boblogaidd unwaith, yn enwedig ymhlith pobol oedd yn credu mewn purdeb iaith ac yn anfodlon defnyddio termau oedd yn gyffredin i bob iaith. Rwy'n cofio pan oeddwn yn yr Almaen ryw ddeuddeng mlynedd wedi diwedd y rhyfel, ryfeddu at y gair uwchben pob ciosg teliffon – y gair *fernsprechen*, hynny ydi siarad pell. Hitler a'i griw wedi ceisio puro popeth Almaenig gan gynnwys yr iaith ac wedi ymwrthod â'r gair Groeg 'tele' sy'n derm rhyngwladol.

Os yw perdoneg a diwifr wedi colli'r dydd mae geiriau eraill wedi dod i fri. Tri ohonyn nhw ydi ffantastig, llongyfarchiadau a bendigedig. Onid yw'n rhyfeddol cymaint o bethe sy'n ffantastig? Mae sawl datgeinydd ar lwyfan yn ffantastig, mae sawl gôl ffantastig yn cael ei sgorio mewn gêmau pêl-droed, ac mae pobol o bob oed yn cael profiade ffantastig. 'Dwi awydd weithie edrych ar y teledu drwy'r dydd – Cymraeg a Saesneg – a chofnodi sawl gwaith y defnyddir y gair. Ond go brin yr af i'r drafferth!

Llongyfarchiadau wedyn. Mae rhywun neu rywrai yn cael eu llongyfarch yn ddiddiwedd ac nid y gair ei hun sy'n fy mlino ond yr ansoddair ddefnyddir efo fo, gan mai, yn ddieithriad bron, 'mawr' ydi hwnnw. I fod yn fanwl rhaid gofyn beth ydi ystyr llongyfarchiadau mawr? Beth ydi'r gwahaniaeth rhwng llongyfarchiadau bach a llongyfarchiadau mawr? Yn hollol, allwch chi ddim ateb. A rheswm da pam. Mae llongyfarchiadau yn perthyn i'r haniaethol, i fyd y syniadau a'r annelwig, i rywbeth na allwch ei weld na'i deimlo na'i fesur, mae mawr ar y llaw arall yn ansoddair sy'n perthyn i'r diriaethol, i fyd pethau – tŷ mawr, rhaw fawr, llaw fawr. I wneud gwir synnwyr o longyfarch felly rhaid cael ansoddair o'r un byd, o fyd yr haniaeth i fynd efo fo – llongyfarchiadau gwresog, llongy-farchiadau calonnog, y math yna o beth. Ond trïwch chi ddweud hynny wrth bobol y cyfryngau!

Bendigedig wedyn. Os nad yw rhywbeth yn ffantastig mae o'n fendigedig. Ac mae rhai pobol yn erbyn defnyddio'r gair yma, gan mai gair yn perthyn i grefydd ydi o. Mae'r Eglwys Babyddol, cyn gwneud rhywun yn sant yn ei wneud yn fendigaid – yr un gair. Y Bendigaid John Roberts oedd y gŵr o

Drawsfynydd cyn iddo ddod yn sant. Ond gwrthwynebu neu beidio mae bendigedig fel ffantastig yma i aros nes y daw geiriau eraill yn eu lle.

Y gair y bydda i'n blino fwyaf o'i glywed ydi'r gair dathlu, a gair y cyfryngau ydi hwn. Mae o fel y frech neu ffliw adar, yn gallu treiddio i bron bobman, yn enwedig i radio a theledu. Mae o'n bod mewn rhaglenni newyddion: 'Mae cefnogwyr y Blaid ... yn dathlu heddiw ar ôl eu llwyddiant cynta mewn etholiad...' Mae o'n bod ym myd chwaraeon: 'Mae cefnogwyr *Man U* yn dathlu heddiw ar ôl eu buddugoliaeth yn erbyn...' Ac mae o'n bod ym myd yr eisteddfodau. Yn bod dd'wedes i? Prin fod unrhyw air arall yn bwysig yng nghwestiynau y rhai sy'n cyfweld enillwyr. 'Fyddwch chi'n dathlu heno?' neu er mwyn amrywiaeth: 'Fydd yna ddathlu?' Ac mi wyddon ni i gyd be di ystyr y dathlu yng nghwestiynau'r holwyr! Dylanwad Clwb y BBC ar yr holwyr tybed?

Ond beth mewn gwirionedd ydi dathlu? Sut y byddech chi'n diffinio'r gair? Wel, yn y Beibl y gwelais i'r diffiniad gorau erioed, yn yr hen fersiwn, ac yn nameg y Mab Afradlon. Mae'r mab hynaf yn cwyno wrth ei dad am roi y fath groeso i'r mab afradlon a hynny heb ei gydnabod o, yr un sydd wedi aros adre i weithio ar y ffarm. A dyma ei eiriau: 'ni roddaist fyn erioed i mi, i fod yn llawen gyda'm cyfeillion'. Dyna fo i chi, y diffiniad perffaith o ddathlu: 'bod yn llawen gyda'm cyfeillion'. 'Dydi o'n un da? Ac mae cyfeillion yn gallu golygu teulu hefyd wrth gwrs. D'wedwch a fynnoch chi; roedd yr hen William Morgan yn ei medru hi.

Mewn byd y mae yna gymaint o dristwch a gofid ynddo fo, peth braf ydi dathlu, peth gwych ydi cael achos i fod yn llawen gyda'n cyfeillion, ond biti na fasen ni'n gallu meddwl am air arall yn lle'r gair blinedig dathlu, a sylweddoli hefyd falle mai un elfen yn y dathlu y cyfeirir ato mor amal yw alcohol. Mi ddaw gair neu derm yn y man mae'n siŵr fel y mae ffasiwn yn graddol newid, ond cofiwch, mi alle hwnnw fod yn waeth na'r un sydd gynnon ni rŵan! Mi alle fod yn Americanaidd (*have a nice day*) neu Seisnig (*no problem*). A'n gwaredo!

2011

# Geiriau

Pethau rhyfedd ydi geiriau. Be wnaen ni hebddyn nhw d'wedwch? Dyma ddychwelyd at y pwnc ond nid y gair dathlu y tro yma!

Mae yna lawer o sôn y dyddiau yma am gywiro iaith ac am blismyn iaith a'r drwg y mae hynny'n ei wneud i'r bobol sy'n dysgu'r Gymraeg ac yn teimlo'n ansicir wrth ei defnyddio. Cytuno. Fel gyda phopeth arall mae yna amser i gywiro ac amser i beidio. Mae yna stori am athro wedi mynd efo criw o ddysgwyr y Gymraeg i lan y môr i ymdrochi, a dyma un ohonyn nhw'n dechrau gweiddi o ganol y tonnau: 'Help, help, 'dwi'n foddi!' A'r athro ar y lan yn gweiddi yn ôl: ''Dwi'n boddi wyt ti'n feddwl nid 'dwi'n foddi!' Wn i ddim ydi hi'n stori wir, ond mae'r neges yn glir.

Rhaid inni fod yn ofalus pryd yden ni'n cywiro a phwy i'w cywiro. Siaradwyr Cymraeg yn gyffredinol? Na. Plant pan maen nhw'n ysgrifennu? Wel. Dyna i chi le am ddadl. Bob amser meddai rhai, neu ddysgan nhw byth. Ond alla i ddim cytuno â hynny, am imi flynyddoedd yn ôl ddarllen llyfr gan Saesnes o'r enw Connie Rosen, mam y bardd Michael Rosen. Wrth drafod iaith plant fe gyfeiriodd at enghraifft welodd hi yn llyfr disgybl mewn ysgol, a 'dwi'n ymddiheuro am y Saesneg. Plentyn ifanc newydd golli ei dad yn ysgrifennu amdano gan ddechrau: 'My father was...'. Ond fel roedd o'n mynd yn ei flaen daeth ei dad yn ôl yn fyw i feddwl yr hen foi bach ac fe ddechreuodd ysgrifennu 'My father is...'. Yr unig sylw gan yr athrawes ar waelod y dudalen oedd: '*Don't mix your tenses*'.

Mae angen cywiro, dyna'r ateb, ond rhaid dewis yn ofalus pryd i wneud hynny, a phwy i'w cywiro hefyd. Ac mae un garfan o bobol yr ydw i'n credu'n gryf y dylid eu cywiro, sef ein darlledwyr. Na, nid y bobol sy'n cael eu gwahodd i stiwdio i siarad, neu bobol y mae meic yn cael ei roi dan eu trwynau ar y stryd, ond y rhai sy'n cyflwyno – newyddion, tywydd, chwaraeon, eitemau o eisteddfodau a gwyliau a sioeau. Pobol wrth eu proffesiwn yw'r rhain ac mae peth o'r iaith maen nhw'n ei defnyddio yn fy ngyrru'n benwan.

Faint ohonoch chi sy'n cofio gwersi Lladin yn yr ysgol a phethau fel *bonus, bona bonum*, neu wersi Saesneg: *good, better, best*, neu wersi Cymraeg: coch, coched, cochach, cochaf? Mae angen y gwersi hyn bellach ar bobol y cyfryngau. Glywsoch chi rai o gyflwynwyr y tywydd wrthi? Mi fydd hi'n fwy sych fory, neu'n fwy gwlyb, neu'n fwy cynnes, neu'n fwy oer. Be ddigwyddodd i sychach, gwlypach, cynhesach, oerach? Mae clywed y geiriau hyn yn fy ngwneud yn fwy blin bron na'r tywydd ei hun! Ie, wrth gwrs, ansoddeiriau ydi'r geiriau yma i gyd, ac y mae yna raddau iddyn nhw ym mhob iaith a mwy yn y Gymraeg nag yn y Saesneg debyg iawn gan fod ynddi radd gyfartal (coched, gwlyped, oered) nad yw yn bod yn Saesneg.

Nid pobol y tywydd yn unig sy'n euog o gamddefnyddio. Y rhai gwaetha yw'r rhai sy'n adrodd am chwaraeon, ac un ymadrodd yn arbennig: 'yn hwyrach ymlaen heddiw bydd...'. Y mae hwyrach yn golygu yn nes ymlaen, does dim angen yr 'ymlaen'. Fe ysgrifennais dro yn ôl at adran chwaraeon y BBC gan awgrymu hyn yn garedig wrthynt. Yr wythnos ganlynol fe'i clywais wedyn. Maen nhw'n amlwg yn gwybod yn well.

Camddefnydd arall sy'n digwydd yw hwnnw o'r gair mwyafrif. 'Bydd y mwyafrif o Gymru'n sych heddiw': anghywir. 'Bydd y mwyafrif o siroedd Cymru'n sych heddiw': cywir!

Mae'r rheol yn un ddigon syml a'r cliw iddi yn y gair mwyafrif. Os gallwch chi gyfri neu rifo rhywbeth yna gallwch ddefnyddio mwyafrif, os na allwch ei rifo yna defnyddiwch y rhan fwya.

Gair arall sy'n peri i 'mhwysedd gwaed i godi yw'r gair pechu. Berf ydyw ac mae degau ohonynt ym mhob iaith. Yn amal y mae i ferf yr hyn a elwir yn wrthrych uniongyrchol. Gweld seren, teimlo ias, clywed llais. Gweld, teimlo, clywed yw'r berfau, seren, ias, llais yw'r gwrthrychau. Ond y mae yna ferfau hefyd lle nad oes gwrthrych uniongyrchol iddyn nhw. Ffoli er enghraifft neu neidio neu brotestio. Rydych chi yn ffoli ar rywbeth, yn neidio dros rywbeth ac yn protestio yn erbyn rhywbeth. Hynny ydi mae yna rywbeth yn cael ei fynegi rhwng y ferf a'r gwrthrych, felly gwrthrych anuniongyrchol ydi o.

Yn awr at y gair pechu. Bellach fe'i gwnaed yn ferf y mae gwrthrych uniongyrchol iddo – dy bechu di, fy mhechu i. Mae ti a fi yn wrthrychau uniongyrchol. Ond berf yw pechu nad oes gwrthrych uniongyrchol iddo a'r hyn sy'n gywir felly yw pechu yn erbyn rhywun. Bellach mi ddarllenwch am bechu rhywun hyd yn oed yng nghyfrolau'r Fedal Ryddiaith yn ogystal ag yng ngholofnau Gwilym Owen yn *Golwg*. I mi, yr Esgob William Morgan sy'n iawn unwaith eto, fel mor amal. Be dd'wedodd y mab afradlon wrth ei dad pan ddaeth adre o'r wlad bell? "Dwi 'di dy bechu di'? "Dwi di pechu'r nef'? Dim ffiars o berig. 'Pechais **yn erbyn** y nef, ac **o'th flaen** dithau.' Ond does fawr neb o'n llenorion ni na sgriptwyr ein rhaglenni ni yn darllen y Beibl erbyn hyn, mae'n ymddangos, er y gwnâi les iddyn nhw wneud. Rwy'n ofni bod brwydr y pechu wedi ei cholli erbyn hyn – fel llawer brwydr arall. Mi glywais ar 'Pobol y Cwm' yn ddiweddar un o'r cymeriadau yn dweud wrth fynd o'r ystafell, 'Mi wna i weld fy hun allan.' Geiriau'r un sgriptiwr falle ag a ysgrifennodd, "Dwi'n mynd i'r deintydd.'

Yna beth am y geiriau nad oes angen eu defnyddio? Ryden

ni i gyd yn euog falle. Mi gefais i dro yn ôl fy nghyhuddo o ddefnyddio'r gair opsiwn, gair nad oes ei angen yn Gymraeg gan fod gynnon ni'r gair 'dewis'. Ond mae enghreifftiau gwaeth, a'r gwaethaf un yn fy meddwl i yw sgrwtineiddio. Mae o'n swnio fel rhyw afiechyd dychrynllyd, neu anifail peryglus ddarganfuwyd mewn jyngl. Mae ein gwleidyddion yn hoff iawn o'i ddefnyddio. Beth sydd o'i le mewn edrych yn ofalus, neu graffu ar rywbeth, wn i ddim.

Un arall drwg yw dominyddu a ninnau â phriod-ddull Cymraeg arbennig sy'n dweud yr un peth, sef tra-arglwyddiaethu.

Rhag imi gael fy nghyhuddo o fod yn blismon iaith sy'n brwydro am Gymraeg pur a chywir drwy'r amser, a hynny yn ei dro yn lladd yr iaith, dyma nodi imi fynd i ddŵr poeth efo rhai pobol dro byd yn ôl pan dd'wedais i, mewn cwrs iaith i athrawon, fod yn well gen i glywed plentyn yn dweud 'fi gyn gỳn,' na 'I've got a gun'. Mae'r rheswm pam y dywedais i hynny yn amlwg gobeithio. Cystrawen Saesneg yw'r ail, mae'r gynta o leia yn ymgais i greu cystrawen Gymraeg. Oes, mae angen gofal wrth fentro cywiro iaith a chofio falle y ddihareb Saesneg sy'n sôn am ffyliaid ac angylion.

2013

# Y pethau bychain

Cymru fach i mi
Bro y llus a'r llynnoedd
Corlan y mynyddoedd
Hawdd ei charu hi.

Na, 'dyw'r gerdd hon gan Eifion Wyn ddim yn un o'm hoff gerddi. Mae'n perthyn i'r cyfnod a'r agwedd sentimental hwnnw pan oedd beirdd yn darlunio Cymru fel rhyw wlad heb gyfoeth ynddi (nid cyfoeth y ddaear a rannwyd i hon), yn llawn mynyddoedd ac afonydd a harddwch byd natur – a fawr ddim byd arall. Ac un o'm cas ddywediadau yw 'Cymru fach', ymadrodd y mae pobol fel Bryn Terfel yn ei nawddoglyd ddefnyddio o hyd, gwaetha'r modd.

Clywais y diweddar Hywel Teifi yn bytheirio am hyn droeon, ac yn datgan ei bod yn bryd i ni'r Cymry feddwl 'yn fawr' nid yn fychan, bod yn llawer mwy uchelgeisiol, bod â llawer mwy o feddwl ohonom ein hunain a pheidio bod mor barod i fynd dan draed pawb.

Falle bod Dewi Sant a'i anogaeth i wneud y pethau bychain yn rhannol gyfrifol am yr agwedd hon. Wel, 'dwi ddim am weld bai arno fo achos er bod y paragraffau cynta yn sôn am feddwl yn fawr, am y pethau bychain yr ydw i isio sôn.

Pe gofynnai rhywun i chi beth sy'n gwneud Cymru'n wahanol i bob gwlad arall yn y byd, be fyddai'ch ateb chi? Ei harddwch? Mae Awstria a'r Swistir a llawer gwlad arall cyn hardded. Ei chrefydd? Mae Cymru erbyn hyn yn un o wledydd mwya di-gred y byd. Doniau ei phobol? Mae pobol cyn glyfred a chlyfrach ym mhob rhan o'r byd. Ei thîm rygbi? Mae gan Seland Newydd ac Awstralia rai gwell. Na, nid un o'r pethau hyn. Yr unig beth sy'n gwneud Cymru'n wahanol i bob gwlad arall yw'r iaith Gymraeg.

'Dwi'n cymryd bod pawb sy'n darllen hwn yn siarad Cymraeg ac yn falch o'u Cymreictod, wedi trosglwyddo'r iaith i'r plant ac yn ei defnyddio'n gyson. Ond sut mae pethau o dan yr wyneb? Sut mae hi pan ddaw hi'n bryd gwneud y pethau bychain tybed? Mae'n debyg mai tref Gymreiciaf Cymru yw Caernarfon, ac eto datgelwyd yn gymharol ddiweddar mai dim ond pedwar y cant, ie pedwar y cant, cofiwch, o'r bobol oedd yn dewis y Gymraeg wrth ddefnyddio 'twll yn y wal'.

Ie, un o'r pethau bychain, ond mae gan beiriannau erbyn hyn y gallu i recordio pa iaith a ddefnyddir a gellir defnyddio'r dystiolaeth i ddileu'r gwasanaeth. Ac os ydych chi'n perthyn i fanc lle nad oes Cymraeg yn ei beiriant, faint o brotestio wnaed gennych? Gormod o drafferth? Dim pwrpas – wnaiff neb wrando?

Tra'n sôn am y banciau, ym mha iaith y byddwch chi'n ysgrifennu eich sieciau? Mater bach, ie, ond y ffigwr sy'n bwysig ar siec, cadarnhad yn unig yw'r geiriau, felly does dim problem. Roedd amser pan fydden ni'r Cymry yn awyddus i ddefnyddio'r Saesneg er mwyn dangos i bawb ein bod yn ei medru. Wel, mae hynny wedi hen fynd erbyn hyn a phawb yn gwybod fod y gallu ganddon ni. Beth bynnag, dydi gallu i siarad ac ysgrifennu Saesneg yn *'no big deal'* i ddefnyddio'r iaith honno.

Faint o ddefnydd sydd yna ar wasanaethau teliffon yn Gymraeg? Fyddwch chi'n gofyn am Gymro wrth ffonio *British Telecom*, y cwmnïau trydan neu nwy, y gwahanol wasanaethau y mae angen weithiau cysylltu â nhw ar y ffôn? Falle na fydd Cymro Cymraeg ar gael, ond mi fyddwch chi wedi gofyn, a phwy a ŵyr na fydd y gofyn hwnnw rywbryd yn help i gyflogi rhywun.

Beth am argymhelliad Llwyd o'r Bryn erstalwm i 'siarad Cymraeg yn gyntaf, siarad Cymraeg yn uchel'? Rwy'n dechrau cael llond bol ar y Cymry hynny nad wyf yn eu hadnabod ac nad ydyn nhw'n fy adnabod i sy'n siarad Saesneg efo fi gan feddwl bod pawb diarth yn Sais. Mae'n digwydd yn y Bala hyd yn oed! Pa iaith fyddwch chi'n ei ddefnyddio gyntaf efo pobol Wrecsam? Ydyn, mae'r mwyafrif yn ddi-Gymraeg, ond mae nifer fawr o Gymry yno hefyd. Mae cannoedd o blant y dre yn cael addysg gynradd ac uwchradd Gymraeg, ac y maen nhw i gyd yn rhywle – yn amal yn y siopau ar gyfnod gwyliau, ac yn falch o gael ymarfer eu Cymraeg. Ac y mae hyn yn wir am drefi eraill Cymru hefyd.

Gair o brofiad i orffen. Roeddwn i mewn siop yn y Bala ddeuddydd cyn angladd Gerallt Lloyd Owen. Roedd gan y ferch ifanc tu ôl i'r cownter enw Cymraeg ond yn Saesneg yr holodd:

'*Do you need a bag?*'

'Na mae gen i un,' atebais inne yn Gymraeg, a'i ddangos iddi. Ar ôl prisio popeth holodd:

'*Do you have a member's card?*'

'Oes,' meddwn i a'i roi iddi.

'Dech chi'n siarad Cymraeg?' holais.

'Ydw,' meddai.

'Pam dech chi'n siarad Saesneg efo fi 'te?' holais.

Atebodd hi ddim, ond ar ôl i'r peiriant gyfri'r arian, medde hi:

'*Five pounds and ten pence please.*'

Wel wir, mae isio gras yn does! Mwy nag sydd gen i'n amal 'dwi'n ofni.

Ddeuddydd yn ddiweddarach roeddwn i yn angladd Gerallt, yr un ysgrifennodd:

A throesom iaith yr oesau
Yn iaith ein cywilydd ni.

2015

# Rhegi

Mae pawb wedi rhegi rywdro! Do, medden nhw, hyd yn oed y sant mwya. A'r achlysur sy'n cael ei gyfeirio ato amlaf fel achlysur i rywun regi ydi taro'ch bys efo mwrthwl a dweud 'Dam'.

Mae yna ffasiwn mewn rhegi, ac ardaloedd mwy rheglyd na'i gilydd hefyd. 'Dwi'n cofio dod i'r Sarnau a sylweddoli ei bod yn ardal llawer mwy rheglyd na Gwyddelwern, ond yn y cyfnod pell yn ôl hwnnw, rhegfeydd digon diniwed oedden nhw ym mhobman.

Be sy'n rhegi a be sydd ddim? Cwestiwn anodd ei ateb. Dau fath o regfeydd sydd yna, rhai crefyddol a rhai rhywiol, a 'dwn i ddim sut y penderfynwyd pa eiriau sy'n rhegfeydd. Dyna i chi er enghraifft y ddau enw gwahanol ar Satan – sef diafol a diawl. Mae un yn rheg; 'dyw'r llall ddim. Pam? Ysbryd aflan a chythrel wedyn, dydi ysbryd aflan ddim yn rheg ond mae cythrel.

Rhaid imi gyfadde nad ydw i'n hoffi clywed enw Duw a Iesu Grist yn cael eu defnyddio fel rhegfeydd. Daeth 'O my God' yn frawddeg a leferir yn amal gan selebs ar y teledu fel tase ganddyn nhw ddim byd arall i'w ddweud, ac yn amal iawn, wrth gwrs, does ganddyn nhw ddim!

Bûm yn ffieiddio at y gair blydi, a dydw i byth yn ei ddefnyddio. Tybiwn mai cyfeiriad ydoedd at waed y groes, nes imi gael fy ngoleuo. Falle y gwyddoch chi o ble y daeth, ond rhag ofn na wyddoch, mae'n dod o ymadrodd Saesneg gan y Pabyddion: 'by our lady Mary'. Cywasgwch y geirie a d'wedwch nhw'n gyflym ac yn y man mi gewch blydi!

Mae gen i gof od, sy'n cofio pethau digon dibwys ac yn anghofio pethau pwysig. 'Dwi'n cofio rhaglen radio yn cael ei darlledu o'r Sarnau flynyddoedd maith yn ôl. Cystadleuaeth rhwng panel lleol a phanel sefydlog oedd hi; ateb cwestiynau ar lenyddiaeth, adrodd stori i esbonio dihareb, cyfansoddi englyn neu limrig, y math yna o beth. '*Crap ar y Pethe*' oedd enw'r rhaglen a Gwyn Williams (Gwyn Bangor) oedd y cadeirydd a'r cynhyrchydd, ac aelodau'r panel lleol oedd RE (Robert Ellis Rowlands yr Hendre), Geraint Lloyd Owen a fi. Y panel sefydlog oedd Selyf Roberts y nofelydd, y Parch Ronald Griffith, gweinidog y Wesleaid yng Nghorwen, a J. R. Jones, y bardd o Dalybont. Y Prifardd John Ifans oedd y beirniad, a ni, y tîm lleol enillodd y noson honno!

Un o'r tasgau oedd gorffen englyn am ferch mewn sgert mini:

Er pob barn a roir arni – a gwawdio'r
    wisg od sydd amdani,

a dyma ymgais Ronald Griffith:

Hon, myn diawch, sy'n mynd â hi,
Y feinwen mewn sgert fini.

'Dwi'n ei adrodd am 'mod i'n cofio sylw John Ifans wrth feirniadu: 'Hon myn diawch,' medde fo, 'dene i chi ffordd pregethwr o regi!'

'Dwi'n cofio'r ymgais arall hefyd – ac ychwanegiad John Ifans yn y Saesneg ar ei diwedd. Geraint oedd bardd y Sarnau:

Hurt am hon a'i sgert mini
Wyf o hyd, fe'i cymraf hi.

'*And to hell with the consequences*,' meddai John Ifans!

Ond rwy'n crwydro. Os oedd rhegfeydd seiliedig ar grefydd a Duw a diafol yn weddol dderbyniol, doedd y rhai rhywiol ddim, y geiriau pedair llythyren y gwyddom oll pa rai ydynt. Pobol gomon iawn oedd yn defnyddio rheini. Bellach aeth llawer o bobol yn gomon a daethant yn eiriau poblogaidd ar dafod leferydd dynion a merched, a llawer o'n hieuenctid.

Y gŵr a roddodd gychwyn go iawn i'r arferiad hwn ar goedd oedd Kenneth Tynan y beirniad drama, a hynny ar raglen deledu pan ddefnyddiodd o, am y tro cynta yn gyhoeddus, un o'r geiriau pedair llythyren, a bu helynt mawr ar y pryd. Ie, y fo oedd y cynta, ond y mae lleng wedi ei ddilyn. Mewn rhaglenni sy'n dangos pethau'n mynd o'i le defnyddir geiriau pedair llythyren yn amal gan actorion ac actoresau a selébs byd y cyfryngau, ac maen nhw'n meddwl eu bod O! mor ddoniol, ac mae'r gynulleidfa yn torri eu boliau bron yn chwerthin wrth eu clywed wrthi.

Bellach fe ddaethon nhw'n eiriau poblogaidd gyda'r rhai sy'n trydar. Does gen i ddim mynediad llawn i'r cyfrwng hwnnw, ond fe ddarllenais ddau gyfraniad yn ddiweddar gan ddau sy'n bobol eitha blaenllaw yng Nghymru, un yn berson amlwg yn nhre Aberystwyth a'r llall yn golofnydd cyson i un o'n cyhoeddiadau wythnosol. Defnyddiodd y ddau air pedair llythyren yn eu cyfraniadau ac roedden nhw'n fy atgoffa i o blant yn tynnu sylw atynt eu hunain, rhywbeth sy'n naturiol i blant tra byddan nhw'n blant wrth gwrs.

A falle mai dyna sut y dylen ni ymdrin ag oedolion sy'n rhegi'n ddiddiwedd, yn enwedig os ydyn nhw'n defnyddio geiriau pedair llythyren, dweud wrthyn nhw y byddwn ni'n eu cymryd o ddifri pan fyddan nhw wedi tyfu i fyny.

2013

# Be sy mewn enw?

Mae cleifion yr ardal hon yn mynd i Ysbyty Maelor; eraill i Glan Clwyd; Bronglais yw'r ysbyty i drigolion Aberystwyth; Llwynhelyg i'r rhai sy'n byw yn Sir Benfro. Enwau o fyd natur a daearyddiaeth bob un, a does dim byd i dramgwyddo neb mewn enwau felly, ond 'dyw hynny ddim yn wir pan eir ati i enwi adeiladau ar ôl pobol arbennig.

Pe byddech chi'n byw yn Llanelli fe aech i Ysbyty'r Tywysog Philip, a mawr fu'r dadlau pan godwyd o, ond Philip a orfu hyd yn oed yn y dref 'sosialaidd' honno! Wel wir. I Ysbyty Aneurin Bevan yr aech pe trigech yng Nglyn Ebwy, neu i Ysbyty George Thomas pe baech yn byw yn y Rhondda. Enw, gyda llaw, fyddai'n ddigon i wneud i mi deimlo'n salach taswn i'n gorfod mynd yno!

Ond nid am enwau ysbytai yr oeddwn am sôn. Dro byd yn ôl bellach penderfynodd Cyngor Prifysgol Bangor ar enw i'r theatr yng nghanolfan newydd y celfyddydau yn y ddinas, Canolfan Pontio, a'r enw y penderfynwyd arno yw Theatr Bryn Terfel, ac roeddwn i'n teimlo'n eitha blin am hynny.

Nid bod gen i ddim byd yn erbyn Bryn Terfel, peidiwch meddwl, mae'n gawr ym myd y gân ac eisoes wedi cael llawer o sylw ac o anrhydeddau. Mae o hefyd yn dal yn fyw a bydd digon o gyfle iddo dderbyn rhagor fel y cerdda'r blynyddoedd. Na, un o'r pethau oedd yn fy ngwneud yn flin – ac rwy'n dal i deimlo felly – yw'r rheswm roddodd y Cyngor am y dewis. 'Mae Bryn Terfel,' medden nhw, 'yn ffigwr rhyngwladol ac fe fydd yn denu llaweroedd i Fangor, yn llysgennad da i'r lle.' Bydd, siŵr iawn, meddai'r amheuwr ynof, yn denu myfyrwyr tramor i'r brifysgol yno, yn eu denu o dros y ffin ac o bellteroedd byd fel tase na ddim digon yno'n barod. Pawb a'i fys lle bo'i ddolur ynte.

Fel y d'wedes i, dim byd yn erbyn Bryn Terfel. Fel mae'n digwydd, mi es i Neuadd Bridgewater, Manceinion i'w glywed yn canu'n gymharol ddiweddar, a thalu hanner canpunt am y fraint heb warafun yr un ddime. Fe awn eto'n llawen. Dim ond nodi wrth fynd heibio mai pum punt ar hugain yw pris tocyn i glywed Côr a Cherddorfa'r Hallé a phedwar unawdydd proffesiynol yn perfformio'r Meseia bob Dolig.

Ydyn, mae sêr rhyngwladol ym mhob maes yn ddrud, a phrin bod cymdeithas na sefydliad yng Nghymru erbyn hyn all fforddio llwyfannu cyngerdd gan Bryn Terfel. Rhaid mynd dros y ffin i'w glywed. O wel, gallwn wastad syllu ar ei enw ar wal y Theatr ym Mangor.

Ond y gwir reswm am fy anfodlonrwydd yw fod cawr arall o fyd y celfyddydau wedi ei anwybyddu, sef Wilbert Lloyd Roberts. Does dim angen i fyd cerddoriaeth yng Nghymru gael ei hybu'n ddiddiwedd, mae wedi derbyn digon o hwb a nawdd ar hyd y blynyddoedd. Wyddech chi fod ymhell dros hanner yr arian gaiff Cyngor y Celfyddydau i hybu celfyddyd yng Nghymru yn mynd i Gwmni Opera Cenedlaethol Cymru, a'r gweddill yn cael ei rannu fel briwsion i lenyddiaeth, y celfyddydau cain, y ddrama, y ddawns a phob celfyddyd arall? Ond mae'r cwmni opera hefyd yn llysgenhadon gwerthfawr i Gymru medden nhw, er does neb erioed wedi esbonio i mi beth yw'r gwerth a gawn fel cenedl o'r cyfryw lysgenhadon.

Ond rwy'n crwydro. Flynyddoedd maith yn ôl bellach gwelais ddrama o'r enw '*Cariad Creulon*', drama leolwyd yn y Wladfa os cofiaf, o waith R. Bryn Williams, yn cael ei pherfformio ar lwyfan Ysgol y Berwyn, y Bala. Drama gynta Cwmni Drama Cenedlaethol Cymru y bu Wilbert Lloyd Roberts yn allweddol yn ei sefydlu. Bellach y mae gennym Gwmni Theatr Cenedlaethol ar seiliau cadarn, a go brin y byddai'n bod heb Wilbert. Ymladdodd yn erbyn anawsterau lu, yn erbyn prinder arian ac yn erbyn sinigiaeth rhai pobol oedd yn wrthwynebus iddo. A fyddai yna theatrau yng Nghymru heddiw heb ei gyfraniad o – Ardudwy, Clwyd, Mwldan, Y Werin i enwi dim ond pedair? Mae'n amheus gen i. Dyma ŵr arhosodd yn y Gymru hon i weithio drosti ac erddi yn dawel a chaled a chyndyn, ac yn y diwedd fe'i hanwybyddwyd tra bod ein sêr rhyngwladol yn cael yr anrhydeddau i gyd.

Do, fe'i hanwybyddwyd gan Gyngor Prifysgol Bangor am nad oedd yn ffigwr rhyngwladol. Ond codwn ein calonnau, maen nhw am ystyried sut i'w anrhydeddu, medden nhw. Ei enw ar wal toiled falle?

O ystyried mai pobol o dros y byd y mae'r Cyngor bondigrybwyll hwn am eu gweld yn dod i Fangor, falle y gallwn ni Gymry dderbyn y neges amlwg y byddai mwy o groeso i ni pe baen ni'n dod o wledydd y tu hwnt i'n gwlad ni. Awn yn hytrach i'n theatrau a'n neuaddau bach ein hunain. I Neuadd Buddug yr af i i weld dramâu a ffilmiau yn y dyfodol os bydd yn dal yn agored. Cânt gadw eu theatr newydd, neu felly y teimlaf ar y funud. Ie, Neuadd Buddug amdani. Buddug? Buddug? Yr enw Cymraeg am Victoria. A'r *Victoria Hall* oedd yr hen enw ar y neuadd. Hanner munud. Victoria? Pwy oedd honno d'wedwch? Wel ie, debyg iawn. O diar. Den ni damaid gwell yma ym Mhenllyn na Bangor neu Lanelli!

I Theatr Bryn Terfel a fi felly i weld *Chwalfa*!

2015

# Y Byd

Teitl mawr i ysgrif fer, ond nid fy mwriad yw trafod y blaned ryfeddol hon yr yden ni'n byw arni, ond yn hytrach y papur newydd dyddiol Cymraeg na ddaeth i fodolaeth. Er bod blynyddoedd bellach ers y penderfyniad gan y llywodraeth i beidio'i noddi, does brin wythnos yn mynd heibio nad oes rhywun yn rhywle – mewn cylchgrawn neu wythnosolyn neu ar raglen – yn cyfeirio at hynny, gan amlaf i sgorio pwyntiau gwleidyddol.

Rhaid i mi gyfadde yma na fûm i o'r dechrau yn gefnogwr mawr i'r syniad a hynny am un rheswm yn unig – ofn methiant. Ryden ni fel cenedl yn ffynnu ar fethiannau. Methiant oedd Tryweryn, methiant yw pob ymdrech a wnawn i gynyddu nifer y siaradwyr Cymraeg, methiant i gynnal yr hyn sydd gennym yw'r holl gapeli sy'n cau ym mhob rhan o Gymru. A methiant oedd Teledu Cymru, y cwmni fu'n bodoli am ychydig amser i gynhyrchu rhaglenni Cymraeg, ymdrech yr oedd hadau methiant yn y cyfansoddiad ei hun gan mai cwmnïau eraill megis *Granada* oedd yn dal trwydded darlledu i rannau helaeth o Gymru.

Ac i mi roedd hadau methiant yn y cynllun i gynhyrchu papur newydd dyddiol hefyd, a'r hyn a wnaeth imi sylweddoli hynny oedd ymweliad â phabell y papur yn un o'r eisteddfodau cenedlaethol, 'dwi ddim yn cofio pa un, pan holais i pa drefn fyddai'n bodoli i sicrhau gwerthiant *Y Byd* mewn mannau di-siop – megis y Sarnau. Mae degau o ardaloedd a phentrefi tebyg yng Nghymru, ac yn y mannau hynny y mae llawer o'r rhai fyddai'n debygol o fod yn gefnogol i'r papur yn byw. Oni fyddai'n ormod gofyn i'r rhain deithio i'r dref agosaf i brynu'r papur bob dydd? Pan grybwyllais y broblem roedd yn amlwg nad oedd neb wedi meddwl am y peth ac addawyd i mi y cawn ateb yn y man. Ond chlywais i ddim gan neb, ac am hynny wnes i chwaith ddim ymuno fel un o'r noddwyr neu'r tanysgrifwyr.

A dyna reswm arall am fy amheuaeth a fyddai'r papur yn ffynnu, sef mai dim ond saith gant o danysgrifwyr gafwyd iddo ymlaen llaw, a fedra i ddim gweld bai ar y Llywodraeth yn penderfynu, yn wyneb y ffaith honno, na ellid cyfiawnhau'r grant mawr a fwriedid ar ei gyfer, yn enwedig gan fod arian yn brin – fel y mae o bob amser!

Ond y mae trydydd rheswm am fy amheuaeth. Y mae yna filoedd sy'n Gymry Cymraeg yn byw yn ein hardaloedd Cymreicia nad ydyn nhw'n prynu *Y Cymro* a *Golwg* – y ddau wythnosolyn tebyca i bapur dyddiol a feddwn – o un pen blwyddyn i'r llall. Wn i ddim beth yw ffigyrau cylchrediad y rhain, ond bu'r *Cymro* unwaith yn gwerthu dros ddeng mil. 'Dwi'n amheus ydio'n cyrraedd tair mil heddiw. A fyddai'r bobol hynny sy'n gweld 50c yr wythnos yn ormod i'w dalu am *Y Cymro* yn barod i gefnogi papur dyddiol Cymraeg? Go brin. Mae prinder prynwyr wedi bod yn broblem yn y Gymru Gymraeg erioed os ydym i goelio'r beirdd. Dyma ysgrifennodd Sarnicol tua tri chwarter canrif yn ôl:

Os am foddio'r Cymry golau,
Soniwch wrthynt am gyfrolau;
Os dewiswch eu dychrynu
Soniwch wrthynt am eu prynu!

Ac eto:

Cyhoeddodd lyfr Cymraeg
A chlywodd toc
Ei fod yn talu
A bu farw o sioc!

Ia, tipyn o hen sinic oedd Sarnicol, ond tybed ei fod yn dweud y gwir?

Mae un rheswm arall pam nad oeddwn yn frwd o blaid *Y Byd*, sef bod y ddau wythnosolyn a enwais, *Y Cymro* a *Golwg*, yn dibynnu i raddau, fel llawer o'r papurau lleol, ar hysbysebion a fyddai o bosib yn cael eu tynnu oddi wrthynt er mwyn eu cynnwys yn y papur dyddiol. Yr hen broblem Gymreig o gacen fechan yn cael ei rhannu rhwng gormod o gegau.

Does dim dwywaith nad yw methu cynhyrchu papur newydd dyddiol yn y Gymraeg yn drasiedi cenedlaethol, ond byddai iddo farw yn fuan wedi'r enedigaeth yn fwy o drasiedi fyth. Collwyd y cyfle i drafod materion Cymreig a materion rhyngwladol o safbwynt Cymreig a gadawyd y maes yn glir i feddylfryd Seisnig y papurau Llundeinig a'r rhai sy'n dweud eu bod yn genedlaethol Gymreig fel y *Western Mail* a'r *Daily Post*. Rhoddwyd peth o grant y papur dyddiol i *Golwg360* ac mae'n ddiamau ei bod yn bwysig cael gwasanaeth felly ar y we. Ond newyddion sydd ynddo nid newyddiaduriaeth, ac y mae yna wahaniaeth mawr rhwng y ddau.

Oni fyddai'n llawer gwell pe bai'r arian arbedwyd wrth beidio cefnogi'r papur dyddiol yn cael ei roi i'r papurau a'r cylchgronau sydd eisoes yn bodoli, yn enwedig gan fod y BBC yn darparu gwasanaeth ar y we yn ogystal â *Golwg360* ac y maent yn debyg iawn i'w gilydd. Mae rhai o'n cylchgronau, fel *Y Faner Newydd*, yn bodoli heb ddim grant o gwbl, ac yn gymharol ddiweddar gwrthodwyd grant i *Wa-w* am ei fod yn rhy leol medden nhw, oedd a dweud yn gwir yn esgus gwael iawn. O ganlyniad bu'r cylchgrawn bywiog hwnnw farw. Biti ynte!

2014

# Y goban wen

Mae hi'n fis Gorffennaf arna i'n ysgrifennu hwn, rhwng dwy eisteddfod, yr Urdd a'r Genedlaethol: amser da i drafod anrhydeddau. 'Fyddi di'n gwisgo dy goban eleni?' 'Fyddi di'n mynd i'r Orsedd i ddangos dy hun?' ydi'r cwestiynau fydda i'n eu cael yn amal cyn dechrau Awst bob blwyddyn. Yr ateb i'r cynta ydi: 'Bydda', ac i'r ail: 'Na', ac os darllenwch chi ymlaen, mi gewch wybod pam.

Ond i ddechrau, y busnes anrhydeddau yma, anrhydeddau'r frenhines. Bob tro y cyhoeddir rhestr mae rhai enwau yn creu dadl a gwrthdaro, yn enwedig enwau rhai sy'n cynrychioli sefydliadau Cymreig a Chymraeg, rhai yn gwrthwynebu am mai anrhydeddau gan y frenhines ydyn nhw, eraill oherwydd y sefydliadau arbennig a gynrychiolir ganddyn nhw. Yn bersonol does gen i ddim gwrthwynebiad mawr i berson dderbyn anrhydedd gan y frenhines: 'dwi'n ddinesydd Prydeinig a brenhiniaeth sydd gan y wladwriaeth hon. Ac fel 'dwi'n dweud o hyd, gwell gen i Elisabeth yn frenhines na Kinnock neu Hain yn arlywydd. Does gan y frenhines wedi'r cyfan ddim grym.

Y drwg efo'r frenhiniaeth wrth gwrs ydi bod gwleidyddion yn ei defnyddio i'w dibenion eu hunain. Yn 1966 enillodd Gwynfor Evans sedd Caerfyrddin i Blaid Cymru; yn 1969 cafwyd seremoni fawr yr arwisgo yng Nghaernarfon. Ydi'n gwleidyddion ni yn meddwl ein bod mor naïf fel na welwn y cysylltiad? Dowch wir, nid ddoe cawson ni'n geni.

A dyna un gwrthwynebiad i anrhydeddu Cymry Cymraeg

amlwg. Clywais ddweud – a fedra i ddim profi na gwrthbrofi hyn – mai gan bersonau blaenllaw yn y Blaid Lafur yr enwebir rhai enwau sy'n achosi dadlau. Pam, os yw hyn yn wir? Ai er mwyn ein hollti unwaith eto fel cenedl? Gadawaf y cwestiwn yn benagored, achos mae gen i reswm pwysicach dros wrthwynebu anrhydeddau i rai sy'n cynrychioli sefydliadau.

Y maen nhw, lawer ohonynt yn dda yn eu gwaith ac yn haeddu pob ceiniog gân' nhw fel cyflog a dydw i'n gwarafun yr un ddimai iddyn nhw. Fy ngwrthwynebiad yw eu bod yn cael eu hanrhydeddu am wneud eu gwaith, am wneud yr hyn y telir iddynt amdano. Onid am wneud yr ychwanegol y dylai anrhydedd gael ei roi? Os mai am wneud eu gwaith yr anrhydeddir hwy pa siawns sydd yna i ddreifar lori sbwriel neu ddreifar bws? Y mae cyfundrefn anrhydeddau'r frenhiniaeth yn dal i fod yn gyfundrefn elitaidd. Clywais amal un mewn swydd gyfrifol a dderbyniodd anrhydedd yn datgan mai anrhydedd i gydnabod a chynrychioli carfan o bobol eraill yw'r hyn a gafodd. Esgus gwael i gyfiawnhau derbyn yw hynny.

Mae sôn yn y Beibl am y filltir gynta a'r ail filltir. Gan mai Rhufain oedd yn rheoli Gwlad Canan, roedd gan filwr Rhufeinig yr hawl i fynnu bod Iddew yn cerdded efo fo am filltir, er mwyn cario ei becynnau a'i helpu ar ei daith. Ond dywedwyd wrth yr Iddewon am gerdded yr ail filltir hefyd, hyn er mwyn tynnu'r grym a'r awdurdod oddi ar y Rhufeiniaid. Ond daeth yr ail filltir i olygu rhywbeth mwy na hynny: galwyd Cristnogaeth yn grefydd yr ail filltir, a Christnogion yn bobol oedd yn barod i fynd gam y tu hwn i'r hyn oedd yn ddyletswydd. Onid pobol yr ail filltir ddylai gael anrhydedd – cydnabyddiaeth am yr ail filltir wirfoddol nid am y filltir gynta orfodol?

Rwy'n credu bod y fyddin wedi cael pethau'n iawn gyda'u hanrhydeddau nhw. Y mae ganddyn nhw fedalau o wahanol raddau a roddir i filwyr a gyflawnodd ryw wrhydri neu'i gilydd, ac wrth gyflwyno fe ddywedir eu bod yn cael ei rhoi am wasanaeth y tu hwnt i ddyletswydd; y frawddeg Saesneg yw: *'for services beyond the call of duty'*. Oni ddylai pob anrhydedd a roddir fod yn gydnabyddiaeth am y seithgair yna?

Ac yn awr at y goban wen. Am beth y cefais i'r goban? Wel, 'dwi'n dawel fy meddwl nad ydw i'n rhagrithio gan nad am y gwaith y talwyd i mi amdano ar hyd y blynyddoedd y derbyniais hi, ond am imi ennill cystadleuaeth yn yr eisteddfod, un o'r cystadlaethau y mae'n arferiad i'r Orsedd roi'r wisg wen am ei hennill. Mae llawer fel fi yn perthyn, mae llawer gafodd yr anrhydedd hefyd am waith a gwasanaeth y tu hwnt i'w gwaith cyflog; a'r rheini sydd amlaf i'w gweld yn y seremonïau. Mae eraill gafodd yr anrhydedd am eu gwaith cyflogedig, ond yn rhyfedd iawn, os rhyfedd hefyd, does dim llawer o'r rheini i'w gweld o flwyddyn i flwyddyn; maen nhw'n derbyn yr anrhydedd ac yna'n diflannu.

Ond pam yr af i'r Orsedd, i o leia un seremoni? Er mwyn dangos fy hun? Be, yn y wisg wen a'r penwisg yna sy'n gwneud i bawb ond ambell un fel Mererid Hopwood edrych yn eitha gwirion? Bobol bach nage. 'Dwi'n mynd er mwyn anrhydeddu'r rhai fydd yn ennill ar y dydd. Heb aelodau'r Orsedd yn bresennol, fyddai yna ddim seremoni. Coeliwch chi fi, dyletswydd nid pleser ydi gwisgo a chwysu am gryn awr cyn y seremoni, a chwysu am awr ar lwyfan poeth wedyn.

Un peth sy'n fy ngwneud yn flin ydi absenoldeb cymaint o'n henillwyr ni o'r seremonïau hyn, yn brifeirdd a phrif lenorion. Maen nhw'n fodlon iawn derbyn y clod a'r anrhydedd ar y diwrnod, ond welwch chi mohonyn nhw'n agos i'r Orsedd, na'r Eisteddfod chwaith lawer ohonyn nhw, byth wedyn. Ond stori arall ydi honno!

2014

# Croesi ffiniau

Na, nid y rhai sy'n gwahanu pobloedd a chenhedloedd oddi wrth ei gilydd, ond y rhai sy'n bodoli ym myd cystadlu eisteddfodol. Ffiniau annelwig yn amal, ffiniau y mae rhai am eu gwarchod hyd at waed bron, a ffiniau y mae eraill yn mynnu eu herio a'u croesi.

Mae'n demtasiwn mynd ati i groniclo rhai o'r profiadau gafwyd wrth gystadlu gydag unigolion a phartïon ysgol, yn enwedig yn Eisteddfod yr Urdd, a sôn am rai o'm profiadau personol wrth gystadlu ar gystadlaethau llenyddol mewn eisteddfodau lleol a chenedlaethol, gan fod rhyw fath o groesi ffiniau yn yr enghreifftiau hyn hefyd. Mi nodaf yn unig ambell beth a gofiaf wrth fynd heibio. Cofio am yr un aelod o barti sydd ar goll neu mewn rhagbraw rhag i'r parti hwnnw orfod perfformio'n gynta. Mor amal y digwydd hyn, a hynny yn rhyfedd iawn i'r un ysgolion neu adrannau bob blwyddyn. Cofio'r arweinyddion hynny fyddai'n arwain partïon cerdd dant gan sefyll neu eistedd y tu ôl i'r beirniad gan fod arwain yn y gelfyddyd honno yn torri'r rheolau. Ac i fod yn gwbwl fyfïol, cofio'r cwestiwn ofynnwyd imi gan ohebydd ar ôl imi ennill Gwobr Goffa Daniel Owen ym Meifod yn 2003: Faint yw eich oed? Cwestiwn na fyddai neb wedi meiddio'i ofyn i wraig yn ei phedwardegau. Oedoliaeth a rhagfarn rhyw, hwnna ydi o – a chroesi ffiniau!

Yr hyn yr oeddwn am ei drafod yw'r ffin rhwng gwahanol fathau o farddoniaeth a rhyddiaith, a'r croesi sydd rhyngddynt.

Does neb tebyg i feirdd am warchod eu celfyddyd eu hunain, a phan enillodd Eluned Phillips y Goron yn y Bala yn 1967 ac eilwaith yn Llangefni yn 1983 roedd rhai beirdd yn flin iawn wrthi, am feiddio, ie, meiddio croesi'r ffin trwy defnyddio'r mesurau caeth traddodiadol a hynny yn ddigynghanedd yn ei gweithiau. Yn wir, dioddefodd gryn sen ar law amal un bryd hynny, a gwnaed amryw o ensyniadau maleisus amdani. Darllenwch gyfrol ardderchog Menna Elfyn *Optimist Absoliwt* i gael gwybod mwy.

Roedd pethau'n wahanol pan wnaeth Ceri Wyn yr un peth o gyfeiriad arall yn y Bala yn 2009 ac ennill y Goron gyda'i ddilyniant o gerddi, cerddi wedi eu cynganeddu gan fynd yn groes i arferiad a thraddodiad ac ysbryd Cystadleuaeth y Goron, a hynny am fod llacrwydd yn y geiriad. Clod gafodd o am hynny nid sen. Oes wahanol? Beirdd gwahanol? Agweddau gwahanol? Bernwch chi.

Erbyn hyn caewyd y drws ar y gynghanedd yng Nghystadleuaeth y Goron, er bod rhai beirdd o hyd yn anfodlon efo hynny. Yn bersonol byddwn yn dadlau os nad yw'r gwahaniaeth cynghanedd/dim cynghanedd yn bodoli rhwng y ddwy gystadleuaeth nad oes angen y ddwy ac y dylid dileu un ohonynt.

Y mae yna, fodd bynnag, ddau groesi ffin mwy diddorol na'r rhai hyn. Y cyntaf yw'r ffin rhwng barddoniaeth y wers rydd a rhyddiaith. Mae o wedi bod yn ddryswch i mi erioed beth roes fod i'r ffaith y gellir condemnio barddoniaeth am fod yn rhyddieithol, ond y canmolir rhyddiaith am fod yn farddonol. Beth mewn difri yw'r gwahaniaeth rhwng barddoniaeth a rhyddiaith beth bynnag? Dyma brawf bychan i chi cyn i chi ddarllen ymlaen i ganfod yr ateb.

Yr Eisteddfod yw'r Genedlaethol yn Abertawe 2006. Enillwyd y goron gan Eigra Lewis Roberts am ei cherddi ar y testun 'Fflam', a'r Fedal Ryddiaith gan Fflur Dafydd am ei chyfrol ar y thema 'Llanw a Thrai'.

Dyma ddyfyniadau o'r ddau waith wedi eu cofnodi fel rhyddiaith:

Roedd yr esgid ddu'n gwasgu ar rostir Haworth, y gorwelion ansad a gwynt tynghedus yr ucheldir yn ei gorfodi i fesur ei chamau fel y chwiorydd yn y tŷ ymysg y beddau.

A'r haf yn gyfaddawd o liw haul rhyngom, minnau'n binc ac yn welw ac yn rhwyd o wythiennau glas, ac yntau'n goffi gwyn, melys, y geiriau'n llithro o'i afael yn llond eu cystrawen o eli haul.

A chyn dadlennu'r gwir dyma ddau ddyfyniad arall, o'r un gweithiau, y tro hwn wedi eu cofnodi fel barddoniaeth.

Cael fy rhwydo i'w freichiau
yn un rhuban coch o reidrwydd...
A'i ddilyn fu'n rhaid.
Yn uwch ac yn uwch,
nes bod y grug yn gymysg â'r chwys
a'r cusanu'n drwsgwl ynghanol y baw defaid.
Gwlanen anaddas o gorff amdanaf,
a chariad fel pry yn fy ngheg,
a dim i'w wneud ond ei boeri allan
ar y gwair.

Yn gaeth i'w heddiw diamser
a swyngyfaredd yr yfory
ni wyddai am ei hymdrech
i ffrwyno'r fflamau

o fewn y ffrog wlân binc,
y llinyn bogail a'i cydiai
wrth fam a'i duwiau
o ddisgwyliadau a delfrydau.

O safbwynt rhythmau brawddegol, delweddu, disgrifio a chymharu, oes yna wahaniaeth mewn difri rhwng y pedwar darn?

Wel, dyma'r ateb i chi yn nhrefn y dyfyniadau: Barddoniaeth, Rhyddiaith, Rhyddiaith, Barddoniaeth.

Yr ail groesi ffin diddorol yn y Genedlaethol yw'r un rhwng y Fedal Ryddiaith a Gwobr Goffa Daniel Owen. 'Cyfrol o ryddiaith greadigol' yw'r geiriad gan amlaf yng nghystadleuaeth y Fedal erbyn hyn, er mai rhyddiaith bur ydoedd pan enillodd John Gwilym Jones yn Ninbych yn 1939. Cyfrol heb fod dros ddeugain mil o eiriau ydyw erbyn hyn. Y geiriad yng nghystadleuaeth Gwobr Goffa Daniel Owen yw 'am nofel ac iddi linyn storïol cryf a heb fod yn llai na hanner can mil o eiriau'. Yn Eisteddfod Caerdydd 1978 y daeth cystadleuaeth y Wobr Goffa i fod ond y mae cystadleuaeth y Fedal yn bodoli yn ei ffurf bresennol ers 1951. Yn 2005 yn Eisteddfod Eryri yr ychwanegwyd y cymal yn gofyn am linyn storïol cryf i'r nofel ac y pennwyd nifer y geiriau.

Gwn am amryw fyddai'n hapus iawn i weld dileu'r cymal hwn o gystadleuaeth y nofel gan ddadlau nad oes yna wir ddim gwahaniaeth rhwng y ddwy gystadleuaeth ac mai elfennau tebyg ddylai benderfynu teilyngdod yn y ddwy. Os felly, oes angen dwy gystadleuaeth a dwy seremoni?

Yn bersonol rwy'n bendant o'r farn fod angen y ddwy gystadleuaeth, a bod yna wahaniaeth sylfaenol rhyngddynt. Dwy elfen sydd yna i ryddiaith, beth bynnag y pwnc – beth sy'n cael ei ddweud a sut y dywedir ef. Y mae'r ddwy elfen wrth gwrs yn bwysig yng nghystadlaethau'r Genedlaethol, ond y mae yna wahaniaeth pwyslais, gyda'r sut y dywedir neu'r mynegiant yn bwysicach yng nghystadleuaeth y Fedal a beth a ddywedir neu'r cynnwys yng nghystadleuaeth y Wobr Goffa.

Yn y pen draw, dim ond y beirniaid all sicrhau bod y canllawiau hyn yn cael eu dilyn, ac yn Eisteddfod y Fenni cafwyd canlyniadau diddorol ac annisgwyl i'r ddwy gystadleuaeth. Gellir dadlau yn fy meddwl i nad oes digon o ysgrifennu arbennig a saernïo brawddegau cofiadwy yng nghyfrol y Fedal a'i bod yn gweddu'n well i gystadleuaeth y Wobr Goffa, er nid o ran hyd wrth gwrs. Ar y llaw arall ni theimlaf fod i gyfrol y Wobr Goffa ddigon o'r elfen storïol ac mai gwan yw'r ymgais i'w dwyn i mewn drwy'r cymeriadau brith sydd ar orwelion profiadau'r prif gymeriad. Ond y mae ynddi ysgrifennu disglair, gwir deilwng o'r Fedal yn sicr pe bai'n fyrrach.

Fy mhryder yn y dyfodol yw na fydd Cystadleuaeth y Wobr Goffa yn rhoi i ni nofelau rhwydd darllenadwy, *page turners* wedi eu hysgrifennu'n dda, ond y bydd ein llenorion yn mynd ati i ymestyn y terfynau bondigrybwyll, o fantais i'r corff o lenyddiaeth mae'n siŵr, ond nid i'r corff o ddarllenwyr sy'n ysu am rywbeth difyr da i'w ddarllen, a'r pryder pellach y bydd beirniaid y gystadleuaeth yn caniatáu hyn, gan anghofio'r hyn dd'wedodd Daniel Owen ei hun: 'Nid i'r doeth a'r deallus yr ysgrifennais ond i'r dyn cyffredin.'

Ni wn a yw hyn yn bryder i unrhyw un arall, ond nid yn ddi-sail y mynegaf ef. Yn Eisteddfod Eryri 2005 y gofyn am y Fedal oedd 'Amrywiaeth o ddarnau rhyddiaith yn darlunio cyfnod.' Ie, **amrywiaeth** o **ddarnau** sylwch. Yr enillydd oedd Dylan Iorwerth ac roedd ei gyfrol o yn cyfarfod y gofynion. Ond derbyniwyd hefyd sawl nofel, cyfrol o storïau byrion a chyfrol o ysgrifau gan ymgeiswyr a anwybyddodd yn llwyr ofynion y gystadleuaeth. Gwaeth na hynny, fe'u hanwybyddwyd gan y beirniaid hefyd. Dyma ddywedir yn y feirniadaeth gyfansawdd gan y tri am un o'r nofelau hynny, un 'Telor': 'Mewn blwyddyn wannach ei chystadleuwyr, byddai 'Telor' yn llwyr deilyngu'r Fedal a byddem wedi bod wrth ein bodd yn gwobrwyo'r addewid yng ngwaith y llenor dawnus hwn.' I nofel nid i amrywiaeth o ddarnau! Mewn geiriau eraill byddai'r beirniaid wedi bod yn barod i anwybyddu gofynion y gystadleuaeth yn llwyr. Byddai hyn wedi bod fel gwobrwyo awdl mewn cystadleuaeth lle y gofynnid am gasgliad o gerddi!

Fe glywir yn amal nad yw croesi ffiniau a chadw at y rheolau yn bwysig os yw'r cystadlaethau yn cynhyrchu deunydd llenyddol a barddonol o safon. Dyna'r ymateb gafwyd gan lawer wedi helynt cadair Aberteifi yn 1976, ond rhaid i mi gyfadde nad dyna fy marn i, a bod angen cadw at y rheolau er mwyn tegwch i bawb, oherwydd yn y diwedd y mae pobol yn bwysicach na llenyddiaeth.

2016

# Dyma'r newyddion

Mae'n debyg fod pob un ohonon ni yn clywed 'Newyddion' fwy nag unwaith y dydd, ar radio neu deledu, neu'r ddau, yn y Gymraeg a'r Saesneg, neu wrth gwrs yn ei ddarllen yn y papurau neu ar y we, ac y mae yn rym pwerus dros ben. Gall newid eich meddwl am rywbeth, gall reoli eich diwrnod neu eich wythnos, gall eich gwneud yn llawen neu'n drist, eich rhoi mewn hwylie da neu eich gwneud yn flin. Ac felly mae gan y rhai sy'n gyfrifol am y newyddion allu a grym anhygoel ac mi ddylen nhw fod yn ofalus iawn sut maen nhw'n gweithredu.

Na, medden nhw, y newyddion, nid y ni, ydi'r grym. Ein gwaith ni yw nid creu newyddion ond adrodd am yr hyn sy'n digwydd; cyfrwng yden ni i greu cysylltiadau rhyngoch chi y gwrandawyr a'r gwylwyr â'r hyn sy'n digwydd. Dim byd llai, dim byd mwy. Cyn belled ag y mae unrhyw ymgais i ddylanwadu arnoch chi yn bod, cyn belled ag y mae unrhyw ymgais ar ein rhan i liwio pethau yn bod, ryden ni yn ddieuog, mi allwn ni olchi ein dwylo o'ch blaenau. Fel ein gwleidyddion – neu fel Peilat?

Na. 'Hold on Defi John'. Dydi hynny ddim yn wir. Mae pedwar peth yn arbennig yn fy ngwylltio i ynglŷn â newydd-diaduriaeth. Y cynta ydi fod pob dadl neu anghytundeb neu wahaniaeth barn yn cael ei gyflwyno fel ffrae, fel anghydfod, fel helynt go iawn. Does neb byth (yn Saesneg) yn anghytuno – 'slams' ydi'r gair, yn enwedig yn y *Daily Post*, ac mor amal y clywch chi'r frawddeg sy'n dechrau – 'Mae ffrae wedi codi rhwng...' ar ein gwasanaeth newyddion, pan nad yw'n ddim byd ond dadl ac anghytuno. Ond mae'r ail beth sy'n fy ngwylltio yn fwy difrifol, sef y ffordd y maen nhw'n gallu creu camargraff wrth gyflwyno straeon, ac mae un enghraifft sy'n glasur rhyngwladol erbyn hyn.

Fe aeth y Pab ar ymweliad â Chicago flynyddoedd yn ôl a phan laniodd o yn y maes awyr a gorfod wynebu'r wasg a'r cyfryngau dyma newyddiadurwr yn gofyn iddo: 'Be dech chi am ei wneud ynglŷn â'r holl buteiniaid sydd yn Chicago?' Mi oedodd y Pab yn hir cyn ateb, achos doedd o ddim isio rhoi ei droed ynddi, ac roedd o'n synhwyro trap. Penderfynodd mai dangos anwybodaeth fyddai orau ac fe holodd: 'Oes yna buteiniaid yn Chicago?' Drannoeth, pennawd mawr y papurau newydd oedd: 'Cwestiwn cynta'r Pab ar ôl glanio – 'Oes yna buteiniaid yn Chicago?'

A'r trydydd peth sy'n fy ngwylltio? Ffordd y wasg o greu newyddion pan nad oes newyddion yn bod. Mae'n digwydd ym myd chwaraeon o hyd. Dyma ddwy enghraifft o fyd pêl-droed. 'Mae (rhyw chwaraewr pêl-droed enwog) wedi dweud na fydd Arsenal yn gallu cadw gafael ar chwaraewr rhyngwladol Cymru, Aaron Ramsey, ac y bydd yn siŵr o gael ei ddenu gan glybie mawr y cyfandir.' 'Mae John Jones wedi datgan y bydd yn rhaid i dîm pêl-droed Cymru ennill eu gemau cartre os ydyn nhw i gael unrhyw siawns o gyrraedd rowndie terfynol y bencampwriaeth.' Os sylwch chi'n fanwl dydi'r ddwy eitem yna ddim yn newyddion. Mater o ddal meic dan drwyn rhywun ydi'r cynta a'i gael i ddweud rhywbeth, datgan yr amlwg ydi'r ail a dyma enghreifftiau eraill glywais i o hyn:

'D'wedodd llefarydd ar ran Bwrdd Dŵr Cymru y bydd y cyflenwad dŵr yn prinhau os ceir misoedd o sychder yn ystod yr haf.'

'D'wedodd llefarydd ar ran Cyfoeth Cymru y bydd bylchau

yn y morgloddiau a'r amddiffynfeydd ar yr arfordir yn arwain at fwy o lifogydd pan ddaw'n dywydd stormus.'

'D'wedodd llefarydd ar ran Llywodraeth Cymru y gallai cau'r ffatri yng Nghwm... lle mae dwy fil o bobol yn gweithio arwain at ddwysáu problem diweithdra yn yr ardal.'

Gwrandewch yn ofalus ac mi glywch chi lawer o bethau fel yna yn cael eu hadrodd ar ein bwletinau.

Y pedwerydd peth sydd, os nad yn fy ngwylltio, o leia'n creu ynof agwedd sinigaidd at newyddiaduriaeth yw fod y cyfryngau'n amseru'n ofalus pryd y byddan nhw'n gollwng eu newyddion i'n sylw, a chyn yr Eisteddfod yn y Fenni fe gafwyd yr enghraifft glasurol o hyn. Aeth yr Archdderwydd yn bersonol a'r Eisteddfod fel corff i ddŵr poeth oherwydd y datganiad wnaed ar drothwy'r ŵyl na allai Cymry oedd heb fedru'r Gymraeg fod yn aelodau o'r Orsedd, a'r honiad fod hyn yn dwyn anfri ar aelodau o dîm pêl-droed Cymru. Y cyfan wnaeth yr Archdderwydd wrth gwrs oedd datgan polisi swyddogol yr Orsedd a dweud ei fod yn cytuno â'r polisi. Digon teg, ond nid dyna'r broblem ond yr amseru. Yn ôl a ddeallaf er na allaf brofi hynny, fe recordiwyd y cyfweliad gyda'r Archdderwydd cyn diwedd Mehefin, ond mai penderfyniad y BBC oedd gollwng y datganiad hwn fis yn ddiweddarach, ychydig ddyddiau cyn dechrau'r Eisteddfod. Cymwynas â'r ŵyl er mwyn tynnu sylw ati neu ymgais ystumddrwg i greu newyddion er mwyn y newyddion? Bernwch chi.

Ac un peth arall i gloi – papurau newydd y tro yma; eu penawdau yn arbennig, a dyma un enghraifft, eto o fyd y Genedlaethol.

Mae pob Eisteddfod Genedlaethol yn dangos gweddill neu ddiffyg, a chan mod i'n adnabod Emyr Williams, gohebydd y *Daily Post*, yn dda – y diweddar erbyn hyn, ysywaeth – a chan fod gen i fys ym mrywes yr eisteddfod honno, mi dd'wedais wrtho 'mod i'n gobeithio dau beth pan ddeuai'r newyddion am Eisteddfod 2009 i'r wasg, sef y byddai'n cyfeirio ati fel Eisteddfod Meirionnydd, nid y Bala, ac y byddai'n cyfeirio at yr arian fyddai dros ben, neu yr hyn fyddai'n fyr o wneud iddi dalu, fel gweddill neu ddiffyg, nid fel elw a cholled, gan na all sefydliad sy'n cael grantiau ddangos elw a cholled.

Pan ddaeth yr adroddiad i'r *Daily Post* dyma'r pennawd: '*Bala Eisteddfod Makes Profit*'. Mi wnes i daclo Emyr Williams am y peth ac mi dd'wedodd nad y fo oedd yn gyfrifol am benawdau, dim ond am adroddiadau, ac i fod yn deg roedd yr adroddiad ei hun yn iawn. Mae gan y papur rai sy'n gyfrifol am benawdau slic, sy'n tynnu sylw, ac yn amal yn gamarweiniol hefyd.

Ond falle mod i'n annheg yn edliw eu ffaeleddau i'r cyfryngau newyddiadurol ac mai T. Gwyn Jones oedd yn iawn wrth lunio'r cwpled:

Oni ŵyr pawb mai gwir pur
Yw popeth fo'n y papur?

Am y tro mi wna i gytuno efo fo. A gyda llaw, 'dwi newydd weld dau eliffant pinc yn pasio heibio'r ffenest!

2016

# Camgymeriadau

Gan fod pawb ohonom sydd mewn bod, ac wedi bod, yn euog o gamgymeriadau, fe gymerai gyfrolau lawer i ymdrin â'r testun, felly dyma gyfyngu i ambell gamgymeriad mewn print er mwyn cadw'r cyfan yn fyr.

A rhag imi gael fy nghyhuddo o dynnu sylw at gamgymeriadau pawb arall, gwell imi gyfadde camgymeriad gen i mewn nofel gyhoeddwyd rai blynyddoedd yn ôl – *Ar Ddannedd y Plant*. Ynddi mae yna ddisgrifiad o berson yn crwydro tref Amwythig ac fe geir y frawddeg hon: 'Cerddodd allan i'r stryd a loetran beth ar ben Priory Hill...', ond does dim Priory Hill yn Amwythig, dim ond Pride Hill! Darllenydd a anwyd ac a fagwyd yn y dref honno dynnodd fy sylw at y camgymeriad. A gan 'mod i mewn ysbryd cyfadde dyma gyfeirio at gamgymeriad arall wnes i. Mewn nofel gynharach cyfeiriais at y ddau brif gymeriad yn y gyfrol Americanaidd *Of Mice and Men* fel dau frawd. Ond doedden nhw ddim yn frodyr!

Wel, dyna fi wedi gwisgo sachliain a lludw, sy'n rhoi hawl imi, gobeithio, i gyfeirio at ambell wall gan ambell un arall.

Dau wall gramadeg i ddechrau, y ddau yn yr un eisteddfod, sef y Genedlaethol yn Llanrwst yn 1951, un yn yr awdl a'r llall yn y bryddest. Brinley Richards enillodd y gadair am ei awdl 'Dyffryn', a'r llinell gynta yw: 'Edwi mewn dyffryn ydym.' Llinell anghywir ei gramadeg gan mai 'yr ydym' neu 'rydym' yw'r ymadrodd cywir. Ond wrth gwrs byddai ei chywiro yn dileu'r gynghanedd felly gadawyd hi fel y cyflwynwyd hi. Yn y bryddest wedyn ceir y llinellau agoriadol:

Echdoe eisteddwn ar y gamfa ddur
a gwylio'r basiant dragwyddol drist...

Pasiant ddylai'r gair fod, meddai dau o'r beirniaid, ac yn yr achos yma alla i ddim deall pam na chywirwyd y gwall cyn cyhoeddi. Un bychan oedd o beth bynnag, a 'dwi ddim yn cyfeirio ato fel condemniad o'r bardd, ond am reswm arall, am iddo dynnu sylw ambell un oddi wrth un o'r pryddestau gorau enillodd yn y Genedlaethol erioed. 'Adfeilion' oedd y testun, a T. Glynne Davies oedd y bardd, un na chafodd, yn fy marn i beth bynnag, hanner digon o gydnabyddiaeth yn ystod ei fywyd, gan ei fod yn fardd ardderchog, a'r bryddest hon o'i eiddo yn gampwaith, yn drydydd ymhlith y pryddestau eisteddfodol gan Peredur Lynch, yn gynta gen i.

Ond i ddychwelyd at y camgymeriadau, ac un camsyniad mawr a wnaed yn ddiweddar, a hynny gan feirniad y soned yn y Genedlaethol ddwy neu dair blynedd yn ôl. Tynnwyd fy sylw at hwn gan un o ddarllenwyr mwya llengar Penllyn. 'Y Storïwr' oedd y testun, a dyma ddyfynnu rhan o un o'r cynigion:

Nid oedd ond boi cyffredin, mab i saer
Yn mynd o fan i fan i ddweud ei ffras
Am fugail, gweddw dlawd neu heuwr taer
A rhyw bwr dab fu'n brae i ladron cas.
A rhywsut llwyddai i ddenu'r dorf o draw
Wrth sôn am grwt fu'n sgwlca slops y moch.

Mab i saer, bugail, gweddw, heuwr, un a syrthiodd ymhlith lladron, creadur fu'n bwyta bwyd y moch. Pwy oedd y storïwr? Mae digon o gliwiau yn y fan yna i unrhyw un fu'n mynychu Ysgol Sul a phawb fu'n astudio Addysg Grefyddol mewn ysgol.

Ond nid i'r beirniad. Dyma oedd ei ddyfarniad o: "Dwi'n tybio mai... Eirwyn Pontshân yw'r gwrthrych." Mewn difri!

Gall un llythyren anghywir neu wedi ei chamleoli mewn gair newid yr ystyr yn llwyr. Ac mae gwallau felly yn digwydd fwyfwy oherwydd nad oes fawr neb bellach yn cofnodi yn ei lawysgrifen ei hun. Diolch i fy ngwraig, mae wedi fy achub droeon rhag gwallau o'r fath – rhag cyfeirio at ymweliad ag Abaty Glyn y **Goes** unwaith, rhag dweud fod gen i feddwl **marw** o berson, a rhag canmol myfyrwraig am gael **gardd** ym Mhrifysgol Bangor.

Ond rhaid gorffen gyda'r enghraifft fwyaf nodedig ohonyn nhw i gyd yn fy meddwl i, ac rwy'n ymddiheuro os gwyddoch yr hanes, ond mae o'n newydd i mi. Flynyddoedd yn ôl cyhoeddodd un o'r enwadau crefyddol – Y Wesleaid 'dwi'n meddwl – gyfrol o emynau Saesneg gan gynnwys emyn William Williams, '*Guide me, O thou great Jehovah*'. Mae'r emyn yn cynnwys y cwpled:

*Death of death, and hell's destruction*
*land me safe on Canaan's side.*

Ond yr hyn ymddangosodd yn y casgliad oedd:

*Death of death, and hell's destruction*
*land **my** safe on Canaan's side.*

Un llythyren yn gwahaniaethu rhwng ein heneidiau a'n heiddo! Bu'n rhaid tynnu'r holl argraffiad yn ei ôl ac ailgyhoeddi!

Camgymeriadau yw camgymeriadau ynte, ac mae'n bwysig eu cywiro debyg. Ond bobol bach mi fyddai bywyd yn llawer llai diddorol hebddyn nhw!

2016

# Cant a hanner

Oes, mae dros ganrif a hanner er pan hwyliodd y Mimosa o Lerpwl am Batagonia ac y sefydlwyd y Wladfa yno, os sefydlu hefyd. A dyma finne, ym mlwyddyn y cofio, yn cyfeirio at ddau neu dri o bethau ddaeth i fy meddwl i wrth glywed am yr holl ddathlu.

Awst 1964 oedd hi ac roedd fy nhad yn wael iawn yn Ysbyty Llangwyfan. Roedd o ar hyd y blynyddoedd wedi bod yn prynu Cyfansoddiadau'r Eisteddfod Genedlaethol a darllen y gyfrol bron o glawr i lawr, ac un o'm dyletswyddau ola iddo, os nad yr ola un, oedd prynu cyfrol Abertawe 1964 a darllen rhannau o'r cyfansoddiadau iddo fo, gan gynnwys awdl fuddugol y flwyddyn honno. Y testun oedd 'Patagonia', testun osodwyd i ddathlu canmlwyddiant y glanio, a'r enillydd oedd R. Bryn Williams, oedd wedi ei fagu yn y Wladfa wrth gwrs. Mi gofiaf byth y llinellau ola:

O Gymru hen, os i Gamwy'r af
Yn ei harafwch mwyn hydrefaf,
Os dêl gwae, bydd fy ngaeaf – dan las nen,
Daw hedd a heulwen i'm dydd olaf.

Ac yr oedd y llinell ola yn un arwyoddcaol iawn a minne'n eistedd wrth wely un oedd yn marw.

Mae'r ail atgof dipyn yn hapusach. Yn 2007 mi ges i gyfle i fynd i Batagonia am bythefnos efo criw Elvie Macdonald ac roedd y cyfan yn brofiad ardderchog. Ar ôl Esquel, dyma gyrraedd am yr wyth niwrnod ola i'r Gaiman ac aros mewn llety ar y stryd enwocaf ym Mhatagonia, sef stryd Michael D. Jones yn y dre. Roedd naw ohonom yn aros yn yr un llety, a'r bore cynta wedi inni gyrraedd roeddwn i wedi codi o flaen pawb ac mi es allan am dro cyn brecwast. Roedd o'n deimlad reit arbennig cerdded ar y stryd honno, rhaid dweud, un o strydoedd enwoca'r byd Cymreig, ac roedd hi'n fore tawel, braf. Ar un gornel roedd gŵr yn brwsio'r palmant o flaen ei gartref a doedd dim golwg Archentwr arno. 'Bore da,' meddwn i wrth ei basio. 'Bore da,' meddai ynte yn ôl. Ac wrth gwrs dyma aros i siarad efo fo. Y person cynta roeddwn i wedi dod ar ei draws yn y Gaiman yn gallu siarad Cymraeg! Gwefr yn wir. Mwy o ryfeddod fyth oedd deall ei fod yn perthyn i Beryl – sef ein Beryl ni yma, Beryl Tŷ Capel Cefnddwysarn – yn perthyn i'w mam, a'i deulu wedi ymfudo o gyffiniau Llanrwst. Ei enw oedd Emyr Williams, pobydd wrth ei alwedigaeth, wedi bod yn cadw siop fara ac wedi ymddeol. Roedd yn hanner brawd i fam Beryl. Yn nes ymlaen mi wnes i gyfarfod ei wraig Melba, ac Ethel de Williams, hanner chwaer i nain Beryl, hwythau hefyd yn siarad Cymraeg.

Nid dyna'r unig gysylltiad â'r Sarnau. Cafodd criw ohonom gwmni Eluned Gonsales yn ystod un pryd bwyd ac roedd hi'n cofio'r Sarnau yn iawn, wedi bod yn aros ym Mhen y Bryn yn ystod Eisteddfod 1997. A chysylltiad arall â Phen y Bryn oedd gweld ar garreg fedd ym mynwent y Gaiman gyfeiriad at wraig rhyw Dafydd M. Jones o Benybryniau, Sarnau, a'u mab. Addewais i mi fy hun chwilio i mewn i'w hanes, ond wnes i byth! Cyswllt arall oedd cyfarfod Shirley Freeman a rhai o'r Greenes – perthyn i deulu Llwyd o'r Bryn – teulu'r Hendre.

Teg edrych tuag adre, meddai'r hen air, ac ar ôl pythefnos lawn o deithio a chwmnïa a bwyta cig oen a hynny'n hwyr y nos, a'i olchi i lawr efo gwin coch er mwyn toddi'r ired meddai'r trigolion, braf oedd cyrraedd yn ôl, a chael dechrau byw bywyd normal drachefn. A rhan o'r bywyd normal hwnnw oedd picio i'r Bala i siopa drannoeth y dychwelyd. Y gyntaf imi ei chyfarfod y bore hwnnw oedd gwraig oedd yn cydoesi â mi, wedi ei geni a'i magu yn y Bala, ac wedi byw yn y dref erioed. *'Hello, Elfyn, How are you?'* oedd ei chyfarchiad. Bu bron i ddiflastod y foment ddifetha'r holl brofiadau hyfryd a gefais yn y Wladfa.

2015

# Ofergoeliaeth

Un o ganeuon poblogaidd Tecwyn Ifan ar un adeg oedd 'Ofergoelion', ac y mae hi ar ddisg gan Gôr Rhuthun hefyd. Nid ei bod yn hoff gân gen i ond un llinell ynddi ydi:

Credaf mewn rhagluniaeth, nid ofergoelion.

Be amdanoch chi? Ydech chi'n ofergoelus? Wnewch chi gerdded dan ysgol? Os gwnewch chi, medden nhw, a cherdded yn ôl dani wysg eich cefn wedyn, mi fyddwch yn troi lwc ddrwg yn lwc dda. Be wnewch chi pan welwch chi gath ddu'n croesi'r ffordd neu un bioden ar ei phen ei hun? Fyddwch chi sy'n byw yn y dre yn tynnu'r llenni pan fydd angladd yn mynd heibio? Fyddwch chi'n disgwyl pobol ddiarth os byddwch chi wedi disgyn cyllell i'r llawr? Wnewch chi fentro cyfarfod rhywun ar y grisiau? Wel os ydech chi'n credu'r rhain i gyd mi rydech chi'n ofergoelus. Ac mae gen i rybudd i chi.

Mae yna ddiwrnod du iawn yn aros amdanoch chi bob un rywbryd yn y dyfodol, yn wir dydd Gwener du ydi'r enw arno fo, gan mai y trydydd ar ddeg fydd y dyddiad. Ie, dydd Gwener y trydydd ar ddeg, mae o'n dod rownd o dro i dro, y diwrnod mwya bygythiol yn y calendr i gyd, a'r dyddiad sy'n cael mwya o effaith ar bobol drwy'r byd cofiwch, nid yma yng Nghymru yn unig. Pam tybed? Wel am ei fod yn dod â diwrnod anlwcus a dyddiad anlwcus at ei gilydd.

Y diwrnod i ddechrau. Yn ôl traddodiad ar ddydd Gwener y

temtiodd Efa ei chymar Adda efo'r afal hwnnw yng Ngardd Eden. Pam dydd Gwener tybed? Oedd hithau tybed yn gorfoleddu fel cymaint o bobol ein cyfryngau fod 'yr hen benwythnos' wedi cyrraedd ac am wneud rhywbeth i 'ddathlu'?! Dyma'r diwrnod hefyd yn 1307 pryd y condemniodd y Pab adran gyfan o'r Eglwys Gatholig – y *Knights Templars* – i farwolaeth am eu bod, medde fo, yn hereticiaid. A dyma'r diwrnod wrth gwrs pryd y croeshoeliwyd Crist, diwrnod a gofir byth ers hynny gan Gristnogion Cymru fel dydd Gwener y Groglith. Diwrnod trist iawn, er mai '*Good Friday*' yw'r enw arno yn Saesneg. Wel, be 'dech chi'n ei ddisgwyl ynte!

Y dyddiad wedyn – y trydydd ar ddeg. Be sy'n gwneud hwnnw'n ddyddiad anlwcus? Yn Sgandinafia ganrifoedd yn ôl, deuddeg duw oedd yna nes i un arall ymuno â nhw i wneud tri ar ddeg, sef y duw Loki, diafol o dduw os bu un erioed, un achosodd anhrefn mawr yn y wlad yn ôl y sôn. Ac yn ein traddodiad Cristnogol ni, yr oedd yna yn ystod y swper ola, pan oedd Crist yn gwledda efo'i ddisgyblion, dri ar ddeg o bobol, Crist ei hun a'r deuddeg disgybl. Ond aeth y trydydd ar ddeg allan gan adael dim ond deuddeg. A'r un aeth allan? Jwdas y bradwr.

Dyna rai o'r rhesymau felly pam fod Gwener y trydydd ar ddeg yn ddiwrnod du ac yn gymaint o fwgan i gymaint o bobol. Coeliwch neu beidio, mae yna rai sy'n treulio'r diwrnod cyfan yn eu gwlâu a'r dillad dros eu pennau. Ydyn nhw damaid gwell o hynny os ydyn nhw'n credu yn yr ofergoel sydd gwestiwn arall. Ond mae pobol mewn awdurdod yn credu hefyd, neu'n credu bod eu cwsmeriaid yn ofergoelus. Yn amal ar stryd chewch chi ddim tŷ sy'n rhif tri ar ddeg, ac mewn gwesty yn amlach na pheidio ystafell 12A gewch chi, neu lawr 12A mewn gwesty mawr uchel, nid 13. Ac mae digon o gymdeithasau na wnân nhw ddim cynnal cyfarfod ar ddydd Gwener y trydydd ar ddeg.

Ond dyden ni ddim felly, yn nagyden? Dim mor wirion. Ac eto, fel y mae ein gwlad yn troi oddi wrth grefydd onid oes yna berig i ofergoeliaeth ffynnu? 'Crefydd heb Dduw ydi ofergoeliaeth' meddai un o athronwyr Lloegr.

Tybed nad ydi hi'n bryd inni gallio? Trowch y gair rownd ac mi gewch chi 'coel ofer'. Ac wrth gwrs dyna ydi o. Os ydych chi'n ofergoelus mi rydech chi'n diodde o **Paraskevidekatriaphobia**. Meddyliwch! Tydw i ddim. Hanner munud, 'dwi newydd weld lleuad newydd drwy'r ffenest, ddylwn i daflu pinsiad o halen dros fy ysgwydd tybed? Rhag ofn?

2016

# Y Stad

Roeddwn i'n pori yn yr *Herald Cymraeg* am 1904 yn Archifdy Caernarfon, yn mynd drwy achosion llys gan obeithio dod o hyd i hanes fy nhaid, pan dynnwyd fy sylw gan enw Eva Jones o Glawddponcen Corwen, a dyma fynd ati i ddarllen amdani.

Yn 1904 roedd Eva Jones yn gweithio'n achlysurol ar ffarm Tŷ Newydd, ffarm sydd wedi ei dileu erbyn hyn: storfa priffyrdd Sir Ddinbych sydd ar y safle lle'r oedd y tŷ a'r adeiladau ar y groesffordd yng Nghlawddponcen ger Corwen. Fe ddaliwyd Eva yn hela ar y tir a daeth gerbron yr ynadon am ei throsedd. Ei hamddiffyniad oedd fod meistres Tŷ Newydd wedi rhoi caniatâd iddi, ond dadleuai Mr J. N. Jordan (enw Cymraeg da) ar ran C. H. Wynn, Rhug, y meistr tir, mai caniatâd llafar ydoedd ac nad oedd dim yn ysgrifenedig. Cafodd ddirwy o un swllt ar ddeg.

Yn awr dydi un swllt ar ddeg yn swnio'n ddim heddiw, ond yn 1904 gallai fod yn gyflog mis o leia. A beth oedd ei throsedd? Hela cwningod, mae'n debyg, er mwyn cael cynhaliaeth iddi hi a'i theulu. Enghraifft dda o ddyn oedd uwch ben ei ddigon yn erlid dynes dlawd. Yr hen gena drwg. Roedd hi'n lwcus mai 1904 oedd y flwyddyn; rai blynyddoedd ynghynt a byddai wedi ei hymlid o'r wlad i Awstralia neu rywle tebyg.

Na, dydi hanes stadau mawr Cymru a'u perchnogion goludog ddim yn hanes y gallwn ymhyfrydu ynddo; hanes o ormesu'r werin sydd i'r rhan fwyaf ohonyn nhw, gyda'r meistr tir yn aml yn cyd-gynllunio a chyd-gynllwynio efo'r eglwys wladol. Enghraifft nodedig o'r gormesu hwn wrth gwrs oedd y degwm. Mae hanes o ddwyn tiroedd comin a'u cydio wrth stadau i'w gwneud yn fwy hefyd yn rhan o'r traddodiad gwael sy'n perthyn iddyn nhw.

Mi wnaeth y Blaid Ryddfrydol a gwleidyddion fel Tom Ellis lawer i wella pethau, gymaint ag y gallen nhw ar y pryd, yn enwedig ar ôl etholiad 1859 (blwyddyn geni Tom Ellis) pan drowyd nifer o ffermwyr o'u ffermydd ar stad Rhiwlas a stadau eraill ym Meirionnydd am iddyn nhw feiddio pleidleisio i'r Rhyddfrydwr David Williams yn hytrach na sgweiar Peniarth, y Tori. Codwyd rhenti rhai eraill i swm afresymol.

Ond o hynny hyd yn awr ni wnaed digon i dorri crib y stadau mawr. Falle'n bod ni ym Mhenllyn yn eitha lwcus fod gennym erbyn hyn stad sy'n cael ei rheoli'n dda ac yn gyfiawn, a'r perchnogion dros y degawdau yn ymwybodol o'u cyfrifoldeb ehangach, ond dydi un wennol ddim yn gwneud gwanwyn nac un enghraifft dda yn ddigon i gyfiawnhau bodolaeth stadau – yn fy meddwl i beth bynnag.

Wrth deithio ar yr A5 rhwng Corwen a Cherrigydrudion fe basiwch adeiladau ysblennydd datblygiad diweddar y Rhug – y siop a'r caffi – a gweld yr holl bobol sy'n tyrru yno. (Gyda llaw, faswn i'n cael caniatâd cynllunio taswn i isio agor caffi bach ar fin ffordd mor brysur a phwysig â'r A5 tybed? Dim ond gofyn!) Beth bynnag am hynny, dyma stad arall sy'n cael ei rhedeg yn dda a'i rheoli'n ofalus gan Gymro Cymraeg ac sy'n rhoi cyflogaeth i bobol leol. Ie, digon gwir, ond beth yw'r pris a dalwyd yn y gorffennol am y datblygiad hwn? Ewch yn ôl i hanner cynta'r ugeinfed ganrif ac yn ardal y stad roedd ffermydd teuluol Moeladda a Threrddol ac ardal Gymreig oedd yn ffynnu, gyda thri chapel ac ysgol hyd yn oed. Mi fûm am dro drwy'r fro yn ddiweddar a chofio'r hen deuluoedd a gweld yr hen lefydd na wn i oes rhywun yn byw ynddyn nhw erbyn hyn ai peidio – y Pencoedydd, Ucheldre, Parc Ucha, Tai Ucha, Plas yn Ddôl, i enwi ond llond dwrn. Y capeli a'r ysgol wedi hen gau. Ar ôl yr ail ryfel byd, fel y byddai tenant yn ymddeol fe unid y ffermydd o un i un i greu un ffarm stad fawr, a hynny gan yr Arglwydd Newborough (Michael Wynn) sydd wedi marw erbyn hyn. Ac felly y mae hi heddiw.

Mae'r hyn ddigwyddodd yn Nantclwyd yn waeth fyth, lle llosgodd y meistr tir y tai a'r adeiladau. Gofiwch chi gân Trisgell yn sôn am yr hyn ddigwyddodd 'oherwydd gŵr yr arian', a cherdd Medwyn Jones 'Argyfwng' yn *Llên y Llannau* yn disgrifio'r hyn wnaeth landlord Nantclwyd? Dyma ran o honno:

Treisio wedyn 'run ffunud
Faes a gardd fy oes i gyd...
Bwrw'i wawd ar Siambar Wen
Ac ysigo y Segwen...
Ystad fy nhad a 'nheidiau
Dalar y cnwd, dilyw'r cnau...
Heno'n drist a'i phen yn drwm;
Cydgae lle bu caeadgwm.

Pan fydd llywodraethau ac undebau amaeth yn trafod ffarmio, fydda i byth yn clywed sôn am y stadau mawr na'r angen i dorri eu crib neu eu dileu. Does neb am afael yn y daten gan ei bod yn rhy boeth. Mae yna stad yng Ngogledd Cymru lle nad yw'r landlord yn codi rhent y ffermydd pan ddaw'n amser gwneud hynny ond yn cymryd cae neu ddau oddi ar ffarm a'u huno gyda ffarm y stad i gynyddu maint honno. Yr un rhent felly am ddaliadau llai. Dyna i chi ffordd glyfar o gynyddu maint stad heb dynnu gormod o sylw ynte?

Pan glywa i'r undebau yn sôn am ddiogelu'r ffarm deuluol a'r llywodraeth (yn enwedig llywodraethau Llafur) yn sôn am chwarae teg i ffermwyr, rwy'n teimlo'n flin na fydden nhw'n deall ergyd cwpled Medwyn Jones ar ddechrau ei awdl, a'r un cwpled wedyn yn ei chloi. Yn deall ac yn gweithredu. Undebau a llywodraethau, ystyriwch:

Heb ofal maith, diffaith dir,
Heb anwyldeb, anialdir.

2015

# Moch

Rydw i'n cydymdeimlo efo moch. Maen nhw wedi cael enw drwg, a hynny ar gam, a phan fyddwn ni isio dilorni rhywun am ei fod yn fudur, mi fyddwn yn amal yn ei alw'n hen fochyn.

Mae'n debyg mai ar yr Iddewon y mae'r bai. Anifail aflan oedd y mochyn, a hynny am ei fod yn hollti'r ewin ond heb fod yn cnoi ei gil, ac felly doedd o ddim, yn ôl Llyfr Lefiticus, yn addas i'w fwyta. Ar wahân i hynny does dim straeon da iawn am y mochyn yn y Beibl. Roedd yna foch yng Ngwlad Canan, sy'n profi bod pobol heblaw Iddewon yn byw yno. Ac mae sôn am Iesu yn gyrru cythreuliaid allan o ddau ddyn, dau ddyn peryglus iawn oedd yn llawn cythreuliaid: fe yrrodd Iesu'r ysbrydion aflan hyn i'r moch a gwneud iddyn nhw daflu eu hunain dros y dibyn i'r môr.

Roedd pob ffarm yn cadw mochyn erstalwm, a dyn pwysig iawn oedd y lladdwr moch fyddai'n mynd o gwmpas i wneud y gwaith hwnnw. Rhaid ein bod ni'n greaduriaid creulon iawn pan oedden ni'n blant, gan ein bod yn mynd i ffermydd i weld mochyn yn cael ei ladd, a hynny mewn dull ffiaidd, drwy sticio cyllell yn ei wddw, er mwyn iddo fo waedu'n iawn. Roedd modd clywed gwichian y mochyn dros yr ardal i gyd, y creadur! Erbyn heddiw mae dull mor anwaraidd wedi ei wahardd, a faswn i ddim yn gallu meddwl am weld mochyn yn cael ei ladd. Ond wedi dweud hynny, 'dwi'n hoff iawn o gig moch!

Ond sôn yr oeddwn i fod moch wedi cael enw drwg o fod yn greaduriaid budur ac aflan. Dim o'r fath beth. Gwir eu bod yn tyrchu mewn pridd ac yn rowlio mewn mwd, ond mae'r rhai sy'n gwybod, arbenigwyr ar anifeiliaid, yn dweud bod moch yn anifeiliaid glân iawn, a phwy ydw i i amau eu gair.

Glân neu beidio, mae'r arfer o alw rhywun budur ei ffyrdd yn fochyn wedi ei blannu mor ddwfn ynddon ni erbyn hyn fel nad yden ni'n debyg o newid. Ac mi lyna inne at yr arferiad er mwyn sôn am foch dwydroed ein cymdeithas.

Ble bynnag yr ewch chi, boed i ben mynydd, i lan afon, i draeth, ar hyd ffordd neu lwybr mae yna un peth y gwelwch chi o ym mhobman – sbwriel. Ac mae pob un darn o sbwriel, beth bynnag ydi o, wedi ei daflu gan rywun, gan rywun sy'n fochyn. A does unman ar ôl bron erbyn hyn lle nad oes sbwriel. Lle bynnag mae pobol yn mynd, mae yno sbwriel – ar gopa Efrest, yn y gofod hyd yn oed.

Rhaid i mi gyfadde bod gweld sbwriel yn fy ngyrru i'n benwan; wn i ddim pam, falle am imi fod unwaith yn rhan o ymgyrch 'Cadw Cymru'n Daclus'. Pregeth fawr yr ymgyrch honno oedd i bawb wneud be alle fo yn ei gynefin ei hun. Ac mi wn i am un prifathro uwchradd ym Meirionnydd, flynyddoedd yn ôl, fyddai'n mynd â chriw o'r disgyblion o gwmpas tir yr ysgol unwaith bob pythefnos i gasglu sbwriel. Mi gwynodd rhai o'r rhieni wrtho fo am y peth – do wrth gwrs! Ei ateb oedd mai disgyblion yr ysgol oedd wedi taflu'r sbwriel felly ei bod yn iawn iddyn nhw ei godi. Chafodd o ddim cwynion wedyn! Ac mi aeth yr angen i fynd o gwmpas yr ysgol yn llai o fis i fis nes digwydd dim ond unwaith y tymor erbyn y diwedd – prawf fod ei gynllun yn gweithio.

Er mwyn cadw at orchymyn 'Cadw Cymru'n Daclus' mi fydda i'n mynd ati ryw ddwywaith neu deirgwaith y flwyddyn i godi'r sbwriel sydd rhwng tŷ ni a giât y mynydd yng Nghaereini. Sach blastig a phâr o fenig yn unig sydd ei angen, a choeliwch fi, erbyn imi gyrraedd i lawr yn ôl mi fydd y sach yn llawn. Yn llawn o blastig, o fagiau, o duniau ac o boteli. A'r cwestiwn 'dwi'n ei ofyn i mi fy hun wrth godi pob un darn o sbwriel ydi pwy lluchiodd o? Ai'r bobol sy'n byw i fyny'r ffordd neu'r rhai sy'n ymweld â'r ardal, yn pasio mewn ceir a'r ffenestri yn agored? Wn i ddim.

Mae un peth yn sicr, mae llawer o sbwriel yn dod drwy ffenest y car. Edrychwch chi allan lle mae goleuadau traffig ar ein ffyrdd, ac mi welwch sbwriel, pobol yn ei luchio wrth aros i'r golau newid. Un peth sy'n anodd ei ddeall ydi fod pobol yn difetha yr union lefydd lle maen nhw'n cael pleser, ein traethau yn enwedig – pawb yn chwilio am lecyn glân, di-sbwriel ac yna, yn y llecyn glân hwnnw, yn gadael eu llanast ar ôl, a rhan arall o'r traeth wedi'i difetha. Ac mae taflwyr sbwriel yn effeithio ar fannau pell i ffwrdd hefyd. Un o'r mannau gwaethaf y gwn i amdano yw Porth Neigwl ym Mhenrhyn Llŷn, lle mae pob ffens a gwrych o fewn hanner milltir i'r traeth ar ôl storm yn blastig am y gwelwch chi. O ble y daeth o? O'r môr, oddi ar longau sy'n hwylio filltiroedd i ffwrdd o'r traeth. Pobol yn taflu sbwriel i'r môr a'r gwynt yn ei gludo i Lŷn. Ac mae sôn mai un o'r pethau sy'n lladd y morfil glas ym Mhegwn y Gogledd ydi bagiau plastig yn y gwddw. Rhyfedd gweld pobol yn gwisgo bathodyn *Save the blue whale* ac yn taflu eu llanast i rywle rywle! Rhaid bod y cyfryw bobol wedi cael yr hyn a elwir yn fei pas ymenyddol! Neu falle bod cythreuliaid wedi eu meddiannu – fel moch Gadara.

Yr hyn sy'n od ydi na welwch chi byth sbwriel yn cael ei daflu; rhaid ei fod yn digwydd pan nad oes neb o gwmpas. Ond yr haf diwethaf mi fûm yn dyst i un digwyddiad. Mae yna arhosfan arbennig uwchben y môr ar y ffordd rhwng Pentrefelin a Chricieth, llecyn poblogaidd iawn fel y gŵyr llawer, ac yno un diwrnod dyma Nansi a fi yn aros i fwyta ein cinio. Yn y drych gallwn weld y tu ôl imi ŵr a gwraig yn dod allan o'u car, ac yn llaw y gŵr yr oedd Bounty. Fe rwygodd y papur oddi ar y siocled a'i daflu dros y wal i'r cae. Fe'm perswadiwyd i beidio mynd allan i greu helynt a bytheirio ar y dyn, ond mi nodais rif ei gar, ac mae o gen i o hyd, a nodi hefyd bod draig goch ar y plât rhif. Roedd o'n berchen BMW reit anarferol ei siâp, a dyn yn ei oed a'i amser oedd o. Os yw pobol felly yn taflu sbwriel pa obaith sydd i'r greadigaeth d'wedwch? Mi es i godi'r darn papur cyn gadael; roedd wedi glynu ar ddraenen, ac mi fu gen i yn y car am rai wythnosau gan y gobeithiwn ddod ar draws y dyn drachefn a chael cyfle i'w ddychwelyd iddo!

Ond rhaid cau pen y mwdwl. Mi allwn sôn am yr hyn a elwir yn *fly tipping* ac am fatresi a dodrefn mewn mannau ar fin y ffordd, ond digon yw digon. Be ydi'r ateb i'r broblem? Wn i ddim. Dim ond i bawb wneud be all o yn ei gynefin ei hun am wn i, ac i bawb ofyn iddo'i hun y cwestiwn yr ydw inne am ei ofyn ar y diwedd fel hyn: Ydech chi'n fochyn?

2016

# Merched

Testun peryglus, yn enwedig o gofio llinell ola pob un o dri ar ddeg o benillion Rudyard Kipling sy'n datgan 'bod benyw pob rhywogaeth yn fwy marwol na'r gwryw'. Ond rydw i am fentro ar y testun yn enwedig gan fod digon o gyfle gan ferched i drafod dynion ond fawr ddim cyfle gan ddynion i drafod merched. Ac rwy'n dweud hynny o ystyried rhaglenni teledu yn arbennig, a chylchgronau y byddaf yn edrych arnynt o dro i dro ond dim ond, 'dwi'n prysuro i ddweud, wrth aros i'r deintydd fy ngweld.

Mi rydw i'n fwy o awdurdod ar ferched nag ar ddynion. Sut ar y ddaear y galla i ddweud hynny, medde chi? Wel, 'dwi'n briod ers dros hanner can mlynedd, mae gen i ddwy ferch, does gen i'r un mab, ac yn ystod fy ngyrfa ym myd addysg rydw i wedi gweithio llawer mwy efo merched nag efo dynion, ac mae gen i hefyd fwy o ferched y gallaf eu hystyried yn gyfeillion nag o ddynion.

Er mwyn cadw ar yr ochor iawn i'r rhyw deg gadewch i mi ddatgan, cyn dod at yr 'ond', 'mod i o blaid cydraddoldeb i ferched. Flynyddoedd maith yn ôl pan oeddwn i'n aelod o undeb mi gofiaf mai'r frwydr fawr oedd cael yr un cyflog i ferched oedd yn athrawon ag i ddynion. Na, doedd hynny ddim yn bod, ac roedd rhagfarn ymhlith awdurdodau addysg a chynghorwyr yn erbyn merched gan ddweud bod mwy o botensial gan ddynion a bod merched adre pan oedd eu plant yn sâl a'u bod yn ymadael i gael babis a dadleuon felly.

Mi rof i un enghraifft o'r rhagfarn i chi heb enwi neb, ond digwyddodd ym Meirionnydd. Roedd angen pennaeth newydd ar ysgol ac roedd dau ymgeisydd ar y rhestr fer, un ferch ac un dyn. Fe gyfarfu pwyllgor bach o gynghorwyr i gyfweld y ddau a dod i benderfyniad. Ond methu wnaethon nhw, ac ar ôl dod allan o'r cyfarfod roedd y criw – dynion bob un – yn sefyll y tu allan yn sgwrsio a chael smôc. Meddai un: 'Mae'r pwyllgor addysg yn mynd i'n gweld ni'n rhai od iawn yn methu penderfynu pwy i'w ddewis a dim ond dau ar y rhestr fer.' 'Wel,' meddai cynghorydd arall, oedd yn henadur yn y cyngor sir, 'yn fy mhrofiad i mae'r dyn salaf yn well na'r ferch ore.' Aeth y criw yn ôl i'r ystafell bwyllgor a phenodi'r dyn. Mae'r stori yna'n efengyl, ac yn ddarlun o agwedd yr oes hanner can mlynedd yn ôl. Gwarthus ynte!

Ydw, mi rydw i o blaid cydraddoldeb i ferched ac yn beio'r Apostol Paul am lawer o'r rhagfarn yn eu herbyn. Lle byddai'n capeli a'n cymdeithasau ni heddiw oni bai am y merched? Ar wahân i eithriadau, mae'r rhan fwya o ddynion yn rhy ddiffaith neu ddiog neu rywbeth i dywyllu'r un capel na chymdeithas. Haedda'r merched bron ym mhob cylch o fywyd ein gwrogaeth a'n clod ni'r dynion.

A dyma ddod at yr 'ond'. Ac y mae yna 'ond', achos mi rydw i'n meddwl bod merched y dyddiau yma yn gwneud un camgymeriad mawr. Maen nhw'n meddwl mai bod yn gydradd yw bod yr un fath, bod cydraddoldeb â dynion yn golygu gwneud yr un fath yn union â dynion, a 'dwi ddim yn hoffi hynny, yn enwedig ym myd smocio, yfed a rygbi.

Erstalwm roedd o'n cael ei gyfri'n beth comon i ferch gael ei gweld yn smocio'n gyhoeddus. Mi wydden ni fod yna rai merched yn smocio, ond doedd o ddim yn beth priodol i wneud hynny, yn sicr ddim yng ngolwg pawb. Iawn i ddynion ond nid i ferched. Ond daeth tro ar fyd. Mae llawer mwy o ferched yn smocio erbyn hyn, mwy na dynion bellach, medden nhw. I daro nodyn difrifol am funud, mae nifer y dynion sy'n marw o gancr yr ysgyfaint a chlefydau eraill oherwydd smocio yn lleihau, ond mae'r cyfri ymhlith y merched yn codi. Mi fyddan nhw'n gyfartal yn fuan. Ai dyma'r math o gydraddoldeb mae merched ei isio?

Nid dyna'r cyfan. Mi ddyle merched fod yn gain a thlws (geiriau Geiriadur Bruce am *dainty*), ond erbyn hyn maen nhw'n slychian lager o ganiau neu wydrau peint gan wisgo trywsus a jîns yn hytrach na sipian gin a tonic neu fodca o wydryn *cut glass* a hynny gan wisgo sgert. 'Dwi'n cofio un prifathro ysgol, gyda llaw, oedd yn gwahardd i'w athrawon oedd yn ferched wisgo trywsus. Wir! Ond dyna fo, ceisio bod yn ddynion mae llawer ohonyn nhw falle. A does unman lle maen nhw fwy felly nag ym myd rygbi.

Ddylai merched ddim chwarae rygbi. Tydi hi ddim yn gêm iddyn nhw. 'Dwi'n amau ydi hi'n gêm i ddynion hyd yn oed erbyn hyn, a cheinder symudiadau a rhedeg y saithdegau wedi troi'n frwydro corfforol ffyrnig a diflas ar 'y llinell fantais' fondigrybwyll. Ond mater arall ydi hynny. Dweud yr ydw i na ddylai merched chwarae rygbi. Does dim byd yn fenywaidd ynddi, gêm wrywaidd i geiliogod sy'n meddwl eu bod yn rhywun ydi hi, a dydi hi ddim yn gydnaws â'r darlun derbyniol o ferch.

Gall merched fod yn denau neu'n dew, popeth yn iawn am hynny, ond 'dwi ddim yn credu y dylen nhw fod yn gyhyrog, yn treulio'u hamser mewn canolfannau hamdden yn magu nerth nes bod ganddyn nhw gyhyrau ar eu breichiau fel lympiau o siwet a chluniau fel bagiau sment. Ferched, 'dyw cydraddoldeb ddim yn golygu bod yr un fath. Ddynion, sut ferch fyddai orau gennych chi, un gyhyrog gorffol gre sy'n tynnu ar ei stwmp sigarét ac yn llowcio peintiau o botiau plastig neu'r ferch osgeiddig siapus, *dainty* sy'n smocio sigarét mewn *holder* ac yn sipian Pimms o wydryn trwy welltyn lliwgar? Mi wn i fy ateb i. Ferched, calliwch!

**Ôl nodyn.** Yn dilyn cyhoeddi'r erthygl hon yn Pethe Penllyn beth amser yn ôl bellach daeth ymchwilydd 'Taro'r Post' ar y ffôn yn gofyn faswn i'n trafod y pwnc ar y rhaglen. Cytunais gan dybio y byddai'r trafod yn yr un cywair tynnu coes ag yr ysgrifennwyd yr erthygl yn y lle cynta, yn enwedig y rhan ola, a rhywun fel Bethan Gwanas falle yn siarad dros y merched. Ond pwy gafwyd? Neb llai na Non Evans, yr athletwraig adnabyddus ac un o sêr tîm rygbi merched Cymru. Lle mae synnwyr digrifwch y BBC d'wedwch?

2012

# Llais y bobol

Yn dilyn y refferendwm ar aros yn Ewrop neu ymadael, un o'r geiriau glywson ni amlaf pan ddaeth y canlyniad oedd y gair democratiaeth. Ac y mae o'n air da, yn dod o'r Groeg *demos* yn golygu pobol, a *kratos* yn golygu nerth. Democratiaeth – llais neu nerth y bobol. Rhywbeth y bu'n rhaid ymladd amdano, ac o'i gael, rhywbeth y dylem ei amddiffyn.

Ond ydio'n iawn mai ganddon ni y bobol y mae'r llais, y mae'r nerth? Ac ai dyna yw democratiaeth – llais uniongyrchol y bobol, a'r mwyafrif yn iawn bob amser? Llais uniongyrchol fel mewn refferendwm? Yden ni'n bobol gymwys i fynegi'n barn a dweud sut y dylai pethau fod? Yn gymharol ddiweddar bu llawer o drafod hawliau pleidleisio carcharorion, ac amryw yn dweud bod carcharor oherwydd ei droseddau wedi fforffedu ei hawl i bleidlais. Does dim problem efo'r rheini. Fe ŵyr pawb pwy ydyn nhw a gellid deddfu i'w hatal. Ond be am y rhywrai drwg yn ein cymdeithas sydd heb eu dal? Y mae ganddyn nhw bob un bleidlais! Rwy'n cyfeirio at y rhieni hynny sy'n cam-drin eu plant ac sydd heb eu dal, neu'r lladron dorrodd i mewn i dai neithiwr ac sydd heb eu dal, i nodi dwy enghraifft, neu bobol anghymdeithasol eu gweithredoedd megis y miloedd sy'n taflu sbwriel i bobman i anharddu'n ffyrdd a'n traethau a'n mannau cyhoeddus ac sydd heb eu dal, y perchnogion cŵn sydd ddim yn glanhau ar eu holau ac sydd heb eu dal. Mae ganddyn nhw i gyd lais anuniongyrchol mewn etholiad a llais uniongyrchol mewn refferendwm, ac yn y ddeubeth mi allen nhw fod y bobol sy'n sicrhau'r canlyniad. Pwy yn wir sy'n deilwng i bleidleisio?

Yn dilyn y bleidlais yn y refferendwm fe fu yna beth trafod hefyd ar wir ystyr y gair democratiaeth, a'r ffordd orau i'w weithredu yn ein cymdeithas. I rai mae'r ateb yn syml: mwyafrif yw mwyafrif a dyna fo, a'r mwyafrif sy'n dweud wrth y rhai sy'n ein llywodraethu ar bob lefel sut mae hi i fod.

Os mai'r diffiniad y dylid ei dderbyn o ddemocratiaeth yw llais y mwyafrif, yna rhaid derbyn hefyd ei fod yn bosib, os yn annhebygol, y gallasai un bleidlais fod wedi penderfynu canlyniad y refferendwm ar Ewrop. Un bleidlais, a honno falle yn bleidlais un o'r rhai y cyfeiriais i atyn nhw yn y paragraff cynt; un sy'n torri'r gyfraith ond heb ei ddal. Un ffordd o ddod dros y broblem hon yw nodi bod yn rhaid i fwyafrif unrhyw bleidlais fod dyweder yn 60/40 o blaid unrhyw newid. Felly yr oedd hi yn y refferendwm cynta a gynhaliwyd ar roi Cynulliad i Gymru, a Neil Kinnock a chriw o rai tebyg iddo, criw oedd yn gwrthwynebu datganoli, sicrhaodd y ffigwr hwn. Ond wrth gwrs pe bai'r un amodau'n bodoli yn 1997, fyddai gynnon ni ddim Cynulliad!

Gallasai David Cameron fod wedi gwneud yr un peth efo refferendwm Ewrop, ond dewisodd beidio, gan addo pleidlais gyda mwyafrif syml o blaid neu yn erbyn.

Diffiniad arall o ddemocratiaeth yw dweud mai ei ystyr yw ein bod ni, y bobol gyffredin, yn dewis rhai i'n cynrychioli ar gyngor ac mewn senedd, hwythau wedyn gyda'r holl wybodaeth arbenigol sydd ganddyn nhw yn gwneud penderfyniadau ar ein rhan.

Y gwladweinydd a'r athronydd oedd yn bennaf gyfrifol am ddiffinio gwleidyddiaeth ddemocrataidd oedd Edmund Burke, aned yn Nulyn yn y ddeunawfed ganrif ac a ddaeth yn aelod blaenllaw o'r Llywodraeth yn Llundain. Yn 1774 fe anerchodd gynulleidfa ym Mryste a dweud hyn:

Nid yw eich cynrychiolydd yn ymrwymo i roi ei lafur yn unig drosoch, ond ei farn, a'ch bradychu a wna, nid eich gwasanaethu, os bydd yn aberthu'r farn honno er mwyn gweithredu eich barn chi.

Yn gam neu'n gymwys, ar y sail yna y gweithreda aelodau seneddol hyd y dydd heddiw, neu y dylent weithredu. Ond gweithredu barn y mwyafrif a wnaeth Cameron, a dilyn y farn honno fydd raid i'r llywodraeth Dorïaidd bresennol ar fater gadael yr Undeb Ewropeaidd. Yn ddelfrydol, daw'r gwleidyddion ger ein bron yn mynegi eu hathroniaeth a'u gweledigaeth wleidyddol, ac ar gorn yr hyn a gredant fe'u hetholwn neu ddim i siarad drosom. Yna, o gael eu hethol, dibynnwn arnynt i wneud penderfyniadau ar ein rhan. Nid yw hyn yn golygu na ellir protestio yn erbyn penderfyniadau llywodraeth, protestio yn y gobaith o newid meddwl yr aelodau, ac y mae hynny'n gwbwl dderbyniol mewn democratiaeth.

Ond y mae yna duedd beryglus y dyddiau hyn i ymwrthod â chyfrifoldebau a dweud bod rhai materion sy'n rhy bwysig i senedd neu gyngor farnu arnynt ac mai refferendwm yw'r unig ateb. Y mae rhai hyd yn oed yn annog refferendwm i benderfynu a ddylai Cynulliad Cymru gael yr hawl i godi treth incwm, ac wrth gwrs, ymwrthod â'r cyfrifoldeb o benderfynu drosom wnaeth David Cameron a'r Llywodraeth yn Llundain wrth roi inni refferendwm ar fater mor bwysig ag aelodaeth o'r Undeb Ewropeaidd, fel tase gynnon ni, y bobol, ddigon o wybodaeth i benderfynu'r naill ffordd neu'r llall.

Y mae yna wahaniaeth rhwng clywed llais y bobol a chael y bobol i benderfynu. Nid polisi 'dilyn fi Dai, 'dwi reit tu ôl i ti' ddylai polisi unrhyw lywodraeth fod. Gwrando ar lais y bobol, ie, cymryd i ystyriaeth yr hyn a ddywedant, ie, ond nid bob amser gytuno â'r llais hwnnw. Byddai'r mwyafrif mewn refferendwm yn unrhyw un o awdurdodau lleol Cymru heddiw yn pleidleisio dros gadw pob ysgol yn agored, pob cartre henoed, pob toiled, am gadw pob lamp ynghyn drwy'r nos, am wella pob ffordd, am gasglu sbwriel bob wythnos, ac os gofynnid o ble y deuai'r arian i dalu am hyn oll, yr ateb fyddai cyflogi llai o staff yn y cynghorau a thalu llai o dreuliau i gynghorwyr, fyddai'n golygu yn y diwedd bod neb mewn swyddfa i ateb ein ceisiadau, a neb yn fodlon mynd yn gynghorydd ond y rhai all wironeddol fforddio hynny, a dyna ni'n ôl yn nyddiau drwg teyrnasiad y meistri tir a'r cyfoethogion pwerus.

Na, dyw democratiaeth ddim mor syml ag y mae'n swnio, ac y mae iddi un broblem arall, ac mae hon yn broblem anodd iawn i'w datrys. Fe gyfeiriais at Edmund Burke; roedd ef yn un o'r prif ddylanwadau ar un o athronwyr blaenllaw'r ddeunawfed ganrif, sef John Stuart Mill. Yn ei lyfr enwog *On Liberty* sy'n trafod yr union bwnc hwnnw, mae'r athronydd yn cyfeirio at yr hyn a elwir ganddo yn ormes y mwyafrif – *'Tyranny of the majority'* yw ei eiriau ef. Fe ddywed y gall penderfyniadau'r mwyafrif sarnu ar hawliau'r lleiafrifoedd mewn cymdeithas.

Un ffordd o oresgyn y broblem hon yw cael cyfundrefn lle y ceir gwrthblaid neu wrthbleidiau mewn llywodraeth, a'r gwrthbleidiau hynny'n sicrhau bod llais i'r lleiafrifoedd. Dyna'r hyn a gawn yn llywodraethau gwledydd Ynysoedd Prydain a gwledydd democrataidd eraill y byd. Ffordd arall fyddai diwygio'r system etholiadol a dileu'r system y cyfeirir ati fel y 'cynta heibio'r postyn' fel bod ein cynrychiolwyr yn adlewyrchu'n decach ein dewis a'n barn.

Ond yn y pen draw, rhaid i benderfyniadau gael eu gwneud, a rhaid gweithredu'r penderfyniadau hynny. Rwy'n cofio pan oeddwn i'n gweithio i Awdurdod Addysg Gwynedd y byddem yn cael cyfarfodydd bywiog iawn i benderfynu ar bolisïau mewn meysydd oedd wedi eu hymddiried i ni gan y cynghorwyr. Rwy'n cofio geiriau'r Cyfarwyddwr Addysg Gwilym Humphreys yn y cyfarfodydd hyn. D'wedodd mai ein cyfrifoldeb oedd dadlau ein hachos mor selog a brwd ag y gallem yn y cyfarfodydd, ond unwaith bod y penderfyniad wedi ei wneud, ei fod yn benderfyniad corfforaethol ac mai ein dyletswydd fel unigolion fyddai arddel a gweithredu'r penderfyniad hwnnw. Nid pob aelod yn rhai o bleidiau'r Cynulliad Cenedlaethol sydd wedi dysgu'r wers honno, ac yn sicr nid dyna ddigwyddodd gyda'r Blaid Dorïaidd yng nghyd-destun y refferendwm, gyda'r canlyniad fod y cyfan, hyd y gwelaf i beth bynnag, yn llanast llwyr.

2016

# Picio'n ôl i fyd addysg

# Dau ystyr

Fyddwch chi'n defnyddio'r ddihareb 'yr oen yn dysgu i'r ddafad bori' weithiau? Os byddwch chi, pa ystyr fyddwch chi'n ei roi iddi?

Yr hyn wnaeth imi feddwl am y peth oedd ei chlywed yn cael ei defnyddio gyda gwahanol ystyron yn ddiweddar, ac yna, wrth imi weld aelod o deulu arbennig yng Nghorwen, mi wnes i gofio am ddau hogyn yn fy nosbarth flynyddoedd maith yn ôl.

Un ystyr i'r ddihareb yw fod rhywun ifanc yn ddigon digywilydd i ddweud wrth rywun hŷn sut i wneud rhywbeth, a dyden ni sy'n tynnu 'mlaen ddim yn hoffi rhywbeth felly. Ein hymateb yn syth ydi, 'pwy mae o'n ei feddwl ydi o?' Na, 'yr hen a ŵyr a'r ifanc a dybia' ydi'r ddihareb y byddwn ni yn hoffi ei hadrodd ac mae angen i'r ifanc wybod eu lle!

Yr hyn sy'n od, os od hefyd, ydi bod idiomau a diarhebion o'r fath i'w cael mewn sawl iaith, fel tase henoed pob gwlad yn gwrthwynebu i ieuenctid ddweud wrthyn nhw beth i'w wneud. Yn Saesneg mae yna ymadrodd sy'n cyfeirio at 'ddysgu eich nain i sugno wyau', ac mewn Almaeneg, 'Mae'r wy yn fynych yn mynnu bod yn glyfrach na'r iâr'. Yn Ffrangeg wedyn ceir ymadrodd sy'n dweud: 'Nid ydych yn dysgu hen fwnci i dynnu wynebau'.

Yr ystyr arall ydi'r un hollol groes i hynny wrth gwrs, sef bod yr ifanc yn amal **yn** gallu dysgu rhywbeth i'r rhai hŷn, a'r ystyr hwnnw i'r dywediad ddaeth i'r cof pan welais yr aelod o'r teulu arbennig yng Nghorwen.

Ysgol Corwen oedd yr ysgol gyntaf i mi ddysgu ynddi, ac yn null arferol y cyfnod hwnnw, dysgu fesul pwnc y byddwn. Doedd dim sôn am y dydd integredig – popeth yn cysylltu â'i gilydd – a doedd y syniad o ddysgu trwy themâu a bod popeth yn cydio yn ei gilydd ddim yn bod ym meddyliau addysgwyr. Ond mi ges i brawf ei fod yn bodoli yn anymwybodol ym meddyliau plant.

Roedd gen i ddwy wers cyn amser chwarae pnawn, gwersi hanner awr yr un, andros o amser byr i un wers a dweud y gwir. Ta waeth am hynny, un pnawn, Hanes oedd y gyntaf ac Addysg Grefyddol oedd yr ail, a Chymraeg oedd iaith y rhan fwyaf o'r dysgu yn Ysgol Corwen bryd hynny. (Be ydio rŵan d'wedwch?) Owain Glyndŵr oedd y maes astudio yn Hanes, ac euthum ati i'w ddarlunio fel arwr ac i ddisgrifio mor lliwgar ag y gallwn i ei orchestion yn llosgi Castell Rhuthun ac ennill brwydrau megis Brwydr Bryn Glas. Ceisio plannu ym mhlant Corwen – oedd, gyda llaw, y rhan fwyaf ohonyn nhw yn mynnu siarad Saesneg bob gafael – rywfaint o falchder cenedlaethol!

Yna, yn dilyn, y wers Addysg Grefyddol. Roedd hi'n nesu at y Pasg a'r thema oedd Iesu yn glanhau'r deml. Yma eto ceisiais fod mor ddramatig ag oedd modd, gan ddarlunio Crist fel arwr mawr yn dymchwel byrddau'r cyfnewidwyr arian ac yn creu anhrefn llwyr yn y deml.

Daeth yn amser chwarae, a dyma lle daw gweld yr aelod o deulu arbennig yng Nghorwen i mewn i'r stori i'm hatgoffa o'r pnawn hwnnw. Clywais ddau o'r teulu hwnnw, dau hogyn, cefndryd gyda'r ddwy fam yn chwiorydd, yn siarad efo'i gilydd wrth fynd allan i chwarae. '*Right*,' medde un wrth y llall, yn gyffro i gyd, '*I'll be Owain Glyndŵr, you be Iesu Grist*.'

Roedd pymtheg cant o flynyddoedd rhwng ymddangosiad y ddau wron ar y ddaear, a'r cyfan lwyddais i i'w wneud oedd dod â'r ddau at ei gilydd mewn dwy wers yn dilyn ei gilydd, ond fe lwyddodd Michael Becker a David Evans (waeth imi roi eu henwau ddim, rwy'n eu cofio mor dda) i'w hintegreiddio a'u gwneud yn flaenffrwyth dysgu thematig mewn ysgolion! Do, y pnawn hwnnw fe ddysgodd yr oen i'r ddafad bori yn ddigon siŵr!

2012

# Negydu

Ers pan 'dwi wedi ymddeol yn llwyr o addysg 'dwi ddim wedi sôn am y byd hwnnw na'i drafod efo neb. Na, rydw i wedi diodde'n ddistaw glywed arbenigwyr yn ail ddarganfod yr olwyn lawer gwaith ac yn dweud pethau fel 'mae plant bach yn dysgu trwy chwarae' fel tase fo erioed wedi ei ddweud o'r blaen. Ond pan ddeallais i yn weddol ddiweddar fod y Gweinidog Addysg wedi dweud na ddylai athrawon dderbyn y safon maen nhw'n ei gael gan blant yn yr ysgol mewn ysgrifennu a phethau felly ond ceisio yn hytrach godi'r safon a disgwyl mwy, wel mi flinais a phenderfynu digon yw digon, felly dyma blymio i afon beryglus byd addysg eto.

Go brin fod yr enw Maurice Galton yn golygu dim byd i chi sy'n darllen hwn oni bai eich bod yn athrawon. Ond yn wir mae'n amheus a yw athrawon heddiw wedi clywed amdano chwaith, mwya'r piti! 'Wn i ddim be maen nhw'n ei ddysgu yn y colege y dyddiau yma,' i ddyfynnu brawddeg boblogaidd! Mi liciwn i taswn i wedi clywed sôn amdano cyn mynd yn athro a phrifathro, mi faswn i'n deall plant yn well. Dim ond ar ôl gadael y swyddi hyn y clywais i o'n darlithio yn rhywle. Athro Addysg Coleg Caerlŷr oedd o; mae o erbyn hyn yn Athro Emeritws un o golegau Caergrawnt. Roedd o'n darlithio ar '*The Negotiated Day*'. Ia, rydech chi'n iawn, yr hen air negydu yna.

Yr hyn oedd o'n ei ddweud oedd ei bod yn wyrth, wir, sut mae plentyn yn goroesi diwrnod o ysgol yn groeniach, gan ei fod yn gorfod negydu trwy'r amser, a gwneud hynny heb yn wybod iddo'i hun. A gwneud hynny er mwyn bod yn iach ei groen.

Ystyriwch ddiwrnod ysgol un plentyn. Mynd yno yn y tacsi falle a gorfod penderfynu pa mor bell feder o fynd efo'r dreifar – all o wneud sŵn a bod yn wirion, bod yn aflonydd, tynnu ar ei ffrindiau, bod yn gegog? Beth mae'r dreifar yn barod i'w dderbyn a beth mae o ddim? Yna yr athrawes ddosbarth – os mai athrawes ydi hi. Faint mae hi'n barod i'w dderbyn? Pa safon o fihafio mae hi'n fodlon ei dderbyn? A pha safon o waith mae hi'n ei ddisgwyl ganddo? Mi fydd plesio ei athrawes yn bwysig iddo fo, ond o'i gwmpas ym mhobman bydd y plant eraill a'i ffrindiau, ac mi fydd plesio y rheini yn bwysig iddo hefyd. Os gwnaiff o ormod i'w athrawes bydd yn cael ei alw yn 'gwdi gwdi' a '*teacher's pet*', os yw'r termau yna yn dal yn boblogaidd. Rhaid iddo rwyfo ei gwch yn ofalus rhwng creigiau gofynion ei athrawes a'r ysgol a bod ar delerau iawn efo'i fêts. Mewn geiriau eraill, rhaid iddo negydu ei ddiwrnod, a hynny'n amal heb wybod mai dyna mae o'n ei wneud. Gall ymateb rhy frwdfrydig i athrawes yn y dosbarth arwain at fwlio ar y buarth yn ystod amser chwarae. Gallai pob plentyn ysgol, pe bai'n gwybod yr emyn, ddyfynnu 'Cul yw'r llwybr imi gerdded'. Ac ystyriwch, os yw negydu yn broblem i blant cynradd, pa faint mwy i ddisgyblion uwchradd sy'n newid athro bob gwers bron!

Mi ges i enghraifft berffaith o blant wedi negydu eu sefyllfa pan oeddwn i'n gweithio i Wynedd. Roeddwn i'n gyfrifol am gynllun lle roedd pedwar o athrawon yn mynd o gwmpas ysgolion Llŷn i helpu efo Mathemateg, Celf, Saesneg a Gwyddoniaeth. Roedd yr athro gwyddoniaeth – fe'i galwn yn Gwyn Jones yn hytrach na'i enw iawn – yn un hynod o daclus a gofalus. Popeth o'i gwmpas fel pin mewn papur: ei wisg, ei wallt, ei gar, ei ysgol. Roedd o wedi bod wrthi efo plant un ysgol yn cynnal arbraw gwyddoniaeth a'r plant wedyn yn cofnodi'r arbraw yn eu llyfrau. Ond doedd dim amser i orffen y gwaith yn ystod ei ymweliad ac fe ofynnodd i'r athrawes ddosbarth a fyddai hi'n sicrhau eu bod yn ei orffen erbyn yr wythnos ganlynol.

Mi ddangosodd waith y dosbarth i mi ac roedd y cyfan yn rhyfeddod. Bron ymhob un llyfr roedd hanner cynta'r arbraw wedi ei gofnodi mewn llawysgrifen a deiagramau twt a thaclus; roedd yr hanner ola yn llawer blerach a ffwrdd â hi. Beth oedd wedi digwydd? Disgwyliadau Gwyn Jones a'r athrawes ddosbarth yn hollol wahanol. Y naill isio'r taclusrwydd mawr a'r gofal, a'r llall yn fodlon derbyn gwaith llawer is ei safon. A'r plant, o fod wedi dod i adnabod y ddau yn dda, yn gwybod yn union beth oedd yn dderbyniol gan y naill a'r llall. Hynny ydi, roedden nhw'n negydu eu sefyllfa heb yn wybod iddyn nhw eu hunain.

Mae'r gweinidog addysg yn mynnu y dylai athrawon wrthod derbyn gwaith o safon isel gan blant er mwyn codi safonau. Mae o'n iawn, ond mi faswn i'n teimlo dipyn hapusach pe gwyddwn i ei fod yn ymwybodol o waith Maurice Galton ac yn gallu edrych ar y broblem o safbwynt y plant yn ogystal â'r athrawon.

2015

# Dysgu trwy'r amser

Mae cofio am Maurice Galton wedi fy atgoffa am un arall o gewri byd addysg yn Lloegr, hynny a chofio gwrando ar Brif Weithredwr newydd yr Urdd yn cael ei chyfweld ar 'Heno'.

Chwarae teg iddi hi, wnaeth hi ddim byd a dd'wedodd hi ddim byd i'm cynhyrfu, ond mi gefais fy atgoffa yn ystod ei chyfweliad am yr helynt achoswyd pan gyflwynwyd alcohol i faes prifwyl yr Urdd am y tro cynta yn ystod teyrnasiad ei rhagflaenydd. Fe fu yna lawer o ddadlau ar y cyfryngau ac ysgrifennu yn y wasg o blaid ac yn erbyn, a rhai o'r dadleuon o'r ddwy ochor yn rhai digon gwirion. Ond mi gofiais am un o'r prif ddadleuon oedd yn cael ei defnyddio o blaid. Y ddadl oedd hon – gan fod alcohol yn rhan mor gyffredin o fywyd erbyn hyn ac yn treiddio bron i holl gonglau ein bodolaeth, mae'n bwysig iawn i'n plant a'n hieuenctid ddysgu lle y dylai fod, sef yn rhan normal, naturiol o bryd bwyd. Os gwelan nhw oedolion yn cael gwin efo'u bwyd mi fyddan nhw'n dysgu'n gywir am le alcohol yn ein cymdeithas ac yn gallu ymdrin yn gall efo fo a bod yn gymedrol yn eu defnydd ohono.

Fyddan nhw? Yden nhw? Tybed? Brawddeg glywch chi'n amal gan rieni wrth sôn am addysg ydi ''di'r plentyn 'cw'n dysgu dim'. Ond mewn gwirionedd, y gwrthwyneb sy'n wir; maen nhw'n dysgu trwy'r amser, ac yn dysgu rhai pethau'n sydyn iawn. Dechreuwch godi babi bach o'i bram neu o'i got pan fydd yn crio a buan iawn y daw o i ddeall mai dyna sydd raid iddo'i wneud os am gael ei godi.

A dyna ddod at y person yr atgoffwyd fi ohono wrth sôn am Maurice Galton, sef Athro Coleg arall – Charles Deforges. Roedd o ar y pryd yn Athro yn Adran Addysg Coleg Prifysgol Caerwysg; mae o erbyn hyn yn Athro Emeritws yn y coleg hwnnw. Gyda llaw, pe bawn i bryd hynny am gynghori myfyrwyr addysg i fynd i goleg y tu allan i Gymru, i Gaerwysg y byddwn am eu hanfon. Roedd Ted Wragg, Neville Bennet a Charles Deforges yn athrawon yno, a dyna i chi dri ym myd addysg oedd mor gydnerth gadarn â'r Pontypŵl ffrynt rô ym myd rygbi.

Beth bynnag am hynny, am y trydydd yr oeddwn i isio sôn, ac am ddarlith arbennig glywais i ganddo flynyddoedd yn ôl. Mi gofiaf un o'i frawddegau byth. 'Mae plant yn dysgu trwy'r amser,' medde fo. 'Y drwg ydi nad ydyn nhw'n dysgu wastad yr hyn den ni'n ei feddwl maen nhw'n ei ddysgu.' Ac mi nododd nifer o enghreifftiau yr oedd o wedi dod ar eu traws wrth wneud ymchwil i'r peth. Mi nodaf yr un 'dwi'n ei chofio orau yn unig.

Roedd o mewn dosbarth gwyddoniaeth lle'r oedd y plant yn cynnal arbraw. Mi dreuliodd yr athro gryn amser yn trefnu'r grwpiau, pump neu chwech ohonyn nhw, a bu'n ofalus i sicrhau bod o leia un o'r plant mwya deallus ym mhob grŵp; syniad ardderchog wrth gwrs – y cryf yn cynnal y gwan a'r ddwy ochr yn dysgu o'r trefniant. Mi geisiodd gadw'r ddysgl yn wastad hefyd rhwng y bechgyn a'r merched, ac yna fe drefnodd y byrddau yn y dosbarth fel bod lle hwylus i bob grŵp i gynnal yr arbraw.

Ar ddiwedd y cyfnod fe aeth Charles Deforges ati i holi'r plant am eu profiad yn ystod yr arbraw. 'Dydw i ddim yn cofio'n union beth oedd hi, ond er ei syndod wrth eu holi fe ddarganfu fod y plant wedi dysgu llawer mwy am drefnu grwpiau a threfnu byrddau yn y dosbarth nag yr oedden nhw am yr hyn ddigwyddodd yn yr arbraw ei hun. Roedd yr athro'n meddwl ei fod yn eu cyfarwyddo ym maes gwyddoniaeth, ond mewn gwirionedd dysgu am ffurfio grwpiau wnaethon nhw. Ailadroddodd y darlithydd fwy nag unwaith yr un frawddeg ag a lefarodd ar y dechrau, y frawddeg oedd yn sail i'w ddarlith: 'Y drwg efo plant,' medde fo, 'ydi eu bod nhw'n dysgu trwy'r amser, ond nad ydyn nhw wastad yn dysgu yr hyn den ni'n meddwl y maen nhw'n ei ddysgu.'

Dowch yn ôl at yr alcohol ar faes Eisteddfod yr Urdd. Dysgu am le rhesymol call alcohol mewn cymdeithas y maen nhw, medde'r rhai sydd o'i blaid, ond hwyrach mai dysgu y maen nhw nad oes modd gwneud dim byd bellach heb bresenoldeb alcohol. Ac yn sicr nid dyna'r wers fwriadwyd ar gyfer yr un plentyn. 'Dwi'n dal i deimlo mai camgymeriad oedd cyflwyno alcohol i faes prifwyl ein hieuenctid. Tybed wnaiff y cyfarwyddwr newydd rywbeth yn ei gylch? Go brin, aeth llawer gormod o ddŵr dan y bont erbyn hyn ac mae'r frwydr yna wedi ei cholli am byth, berig. Ac yn y Fflint fe gafwyd bar ar y maes ar y nos Sadwrn, ac yn ôl y sôn fe agorodd hwnnw am ddau o'r gloch y pnawn! Nosi'n gynnar yn y Fflint?! Beth fydd datblygiad 'alcoholaidd' nesa yr Urdd tybed? Bar yng Ngwersyll Glan-llyn? Gwyliwch y gofod!

2016

# Gwlad y gân

Mae hi'n dod yn dymor yr eisteddfodau ac mae hi wedi bod yn gystadleuaeth y corau ar S4C wrth imi ysgrifennu hwn, felly mae llawer o ganu wedi bod neu'n mynd i fod yn ein clustiau, mae'n siŵr. Ac mae hynny'n iawn, achos mae Cymru yn wlad y gân yn tydi? Fuoch chi erioed yn meddwl pam y cawsom ein galw yn hynny? Wel, mae'n debyg mai am ein bod yn canu mewn pedwar llais pan ddown at ein gilydd, nid yr alaw neu'r soprano yn unig, ond alto, tenor a bas hefyd. Neu felly yr arferai fod.

Ydi hi felly o hyd? Wel nagydi, neu o leia mae'r arferiad yn dechrau diflannu. Mae mwy a mwy o ganu yr alaw – hyd yn oed gan ddynion – i'w glywed erbyn hyn, mewn angladdau, a chymanfaoedd, a'r cae rygbi yn sicr. I ble'r aeth canu da y gêmau rhyngwladol d'wedwch? Mi fydda i'n meddwl weithie nad yw'r cefnogwyr, lawer ohonyn nhw, yn gwybod dim byd ond Deleila erbyn hyn, a hynny'n unsain.

Beth sydd wedi digwydd? Wel, mi dd'wedodd arweinydd côr cymysg reit amlwg wrtha i'n ddiweddar fod pethau wedi newid yn arw dros y blynyddoedd; nifer fach iawn bellach yn gallu darllen cerddoriaeth, a'r mwyafrif yn gorfod dysgu wrth y glust, hynny ydi dysgu fel parot. Beth sydd wedi digwydd? Rwy'n gofyn eto, ac mi alla i ateb mewn brawddeg fer – diflaniad y sol-ffa!

Sgwn i faint ohonoch chi sy'n cofio John Curwen a'i siart enwog – y tonic sol-ffa? Roedd i'w chael ym mhob festri ac ym mhob ysgol. Diflannodd o'r festri gyda diflaniad yr Ysgol Sul a'r Ysgol Gân, a diflannodd o'r ysgolion gyda dyfodiad yr erchyllbeth hwnnw – y Cwricwlwm Cenedlaethol.

Na, 'dwi ddim am eich blino efo manylion hwnnw, peidiwch poeni, dim ond sôn am un peth mewn cerddoriaeth. Pan ddaeth hwnnw i fod diflannodd y sol-ffa ac yn ei le daeth pethau od megis sgôr graffig. Beth ydi hwnnw medde chi? Wel, rydech chi'n penderfynu ar destun – 'Brecwast' dd'wedwn ni fel enghraifft, sy'n cynnwys falle wy 'di ffrio, bacwn, bîns, tomato, madarch, bara 'di ffrio, tost a phaned. Wedyn rydech chi'n cael y plant i ddewis offerynnau a chreu synau i gynrychioli'r pethau yma i gyd a'u nodi ar siart – triongl falle am wy 'di ffrio, tambwrîn am facwn, drwm am fara 'di ffrio ac yn y blaen. Wedyn mae'r plant yn perfformio'r synau yma gan greu rhyw fath o gerddoriaeth i gynrychioli'r brecwast – neu unrhyw destun arall wrth gwrs, fel yr awyr, coed, neu gartref neu sŵn mewn tre. Unrhyw beth yn wir. Y syniad ydi eich bod yn hybu dawn y plant i greu eu cerddoriaeth eu hunain!

Wrth arolygu mewn ysgolion 'dwi wedi gorfod gwrando ar ryfedd greadigaethau sgoriau graffig, a chanmol yn wên deg i gyd tra wir yn crensian fy nannedd wrth wrando ar y fath ffwlbri gwirion. Ac wrth ddod â hyn i gyd i mewn i ysgol beth aeth allan trwy'r ffenest? Ie, rydech chi'n iawn – y sol-ffa a gallu plant i ddarllen cerddoriaeth. Iawn yn Lloegr falle lle nad oedd cymaint bri ar y sol-ffa, marwol yng Nghymru gyda'i thraddodiad o ganu pedwar llais. A chanlyniad rhesymegol hyn? Cannoedd o gerddorion yn cynhyrchu cerddoriaeth na all neb ei chanu am nad ydi pobol yn gallu ei darllen!

Y cwestiwn ydi pwy oedd yn gyfrifol am y ffwlbri hwn? Yr ateb yw Kenneth Baker, y Gweinidog Addysg, a Llywodraeth Dorïaidd Margaret Thatcher. Baker hefyd dynnodd athrawon yn ei ben drwy ddatgan fod yn rhaid iddyn nhw aros yn yr ysgol tan bump ar un noson yr wythnos. Meddwl yr oedd o fod pob athro ac athrawes yn gadael am hanner awr wedi tri. Yr oedd rhai felly wrth gwrs, ond dim ond y rhai salaf ac fe gredodd fod yr hen jôc wael yn wir am bawb:

Cwestiwn: Sut ydech chi'n gwneud yn siŵr fod y plant yn saff rhag y traffig pan fyddan nhw'n dod allan o'r ysgol am hanner awr wedi tri?
Ateb: Gadael i'r athrawon fynd adre'n gynta!

Do, fe lyncodd y stori hon, a dwyn ymaith lond trol o ewyllys da athrawon yr un pryd.

Aelod o Blaid Lundeinig oedd Kenneth Baker (mae o erbyn hyn yn Nhŷ'r Arglwyddi) ac mae'r hyn wnaeth o a'i blaid i gerddoriaeth yn yr ysgol yn symbol neu ddameg o agwedd pleidiau Llundain tuag atom yng Nghymru. Dydyn nhw ddim yn ein deall, a dydi presenoldeb Cymry yn y pleidiau hyn wedi gwneud dim i'w goleuo.

A ddaw'r sol-ffa yn ôl, tybed, gan fod addysg Cymru bellach yn nwylo'r Cynulliad? Wn i ddim, ond hyn sy'n siŵr. 'Dydw i erioed wedi trystio geiriau na gweithredoedd y pleidiau Llundeinig a'u datganiadau o San Steffan, nac erioed wedi pleidleisio mewn etholiad i'r un ohonyn nhw, a wna i ddim chwaith tra bydda i. Os ydych chi'n methu penderfynu i bwy i bleidleisio yn yr etholiad nesa ddaw ar ein gwarthaf, cofiwch ddameg y sol-ffa a'r sgôr graffig.

2015

# Yr hen arolygwyr felltith

Do, mi fûm yn arolygu, yn un o dimau Gwynedd, ond fûm i erioed yn un o Arolygwyr ei Mawrhydi, yn HMI fel y gelwir nhw, er imi gael fy nghyflwyno felly sawl tro wrth ddarlithio mewn gwahanol gymdeithasau. Ar y dechrau roeddwn i'n ceisio esbonio'r gwahaniaeth rhwng y ddeubeth, ond roedd gwneud hynny'n mynd yn gymhleth felly mi rois i'r gorau iddi. A 'dyw'r gwahaniaeth ddim yn bwysig beth bynnag.

Isio cyfeirio yr oeddwn i at ambell brofiad mewn ambell ysgol oedd yn ysgafnu tipyn ar y syniad o fynd i'r sefydliadau hyn i basio barn ar athrawon a'r addysg a gynigient i blant, ac ar safon gwaith y plant hynny.

Roedd yn rhaid i ni oedd yn arolygu gael defnydd o ystafell yn yr ysgol ar gyfer ein trafodaethau a phethau felly, ac, yn amlach na pheidio, y pennaeth fyddai'n ildio ei ystafell i ni; yr unig un oedd ar gael mewn ysgol yn amal. Mi fyddai ysgolion yn cael cardiau dymuno'n dda gan gyfeillion a rhieni ac ysgolion eraill cyn ymweliad yr arolygwyr, ac mewn un ysgol yn y Gogledd roedd y pennaeth wedi digwydd gadael un cerdyn ar ôl ar y bwrdd. Wedi anghofio amdano mae'n debyg. Rhyfedd hefyd, achos y neges arno oedd: 'Rhowch hel iddyn nhw!'

Profiad braf oedd cyfarfod ambell berson arbennig. Mi fyddai ysgolion yn gwahodd pobol i mewn yn ystod y cyfnod arolygu i siarad ar ryw destun neu i gynnal gwasanaeth crefyddol. Dau a gofiaf yn dda yw Meurwyn Williams, gweinidog a chynhyrchydd rhaglenni crefyddol y BBC, yn Ysgol Gymraeg Penarth, a Dafydd Rowlands, y prifardd a'r archdderwydd, yn Ysgol Gymraeg Pontardawe. Pleser oedd gwrando ar y ddau a chael sgwrs efo nhw wedyn. Dau wnaeth gyfraniad clodwiw i Gymru, a dau a'n gadawodd yn gynamserol, gwaetha'r modd.

Ond y plant yw'r gwir sêr. Roedden ni, bedwar ohonom, yn Ysgol Gymraeg Ynyswen yn y Rhondda, yn siarad efo'r prifathro yn ystafell y staff fore'r diwrnod cynta. Daeth geneth tua naw oed i mewn ar ryw berwyl ac edrych arnom. Ac meddai: 'Roeddwn i'n meddwl y bydde'r bobol ddiarth yn ifanc!' 'Na,' meddwn i, 'criw o hen bobol yden ni, gwaetha'r modd.'

Ar hynny, dyma hi'n gafael yn fy mraich a dweud: 'Smo ti'n hen. Dere 'da fi imi gael dangos yr ysgol i ti.' Ac fe'm harweiniodd fraich ym mraich yn ddiseremoni allan o'r ystafell a rownd y dosbarthiadau. Sgwn i beth yw hanes honno erbyn hyn? Rial pupur o hogan a'r beth fach fwya annwyl allech chi feddwl amdani.

Wrth fynd i ddosbarth i wrando ar wers mi fydden ni'n cael ein cyfarwyddo i gymryd pentwr o lyfrau ysgrifennu'r plant efo ni ac i edrych ar y rheini yr un pryd â gwrando, er mwyn ymddangos yn llai o fygythiad i'r athrawon. Roeddwn i'n gwneud hynny mewn rhyw ysgol ac yn eistedd yn weddol agos at grŵp o blant oedd wrthi'n gweithio. Ar y wal uwch eu pennau roedd lluniau plant o danau Guto Ffowc gan ei bod yn fis Tachwedd, ac un llun arbennig o gefnau plant a phobol yn edrych ar y tân. Andros o lun da. Mi sylwais mai hogyn o'r enw Adrian oedd yn gyfrifol amdano.

Yn y man mi ddois ar draws llyfr ysgrifennu Adrian, ac roedd o'r peth blera weles i erioed. Od, meddyliais, cymaint o ddawn arlunio a llawysgrifen fel traed brain. Dechreuais siarad efo rhai o blant y grŵp, gofyn eu henwau a holi pwy oedd biau'r lluniau a'u canmol am eu gwaith. Ond doedd yr un ohonyn nhw yn Adrian.

'Ble mae Adrian?' holais. 'Mae o'n absennol,' oedd yr ateb. 'Ew un da 'di o am arlunio,' meddwn i gan dynnu eu sylw at y llun ar y wal. Ond meddai'r un fwya siaradus yn y grŵp: 'Smo Adrian 'di tynnu'r llun yna. I fam e wna'th. Mae hi'n dod i'r ysgol bob wythnos i roi gwers arlunio i ni.' Cefais ras i ymatal rhag chwerthin yn ei hwyneb. Gonest ydi plant ynte!

Mewn ysgol fach ddwy athrawes yn Sir Gaerfyrddin daeth y ficer i roi gwers Addysg Grefyddol. Pedr ac Ioan yn iachau'r dyn cloff wrth borth y deml oedd y wers; un dda, a'r plant yn gwrando'n astud. Euthum ati i'w holi wedyn ac roedden nhw'n ateb yn synhwyrol, yn amlwg wedi gwrando. Yn eu plith roedd geneth fach fywiog barablus, chwe mlwydd oed oedd yn barod i ateb pob cwestiwn. 'Pwy iachaodd y dyn cloff?' holais. 'Iesu Grist,' oedd ei hateb. 'Ble mae Iesu Grist?' oedd y cwestiwn nesa. 'Yn y nefoedd,' oedd ei hateb. 'D'wed i mi,' meddwn, gan fentro ymhellach, 'sut y gallodd Iesu Grist sy yn y nefoedd iacháu dyn oedd ar stepiau'r deml?' Edrychodd arna i yn llawn dirmyg fel taswn i wedi gofyn cwestiwn gwirion, lledodd ei breichiau allan, cododd ei sgwyddau ac meddai: 'Sa **i'n** gwybod.' Gwych ynte!

Ond mae un ymateb fydd yn aros efo fi am byth. Ym mhob ysgol yr aem iddi mi fydden ni'n gofyn am griw o ddisgyblion y flwyddyn ola, plant unarddeg, i gael sgwrs gyffredinol efo nhw, ac roedd hynny'n brofiad gwych i ni, wn i ddim am y plant. Yn Ysgol Penygarth, ysgol Gymraeg Penarth sy'n ardal Seisnigedig, yr oedden ni, yn gwneud yr union beth, a dyma un ohonom yn gofyn y cwestiwn: 'Pan awn ni oddi yma, beth ydi'r un peth fyddech chi am i ni fynd yn ôl efo ni i'r gogledd, un peth i ni ei gofio amdanoch?'

Mae ateb un o'r disgyblion hyn yn dod â dagrau i'm llygaid bob tro y cofiaf amdano: 'Cofiwch ein bod ni'n Gymry a'n bod yn siarad Cymraeg.'

2016

# Picio i fyd crefydd

# Iaith y Beibl

'Dwi'n gobeithio y dywedai'r rhai sy'n fy adnabod fod fy iaith yn weddol agos ati, nad ydw i'n ei llurgunio'n ormodol nac yn gorddefnyddio idiomau Saesneg, er 'mod i'n siŵr fod rhai o'r rheini yn rhan ohonof erbyn hyn. Os ydi fy iaith yn gywir idiomatig ar y cyfan, mae i'w briodoli, greda i, i ddylanwad y Beibl arni. Yn ystod fy mhlentyndod dysgais ugeiniau o adnodau – ac emynau o ran hynny – ac y maen nhw ar fy nghof, y rhan fwya ohonyn nhw, hyd heddiw. Ond mwy na hynny, aethant i mewn i'm cyfansoddiad a hynny gan amlaf heb yn wybod i mi.

Rwy'n sôn wrth gwrs am Feibl William Morgan, y fo a William Salesbury, Gabriel Goodman, Richard Davies a John Davies Mallwyd, seiri clodwiw y cyfieithiad yn oes Elisabeth y cynta. Ac onid yw'n odidog. Y demtasiwn yw dyfynnu a dyfynnu hyd syrffed pawb; bodlonaf felly ar ddwy neu dair o enghreifftiau'n unig, gan fynd heibio am y tro berlau megis y Drydedd Salm ar Hugain a'r Gwynfydau.

Ystyriwch er enghraifft y defnydd celfydd o'r modd dibynnol o'r ferf yn y dyfyniad yma: 'Diffygiaswn pe na chredaswn weled daioni yr Arglwydd yn nhir y rhai byw.' Sut arall y d'wedech chi'r adnod yna? Wel, mi awn ar ôl yr ateb cyn y diwedd.

Rhan o Salm 27 yw'r adnod ddyfynnais i uchod, ac wrth gwrs mae'r Salmau yn farddoniaeth ac fe gyfrifir y Drydedd Salm ar Hugain a grybwyllais uchod ymysg ceinion ein llên.

A beth am y gymhariaeth hon a'r ffordd y mynegwyd hi: 'Fel

y brefa yr hydd am yr afonydd dyfroedd, felly yr hiraetha fy enaid amdanat ti, O Dduw.'

Yna wrth gwrs y mae cynildeb anhygoel yn y dweud mewn mannau. Dyma nodi fel enghraifft ddwy o adnodau mwya adnabyddus y Testament Newydd, sef dechrau hanes geni Crist yn Efengyl Mathew:

Ac wedi geni'r Iesu ym Methlehem Jwdea, yn nyddiau Herod frenin, wele doethion a ddaethant o'r dwyrain i Jerwsalem, gan ddywedyd: 'Pa le y mae'r hwn a anwyd yn Frenin yr Iddewon? Canys gwelsom ei seren ef yn y dwyrain, a daethom i'w addoli ef.'

Pump a deugain o eiriau sydd yn y dweud yna, ond faint o ffeithiau sy'n cael eu mynegi? Cyfrwch nhw:

Beth oedd y digwyddiad?  Genedigaeth.
Genedigaeth pwy?  Iesu.
Ymhle?  Ym Methlehem.
Pryd?  Yn nyddiau Herod.
Pwy oedd Herod?  Y Brenin.
Pwy ddaeth i chwilio?  Y Doethion.
O ble?  O'r dwyrain.
I ble?  I Jerwsalem.
Pam?  Am iddyn nhw weld y seren.
Am beth y chwilient?  Am Frenin yr Iddewon.
Pam?  Er mwyn ei addoli.

Ydi, mae cyfieithiad 1588 yn gyfieithiad anhygoel, ond bellach yn anffodus aeth yn rhy anodd i'w ddeall i ieuenctid soffistigedig a gwerin ddeallus yr unfed ganrif ar hugain. Oes yna ddirywiad mewn darllen Cymraeg wedi bod d'wedwch?

Oes yna fodloni ar safon is erbyn hyn? 'Dwi'n amau bod. 'Dwi'n bychanu dim ar waith mawr cyfieithwyr mwy diweddar, a'r diweddara un sef Arfon Jones, sy'n gyfrifol am Beibl.net. A 'dwi'n amau dim nad oedd mawr ofyn neu fawr angen beth bynnag amdano, ac felly mae yna groeso iddo, ond i hen greadur fel fi alla i ddim ei weld yn ddim ond dirywiad mewn gallu i ddarllen. Mi ddyfynnais enghreifftiau o'r defnydd o'r modd dibynnol ar y dechrau. – 'Diffygiaswn pe na chredaswn...' ac yn y blaen. Sut mae cyfieithiad newydd 1988 yn cyflwyno'r adnod hon tybed? Wel dyma hi:

Yr wyf yn sicr y caf weld daioni'r Arglwydd yn nhir y rhai byw.

Ac yna Beibl.net:

Ond dw i'n gwybod yn iawn y bydda i'n profi daioni'r Arglwydd ar dir y byw.

Yn ei gyfrol ola bu'r diweddar Gwyn Thomas, un o gewri ein hiaith a chewri ein llên, yn trafod rhagoriaethau cyfieithiad William Morgan, ac ar daflen ei wasanaeth angladdol ym Mhendre Bangor, gwasanaeth a drefnodd ei hun, nodir fel hyn:

DARLLENIAD O'R YSGRYTHUR
Cyfieithiad William Morgan

Na, doedd dim arall yn gwneud y tro.

Bûm yn annog llenorion ifanc droeon i ddarllen y Beibl. Y gwreiddiol a olygwn debyg iawn, allwn i ddim â'm llaw ar fy nghalon eu hannog i ddarllen Beibl 1988, ac yn sicr nid

Beibl.net. Nid er mwyn eu hiaith beth bynnag. Mater arall ydi cadwraeth eu heneidiau!

2016

# Nef a daear...

Mae'r teitl yna'n rhoi hawl i mi i ysgrifennu am unrhyw beth, ond fy mwriad yw crybwyll un agwedd ar ein treftadaeth ac un ar ein barddoniaeth, ac y mae yna gysylltiad rhwng y ddau.

Y dreftadaeth yw'r Gymanfa Ganu. Cynulliad neu gyfarfod neu gyngor yw cymanfa yn ôl y Geiriadur Mawr: mae Geiriadur Prifysgol Cymru yn manylu mwy, yn sôn am lu, am dyrfa, ac yn cyfeirio at y Wyddeleg – 'commann' a'r gair 'cyman'. Yr un tarddiad mae'n debyg sydd i'r gair Saesneg 'common', a'r cyfan yn dod o'r Lladin 'communis', sef 'com' – gyda'n gilydd, a 'munis' – gwasanaethu.

Mae'r gair cymanfa felly yn awgrymu llu mawr o bobol yn dod ynghyd i bwrpas arbennig, ac wrth gwrs felly y byddai hi yn ein Cymanfaoedd Canu flynyddoedd yn ôl; y galeri'n llawn o gantorion a'r gwaelod yn llawn o 'wrandawyr', oedd lawer ohonyn nhw yn gallu canu gystal â'r rhai yn yr oriel. A'r cyfan er mwyn canu emynau a chlodfori Duw drwy'r canu. Mor wahanol yw pethau erbyn hyn. Mi wn fod yna rai ardaloedd sy'n well na'i gilydd, ond yn gyffredinol mae pethau wedi dirywio'n arw a'r tyrfaoedd mawr wedi hen ddiflannu.

Y cysur a rydd y mynychwyr ffyddlon i'w gilydd erbyn hyn yw fod y canu'n dda, ac y mae o yn amal, a'r arweinyddion yn rhai abal dros ben. Ond mae'r cyfan yn darlunio difrawder dybryd yn ein plith a'r canlyniad yw ein bod yn prysur ddod yn genedl nad yw'n gwybod ei hemynau. Does raid ond gwrando ar y canu difrifol a chyfyngedig yn ein meysydd chwarae erbyn hyn i sylweddoli hynny. Disodlwyd 'Bendigedig fyddo'r Iesu' gan 'Deleila', sy'n dweud y cyfan am ein cenedl. Bydded i'r lliaws o bob oed sydd wedi troi cefn ar y Gymanfa Ganu yr anghysur o wybod eu bod yn prysur ladd un o brif elfennau ein diwylliant, ein treftadaeth a'n traddodiad. Dagrau pethau yw nad oes arnyn nhw rithyn o gywilydd am y difrawder hwn.

Dyna'r dreftadaeth, ond y mae a wnelo hyn â changen bwysig o'n barddoniaeth hefyd, sef yr emyn. A thristwch pellach y sefyllfa yw fod rhywrai, wrth geisio mynd i'r afael â'r broblem o hybu emynyddiaeth Cymru, wedi gwneud penderfyniadau rhyfedd ar y naw. Disodlwyd ein llyfrau emynau a thonau yn 2001 gan horwth o lyfr, *Caneuon Ffydd*, y llyfr y mae ei ddwyn i'n gwasanaethau yn draul arbennig arnom ni yr ychydig o'r genhedlaeth hŷn sy'n dal i fynd i'r capel.

Yn naturiol y mae ynddo, gan ei fod yn cynnwys cannoedd o emynau a thonau, nifer helaeth o geinion ein barddoniaeth emynyddol, gan gynnwys nifer o emynau cymharol newydd. Ond y mae ynddo hefyd nifer nad ydyn nhw wir yn talu am eu lle, o ran eu safon fel barddoniaeth nac o ran eu diwinyddiaeth, ac wrth gynnwys y rhain bu'n rhaid hepgor rhai emynau y dylid wir fod wedi eu cynnwys.

Nodaf ambell enghraifft yn unig. Trowch i emyn 149 ac fe gewch:

Pe bawn i yn eliffant
Diolchwn yn y sw am gael cario plant;
A phe bawn i yn gangarŵ mawr
Fe neidiwn i fyny atat ti yn awr.

A beth adawyd allan? Un yw emyn godidog Gwilym R. sy'n cynnwys y pennill:

Daethom o sŵn y byd
I'th demel dawel di,
I brofi yno ryfedd rin
Y gwin a'n cynnal ni.

Anodd coelio yn tydi!

Beth am anghysondeb wedyn? Mae emyn 610 yn gofyn hyn:

Rho d'arweiniad, Arglwydd tirion,
I'th lân eglwys yn ein tir,
I'w hoffeiriad a'i hesgobion
Dyro weledigaeth glir...

Ond dywed emyn 613 ddwy dudalen yn nes ymlaen:

Nid oes i ni offeiriad
Ond Iesu Grist ei hun.

Dychmygwch ganu'r ddau emyn yna yn yr un gwasanaeth!

Cyfeiriaf mewn erthygl arall at Tom yr Hendre, laddwyd yn y rhyfel mawr ac a lediodd yr emyn 'Oleuni Mwyn' yn y cyfarfod gweddi ychydig wythnosau cyn ei farwolaeth. Cyfieithiad ardderchog John Morris Jones o emyn Newman o Lyfr y Methodistiaid lediodd o. Ond doedd y cyfieithiad hwn ddim digon da i banel *Caneuon Ffydd*. Rhaid oedd cynnwys addasiad neu gyfieithiad arall – un E. Keri Evans. Cymharwch linellau agoriadol y ddau addasiad:

Oleuni mwyn, trwy'r gwyll sy'n cau bob tu,
  O arwain fi,
Pell oddi cartref wyf a'r nos yn ddu,
  O arwain fi. (John Morris Jones)

Ynghanol nos, oleuni mwyn y nef
  O arwain fi,
Mae'n dywyll iawn, a minnau 'mhell o dref
  O arwain fi. (E. Keri Evans)

Onid yw 'pell oddi cartref wyf' yn mynegi i'r dim sefyllfa'r milwyr ar faes y gad, a hynny gymaint yn well na 'minnau 'mhell o dref'?

Mae'n fater peryglus cymharu dau emyn, un da ac un salach, yn enwedig os yw eu testunau yn wahanol. Ond dyna'n anorfod mae rhywun yn ei wneud wrth ystyried pa emynau y dylid bod wedi eu hepgor er mwyn cynnwys rhai eraill.

Fe grybwyllais fod rhai emynau amheus eu credo a'u diwinyddiaeth wedi eu cynnwys hefyd, a'r casaf un gen i yw 'Nef a daear, tir a môr'. Mae'n un o amryw emynau sy'n sôn am natur, sy'n cyfeirio at bantheistiaeth Duw, ond tra bod safon barddoniaeth ambell un yn ei gyfiawnhau, ni ellir hyd yn oed ystyried hynny gyda'r emyn hwn.

Dyma danlinellu gwrthuni rhai o'i osodiadau.

'Gwena'r haul o'r cwmwl du / er mwyn dangos Duw i ni...' Beth am y gwledydd yn Affrica na chawsant law ers blynyddoedd lle mae popeth yn crino ac yn marw yn y gwres didostur? Yr haul yn dangos Duw i drigolion y gwledydd hynny?

'Popeth hardd o dan y nef / dyna waith ei fysedd ef.' Ie, y pethau hardd. Beth am y pethau hyll o dan y nef? Beth am y llygoden fawr? Creadigaeth y diafol falle!

'Cwyd aderyn bach o'i nyth / am fod Duw yn dirion byth.' A beth pan gipir yr aderyn bach hwnnw yn frecwast i'r bwncath? Duw yn dirion wrth y bwncath debyg.

'Cerdda'r mellt ei lwybrau ef.' A finne'n cofio am ŵr o Wyddelwern laddwyd gan fellten a fynte'n eistedd wrth y tân yn ei gegin. Sori Mr Jones, dilyn llwybr Duw yr oedd y fellten.

'Dywed afon yn ei hiaith / mai efe sy'n trefnu'r daith.' A phwy sy'n trefnu bod yr afon yna'n gorlifo gan greu llanast i bobol ac anifeiliaid a thiroedd a thai?

'Ac ni chyfyd ton o'r môr / heb roi mawl i enw'r Iôr.' Gan gynnwys tonnau'r swnami?

Ac yna'r llinellau ola: '...dysg i mi – beth wyf fi a phwy wyt ti.' Onid pwy wyf fi a beth wyt ti ddylai'r cwestiwn fod?

Un peth yw cyfeirio at natur yn ei chyflawnder, at drefn natur, peth peryglus ar y naw yw dechrau malu'r undod a chyfeirio at elfennau dewisedig ohoni'n unig.

Ond nid wyf am orffen ar nodyn negyddol, peth hawdd i'w wneud, yn enwedig o sylweddoli'r tristwch pellach nad yw mwyafrif ein hieuenctid yn gwybod am yr emynau hyn, y rhai sâl na'r rhai da. Mae'n hen bryd cynnwys emynyddiaeth yn y Cwricwlwm Cymraeg yn ein hysgolion. Daw ein pobol ifanc wedyn i wybod am athrylith Ann Griffiths a dysgu ar eu cof ei pharadocsau grymus:

211

Rhoi awdur bywyd i farwolaeth / A chladdu'r atgyfodiad mawr.

Ac eto:

Y greadigaeth ynddo'n symud
Yntau'n farw yn y bedd.

Byddai astudiaeth o'r fath yn gwella iaith ein plant os nad yn achub eu heneidiau

Ac un emyn arall yr wyf am gyfeirio ato fel antidot i 'Nef a daear'. Diolch i'r panel am gynnwys emyn Dafydd Whitall, 'Arglwydd mawr y cyfrinachau', yn *Caneuon Ffydd*. Os am ystyried sut y dylem edrych ar natur yng nghyd-destun Duw, darllenwch yr emyn gwych yma – rhif 101 yn *Caneuon Ffydd* – sy'n cynnwys y llinellau yma:

Arglwydd, cyfarwydda'n hymchwil
  a goleua'r deall hwn,
Gad in dreiddio i'r hanfodion
  ac amgyffred cread crwn.

Ie, yr hanfodion a'r cread crwn! Roedd hi gan Dafydd Whittall on'd 'doedd hi?

'Chwilio gem a chael gwymon' yw ein hanes ambell dro wrth ddarllen yr emynau yn *Caneuon Ffydd*, ac os yw'r gwymon falle yn amal yn tynnu mwy o sylw, diolchwn fod ynddo hefyd gymaint o emau.

2016

# Plant y Mans

'Dwi'n un o blant y mans, ac roeddwn i'n meddwl bod y syniad wedi hen farw o'r tir, a hynny gyda dirywiad crefydd a chapeli a'r lleihad mawr yn nifer ein gweinidogion a'n hoffeiriaid. Ond yn rhyfedd iawn fe'i clywais y dydd o'r blaen, sef rhywun yn dweud bod plant gweinidogion yn waeth na phlant pobol eraill. Roeddwn i'n methu coelio nghlustiau bod rhywbeth oedd yn cael ei ddweud ddegawdau yn ôl bellach yn dal i gael ei arddel gan rai pobol.

Achos roedd o'n syniad cyffredinol fod plant y mans yn camymddwyn mwy na phlant pobol eraill, a hynny'n gwaethygu, nid yn gwella, wrth iddyn nhw fynd yn hŷn. 'Dwi'n deall o ble daeth y syniad pan oedd plant y mans yn ifanc a falle yn blant drwg yn y capel yn fwy nag unman arall. Y disgwyl oedd y bydden nhw'n gwybod yn well, a bod rhyw reidrwydd am wn i ar weinidogion a'u gwragedd i ddangos esiampl mewn magwraeth i weddill dynolryw yn y fro. Ond nid felly yr oedd hi, a phan gaf sgwrs efo rhai oedd yn cydoesi efo fi yn fy mro enedigol a sôn wrthyn nhw am y rhai fu'n weinidogion yn y capel, cofio maen nhw bron yn ddieithriad sut yr oedd eu plant yn ymddwyn mewn gwasanaethau.

Wrth fynd yn hŷn, roedd yr agwedd yn newid, ond nid y camymddwyn. Yn ein harddegau, rebeliaid oedden ni yng ngolwg pawb, wedi ein cadw mor gaeth yn ein plentyndod fel ein bod yn mynd dros y tresi ac yn meddwi, yn teimlo rywsut yn wahanol falle, ac isio bod fel pawb arall. Roedd ambell gymorth i'w gael i hynny, megis cân Dusty Springfield, a dyna i chi gantores oedd honno. 'Sgwn i faint sy'n cofio'i chyflwyniad hi o '*Son of a Preacher Man*', oedd rywsut yn ein gwneud ni feibion gweinidogion yn debyg i bawb arall?

The only one who could ever reach me,
The only one who could ever teach me
Was the son of a preacher man.

A doedd dim angen llawer o ddychymyg i feddwl dysgu beth!

Ond falle'n bod ni'n wahanol wedi'r cyfan. Roedd ganddon ni fantais fawr dros lawer o blant eraill oherwydd ein cefndir. Mantais o safbwynt addysg gan ein bod yn byw mewn tai lle'r oedd llyfrau a darllen llyfrau ac astudio yn rhan naturiol o fywyd.

Rwy'n cofio un oedd yn byw ar ffarm uwchlaw pentre Gwyddelwern yn dweud wrthyf unwaith iddo godi ynghanol nos, tua dau o'r gloch y bore, gan fod yr hwch ar fin geni moch bach. Pan aeth i'r buarth fe welai dri golau yn unig yn y pentre islaw, un oedd ein tŷ ni, lle'r oedd fy nhad yn darllen neu lunio pregeth mae'n siŵr, un arall oedd tŷ o'r enw Glanaber lle'r oedd myfyriwr oedd yn un o golegau Rhydychen neu Gaergrawnt, a'i fryd ar fynd yn athro, a'r llall oedd cartre myfyriwr arall – J. E. Meredith, ddaeth wedyn yn weinidog adnabyddus yn Aberystwyth. Tri tŷ lle'r oedd astudio. Pobman arall mewn tywyllwch, a pha ryfedd; chwarelwyr oedd yn byw yn y rhan fwya ohonyn nhw, ac roedd yn dda i'r rheini wrth eu cwsg ar ôl diwrnod caled o waith, a chyn diwrnod arall tebyg drannoeth.

Ond gyda'r fath gefndir doedd dim rhyfedd fod yna, pan oeddwn i'n fyfyriwr ym Mangor, nifer fawr o blant gweinidogion ac offeiriaid yn ein mysg ni Gymry Cymraeg. Bryd hynny roedd yna nifer o fân gymdeithasau yn y coleg ar wahân i rai poblogaidd fel y Cymric a'r Gymdeithas Ddadlau, cymdeithasau bychain megis *Viginti Club*, y rhan fwya wedi eu ffurfio ac yn cael eu cynnal gan Saeson.

Un diwrnod, a chriw ohonom yn yfed te yn yr undeb fel y byddem rhwng darlithoedd, fe wawriodd arnom y byddai'n syniad da ffurfio cymdeithas o blant gweinidogion ac offeiriaid, cymdeithas Gymraeg fyddai falle yn cyfrannu at y cylchgrawn tymhorol *Omnibws* ac yn cymryd rhan yng ngorymdaith a chyngerdd y Rag bob blwyddyn. I'r perwyl hwnnw, dyma roi arwydd ar y bwrdd hysbysebu, rhywbeth yn debyg i hyn:

Bwriedir ffurfio cymdeithas o blant gweinidogion ac offeiriaid ac os ydych yn un ohonyn nhw a diddordeb gennych mewn ymuno, a wnewch chi roi eich enw isod.

Ymhen ychydig ddyddiau roedd amryw o enwau ar y rhestr; rhai yn ddilys, eraill megis Siôn Blewyn Coch, Mickey Mouse ac yn y blaen, yn rhai tynnu coes.

Yna, dechreuodd hysbysebion eraill tebyg ymddangos a chymdeithasau megis Plant Athrawon Ysgol Sul, Plant Dechreuwyr Canu, Plant Pregethwyr Lleyg yn mynd i gael eu ffurfio. Wnaethon ni ddim ildio fodd bynnag, gan wybod yn ddigon da am branciau myfyrwyr. Ond yna ymddangosodd un hysbyseb roddodd y farwol i'n bwriad ni ac a wnaeth inni sylweddoli mor wrthun oedd ein syniad, a dyma fo:

Cymdeithas plant siawns gwragedd Tŷ Capel

Na, ni ddaeth y gymdeithas i fod, er mawr golled i'r coleg ac i Gymru mae'n siŵr!

2016

# Nefol Dad...

Doeddwn i ddim yn ymwybodol fod snobyddiaeth a gwahanol ddosbarthiadau mewn cymdeithas yn bod pan oeddwn i'n blentyn, a phan euthum yn hŷn mi dybiwn mai rhywbeth oedd yn perthyn i drefi ydoedd ac nid i bentrefi ac ardaloedd gwledig. Fe gymerodd flynyddoedd imi sylweddoli ei fod yn bodoli hyd yn oed yn ein pentre ni, Gwyddelwern, ac yn waeth fyth yn ein capel ni, Moreia, capel y Methodistiaid Calfinaidd.

Roedd Gwyddelwern yn bentre gwledig wedi ei leoli ynghanol ffermydd, ond ar yr un pryd roedd o'n bentre chwarelyddol hefyd, gan fod dwy chwarel ithfaen – neu ddwy graig fel y galwem ni nhw – gerllaw: Craig Wernddu a Chraig Lelo, ac roedd amryw byd o'r chwarelwyr yn byw yn y pentre ac yn aelodau yn ein capel ni a'r Capel Wesle.

Pum blaenor oedd yna ym Moreia, pedwar ffarmwr a'r prifathro lleol; dim un chwarelwr er bod capelwyr selog yn eu mysg. A 'dwi ddim yn cofio yr un yn cael ei ethol chwaith, ond roedd y Wesleaid yn well na ni, ac o leia ddau chwarelwr yn y sêt fawr.

Yr agosa ddaeth unrhyw chwarelwr i set fawr ein capel ni oedd i un ohonyn nhw gael ei ddewis yn godwr neu ddechreuwr canu. Y gŵr hwnnw oedd Emlyn Evans, yn wreiddiol o Lyn Ceiriog ac wedi priodi un o ferched y Llan (rhieni y Parch. Gwilym Ceiriog). Priodi i deulu oedd yn cael ei gyfri yn deulu reit arbennig, gyda llaw, gan fod un o frodyr ei wraig yn rheolwr ar siop enwog y Nelson yng Nghaernarfon, ac fel John Williams y Nelson yr adnabyddid ef.

O sôn am deulu'r wraig, mae'n fy atgoffa am un stori glywais i am eu tad, William Williams, dyn arbennig iawn, crydd a phen blaenor, os nad maer answyddogol y pentre ar un adeg. Fe roddodd atebiad anfarwol i gwsmer unwaith, mam ddaeth â phâr o esgidiau ei mab iddo i'w trwsio. Fel pob crydd bryd hynny byddai William Williams yn gwneud esgidiau yn ogystal â'u trwsio, ac fe wyddai ar unwaith nad pâr o esgidiau o'i weithdy o oedd y rhai ddaeth y fam i'w trwsio y diwrnod hwnnw. 'Ble cest ti nhw?' oedd ei gwestiwn iddi. 'Ar y stondin yn Ffair Gorwen,' meddai hithau'n ddiniwed. 'Wel, dos i besychu lle cest ti'r annwyd!'

Cafodd Emlyn Evans fynediad i'r set fawr pan etholwyd ef yn godwr canu, ac fel mae'n digwydd roedd ei wraig yn un o'r organyddion hefyd. Yr unig dro y byddai'n cael ei ofyn i gymryd rhan mewn unrhyw gyfarfod fyddai ar nos Sul pan oedd hi'n gyfarfod gweddi, a fo fyddai'n cael dewis yr emyn ola i'w ganu ac yn cyhoeddi'r fendith. Un dewis oedd ganddo – 'Nefol Dad mae eto'n nosi', ac ar ein heistedd y canem hi, a dim ond y pennill cynta, ond bob tro y clywaf ef yn cael ei ganu rwy'n cofio am Emlyn Evans, yn cofio'r teimlad o ddiogelwch braf yn y capel, gyda rhywun neu rywrai yn eistedd ym mhob sêt a su y lampau paraffin yn ychwanegu rywsut at y tawelwch, yn y cyfnod cyn dyfod trydan i'r fro.

Ond os na chafodd Emlyn Evans ei haeddiant yng ngwasanaethau'r Sul, ef oedd y brenin yn y Cyfarfod Plant a fo fyddai'n arwain y côr pan ddeuai'n eisteddfod. Fo oedd cerddor y capel ac mi fyddai o'r cynta i gytuno nad oedd ganddo ddoniau mawr hyd yn oed ym myd y canu, ond roedd o'n barod i ddefnyddio'i un dalent hyd yr eitha. Y fo hefyd fyddai'r cynta i symud byrddau a chadeiriau ar gyfer neu ar ddiwedd cyfarfodydd tra byddai llawer o'r dynion eraill yn cerdded oddi yno gan feddwl, am wn i, fod y tylwyth teg yn gwneud y gwaith.

Wn i ddim ydi o'n beth gweddus i feirniadu damhegion y Beibl, ond rydw i'n teimlo'n reit flin am un ddameg gan ei bod yn rhoi camargraff llwyr o bobol. Y ddameg honno yw dameg y talentau lle y rhoddwyd pum talent i un, dwy i un arall ac un i'r trydydd. Defnyddiodd derbynwyr y pum a'r ddwy dalent eu heiddo'n ddoeth ac ychwanegu at yr hyn oedd ganddynt, claddodd y trydydd ei dalent yn y ddaear ac fe'i cosbwyd. Y camdybiaeth gyflëir trwy'r ddameg yw mai y rhai gafodd leia yw'r rhai tebyca o gamddefnyddio neu beidio defnyddio yr hyn a gawsant. Nid dyna fy mhrofiad i. Rwyf wedi ymwneud â chymdeithas ardal fy magwraeth a'r ardal yr wyf yn byw ynddi gydol y blynyddoedd a gallaf ddatgan yn ddibetrus mai'r gwir yn amal yw mai pobol y pum talent yw'r rhai mwya diffaith ac mai rhai'r un dalent sydd fwya gweithgar yn eu cymuned. O ddewis, rhowch i mi bob amser y selog di-dalent yn hytrach na'r talentog di-sêl, ac mae Emlyn Evanses ein cymdeithasau yn werth y byd.

Y mae wedi ei gladdu ym mynwent Gwyddelwern a byddaf yn mynd yno ar dro ac yn sefyll wrth ei fedd, a 'fedra i ddim meddwl am eiriau gwell i'w gofio na brawddeg ola *Middlemarch* gan George Eliot, brawddeg hir lefarwyd am Dorothea Brooke ond sy yr un mor addas i ddisgrifio Emlyn Evans a phob un tebyg iddo. Dyma fras gyfieithiad ohoni:

Ond roedd effaith ei b(f)odolaeth ar y rhai o'i ch(g)wmpas yn anfesuradwy ac eang, gan fod y daioni cynyddol sydd yn y byd yn dibynnu llawer ar weithredoedd disylw, ac mae'r ffaith nad yw pethau mor ddrwg arnoch chi a fi ag y gallen nhw fod i'w briodoli i raddau helaeth i'r nifer o bobol sydd wedi ymlafnio'n onest a byw bywydau dinod, ac sy'n gorwedd mewn beddau anghofiedig.

2015

# Gwrando

Mi rydw i wedi bod yn gwneud sym yn ddiweddar, ac wedi dod i'r casgliad 'mod i, yn ystod fy oes, wedi gwrando ar dros dair mil a hanner o bregethau. Mi ddylswn i fod yn ddyn da iawn yn dylswn? 'Dwi ddim yn cofio pryd y clywais i'r bregeth gynta, ond roedd fy nhad yn weinidog ac roedd gan fy mrawd stori amdanaf yn gweiddi allan dros y capel un dydd Sul, 'I be mae Dad isio pregethu?' Mynd â fi allan wnaeth Mam y Sul hwnnw, mae'n debyg, ac rwy'n tybio 'mod i rhwng pedair a phump oed ar y pryd.

Dydw i ddim yn bwriadu sôn am bob pregethwr 'dwi'n gofio, na cheisio dwyn i gof ddarnau o'u pregethau, ond mae ambell atgof am ambell un yn glir yn y cof, y doniol neu'r anghyffredin, mae'n debyg, gan mai chwilio am hynny yr oeddem o leia pan oedden ni'n ifanc, a hynny ynghanol difrifoldeb mawr pwysig pregethu hir a thrwm.

Un o'r rhai fyddai'n dod i Wyddelwern oedd yr Athro David Phillips o Goleg y Bala, ac roedd o'n un o'r ffefrynnau am ei fod, er yn athro coleg pwysig, yn un difyr iawn ac ysgafn i wrando arno. Mi fyddai blaenoriaid Gwyddelwern yn swnio'n llawer pwysicach na fo wrth gyhoeddi ei enw: 'Y Sul nesa fe'n gwasanaethir am ddeg y bore a chwech yr hwyr gan 'Proffesor David Phillips o Goleg y Bala', gan bwysleisio'r gair 'Proffesor'.

Unwaith pan ddaeth atom roedd o'n gadeirydd ar ryw bwyllgor oedd yn codi arian tuag at gyflogau neu bensiynau gweinidogion – Y Casgliad Mawr fel y gelwid o. Ac ar ddiwedd yr oedfa fe'i gwahoddwyd gan flaenor y mis i ddweud gair am y casgliad ac fe ufuddhaodd. 'Roedd mam wedi dod â'i phlentyn i'r Bala i weld y llyn,' medde'r pregethwr, 'ac ar ôl i'r bachgen syllu mewn rhyfeddod arno am hir, mi ofynnodd iddo be oedd o'n feddwl ohono. "Cythrel o ffynnon, Mam," oedd yr ateb. 'A chythrel o gasgliad den ninnau ei angen.'

Roedd Gwilym Ceiriog (y Parch Gwilym Ceiriog Evans wedi hynny) a fi yn eistedd efo'n gilydd y noson honno fel y byddem yn amal gan fod ein teuluoedd yn rhannu yr un sedd yn y capel, ac roedden ni wrth ein bodd efo'r stori, ond mi alla i feddwl, er ei fod o'n broffesor, nad oedd o wedi plesio pawb o 'saint' capel Moreia o bell ffordd.

Roedd athro arall o Goleg y Bala yn dod i bregethu hefyd sef yr Athro Griffith Rees, un dipyn yn Seisnigaidd os cofiaf yn iawn, ond roedd o'n gallu bod yn eitha dramatig. Rwy'n ei gofio yn defnyddio'r ffôn mewn dyddiau pan nad oedd gan y rhan fwyaf ohonom y fath declyn. Cymryd arno godi'r ffôn a siarad iddo: *'Heaven 999 please.'* Yna saib dramatig. *'Hello God, is that you...?'* Ie, Sais mae'n rhaid oedd y Duw oedd ben arall y ffôn. Ond 'dwi'n cofio hefyd mai ei bwynt oedd dweud mai dyna oedd gweddi – galwad ffôn i Dduw.

Un o'r rhai y bydden ni'n edrych ymlaen at ei ymweliadau oedd J.T. – y Parch. J. T. Roberts Cerrigydrudion, er ei fod yn bregethwr hir iawn. Ond doedd neb yn malio gan ei fod mor ddiddorol. Rwy'n cofio ambell un o'i ddywediadau: 'Y perygl mwya i grefydd yw meddwl caeedig'; 'Byddwch wrth draed pawb ond peidiwch mynd dan draed neb'; 'Mae wedi cymryd canrifoedd maith i ddyn ddod allan o'r goedwig; fe gymer ganrifoedd maith hefyd i'r goedwig ddod allan o'r dyn.' Mi fyddai J.T. yn cyfeirio'n amal at lyfrau yr oedd o wedi eu darllen, ond dim ond un rwy'n ei gofio, un o'r llyfrau mwya diddorol ddarllenodd o erioed medde fo – *The Sexual Habits of Bees*.

Roedd y cyfarfod misol yn achlysur pwysig iawn yng Ngwyddelwern, yn digwydd unwaith bob tair blynedd a dau bregethwr 'mawr' yn cael eu gwahodd i gynnal yr oedfaon. Mewn Seiat ryw fis cyn y digwyddiad mi fyddai Gwilym Ceiriog a fi – yr unig ddau blentyn oedd yn mynychu'r Seiat ar y pryd – yn cael job. Mi fyddai pregethwyr ar gyfer y cyfarfod misol yn cael eu henwi a ninnau'n ysgrifennu'r enwau i lawr ar fwrdd du oedd yn ymddangos o rywle ar gyfer yr achlysur. Yna mi fyddai pleidleisio ar y rhain nes eu tynnu i lawr i bedwar, dau ar y top a dau wrth gefn.

Un o'r rhai ddaeth i bregethu, fwy nag unwaith, 'dwi ddim yn amau, oedd y Parch. M. P. Morgan, Blaenannerch. Dydw i'n cofio dim amdano ond yn falch erbyn hyn imi sefyll wrth ei fedd ym mynwent Blaenannerch, lle hefyd y mae bedd Dic Jones. Ac wrth gwrs mae capel Blaenannerch yn enwog iawn am mai yno y cafodd Evan Roberts y diwygiwr dröedigaeth. 'Dwi wedi eistedd yn yr union sedd, ond ddigwyddodd dim byd i mi!

Un arall ddaeth i Wyddelwern yn ei dro oedd y Parch. J. Llewelyn Hughes, Porthaethwy, tipyn o dderyn. Roedd Clwb Ffermwyr Ifanc Gwyddelwern wedi bod am drip i Blacpwl ac fe wyddai'r pregethwr hynny, a bod amryw o'r aelodau yn y gynulleidfa y noson honno. Ar Jona oedd i fod i fynd i Ninife yr oedd ei bregeth, ac aeth ati i ddisgrifio'r dref. 'Tref bechadurus, ddrwg, llawn temtasiyne oedd Ninife,' medde'r pregethwr, 'Blacpwl yr Hen Destament.' Fe welodd pawb yn y gynulleidfa y pwynt!

Ond rhaid gorffen gyda'r anfarwol John Roberts, Llanfwrog, gweinidog Capel Tegid ddaeth i bregethu ryw bythefnos cyn i Nansi a fi briodi. Er mawr embaras i'r ddau ohonom mi dd'wedodd fy llysfam hyn wrth y pregethwr pan gyfarfu ag ef ar y ffordd i mewn i oedfa'r bore. Ei ymateb rhyfedd ar y pryd oedd gofyn a fydden ni yn oedfa'r nos hefyd, ac mi ddwetson ni y byddem. Fe newidiodd John Roberts ei gynlluniau yn y fan a'r lle a phregethu'r bore ar gariad a'r nos ar gartref. Ie, athrylith o ddyn oedd y Parch. John Roberts, a fedra i feddwl am neb gwell na fo i gael y gair ola yn yr erthygl hon.

2014

# Cofio rhai pobol

# Pobol od

'Dydw i ddim yn ymddiheuro o gwbwl am fynd nôl i'r gorffennol fel hyn gan fod cofio'n gallu bod yn gysur, yn tydi? J. M. Barrie dd'wedodd – yn Saesneg wrth gwrs – fod gennym i gyd gof er mwyn i ni allu cael rhosod ym mis Rhagfyr.

Mae trigain mlynedd wedi mynd heibio ers imi fod yn fyfyriwr yng Ngholeg Prifysgol Bangor, yn yr adeilad ysblennydd hwnnw a elwid y Coleg ar y Bryn ac a ddifethwyd bron yn llwyr gan ddatblygiadau mwy diweddar o gwmpas y lle.

'Dwi wedi hen anghofio'r rhan fwya o'r hyn ddysgais i yno, mae'n siŵr, ond rwy'n cofio rhai pobol yn dda iawn, a rhai ohonyn nhw, ymhlith y darlithwyr, yn rhai digon od. Mi soniaf am dri.

Un o'r pynciau yr oeddwn i'n eu hastudio oedd Hanes, ac un o'r darlithwyr oedd dyn o'r enw Denholm Young, un o brif haneswyr Gwledydd Prydain os nad Ewrop, ac mae stori ei ddyfodiad i Fangor, os yw'n wir, yn un ddigon od. Ymddiswyddodd o Rydychen oherwydd ei iechyd, neu dyna ddywedir yn y cofnod amdano beth bynnag, ond y tebyg yw iddo gael ei wthio oherwydd ei fod ar brydiau yn meddwi ac yn esgeuluso ei ddyletswyddau. Byddai'n mynd ar yr hyn a elwir yn *binges* personol fyddai'n para bythefnos neu dair wythnos ar y tro, ac un o'r llefydd y bydde fo'n ymddangos ynddo, am ryw reswm, oedd tafarn y *Black Boy* yng Nghaernarfon. Un diwrnod ymwelodd â llyfrgell y coleg ym Mangor ac fe'i gwelwyd gan un o'r staff. Bu bron i ddannedd gosod hwnnw gwympo o'i geg pan sylweddolodd pwy oedd o, ac aeth i ddweud wrth rywun mewn awdurdod ar unwaith. Ac yn y fan a'r lle, os gwir y stori, fe'i penodwyd yn ddarlithydd yn yr adran Hanes. Roedd ei enw'n ddigon i ddod â chlod i'r coleg.    Wel, mi fues i'n un o'r myfyrwyr ffodus neu anffodus yr oedd o'n darlithio iddyn nhw am gyfnod, a 'dwi'n cofio hyd heddiw dair o'i frawddegau o'r cyfnod hwnnw. Wedi ei ysgrifennu ar ddrws yr ystafell ddarlithio yr oedd y gyntaf, a ninnau wedi mynd yno'n griw i glywed ei ddarlith gynta ar y Crwsêds – y Croesgadau. Ond roedd yr hen Denholm wedi mynd ar un o'i gyfnodau yfed, ac wedi gadael neges i ni ar ddarn o bapur ar y drws: *The first crusade has been postponed for a week.*

Yr ail frawddeg a gofiaf yw'r frawddeg gynta lefarodd o pan ddaeth o yn y diwedd i ddarlithio ar y Croesgadau: *You can't be chivalrous without a horse.* Fe chwarddodd pawb debyg iawn, ond roedd andros o lot o synnwyr yn ei frawddeg. Dim ond y cyfoethogion oedd yn berchen ceffylau yr adeg honno, ac felly dim ond y nhw oedd yn gallu mynd i ymladd brwydrau'r Croesgadau i arbed Caersalem rhag y barbariaid. Doedd y werin ddim yn rhan o'r brwydro. Roedd rhywbeth i'w ddweud dros dlodi on'd oedd?

Ac yna ei drydedd frawddeg, mewn seminar, sef cyfarfod o nifer fechan ohonom i drafod rhyw draethawd yr oedden ni wedi gorfod ei gyfansoddi. Fe ofynnodd rhyw Sais oedd isio dangos ei hun gwestiwn iddo fo am hanes yr Almaen cyn yr Oesoedd Canol – *Early Germanic History.* Fe synhwyrodd yr hen Denholm mai dangos ei hun yr oedd y myfyriwr o Sais ac medde fo: 'Does yna ond dau arbenigwr yn y byd ar Hanes Cynnar yr Almaen; Barraclough sy wedi marw a finne sy wedi anghofio'r cyfan amdano!'

Pan ddois i at fy mlwyddyn ola yn y coleg, blwyddyn paratoi i fod yn athro, mi ddois ar draws Ivor Williams neu Ivor P.T., y gŵr oedd yn gyfrifol am y pwnc hwnnw ac am ddysgu Iechyd a Gwaith Coed. Roedd rhai o'i ddywediadau yn ei ddarlithoedd Iechyd yn enwog ac fe glywais o leia un â'm clustiau fy hun – 'Mae eich tonsyls i'w gweld o'r golwg yng nghefn eich gwddw.' Roeddwn i'n greadur annhebygol iawn i wneud gwaith coed, ond roedd yn rhaid dewis rhyw bwnc ymarferol, ac fe benderfynais geisio dwyn i gof yr hyn ddysgais i gan yr hen Gabinêt yn Ysgol Tŷ Tan Domen erstalwm a gwneud bwrdd coffi. Unig gyngor Ivor P.T. i mi oedd, 'Does dim pwrpas gwneud bwrdd oni bai fod y bedair coes yn cyrraedd y llawr.' Chwerthin wnes i ar y pryd ond mi welais fod ganddo fo bwynt wedi imi orffen y bwrdd!

Mi wyddai Ivor mod i'n genedlaetholwr ac i'm plesio, am wn i, a hithe'n lecsiwn, fe dd'wedodd ei fod am bleidleisio i Ioan Bowen Rees oedd yn sefyll dros Blaid Cymru. 'Alla i byth bleidleisio i'r Tori,' medde fo, 'a finne'n dod o Dde Cymru. Alla i ddim pleidleisio i'r ymgeisydd Llafur, mae o'n byw drws nesa i mi, ac am y Rhyddfrydwr (Dr Mostyn Lewis oedd hwnnw) alla i byth bleidleisio i ddyn sy'n cael tynnu ei lun efo cetyn yn ei geg.' Ie, berig mai rhesymau negyddol yn erbyn y lleill wnaeth iddo bleidleisio i'r Blaid wedi'r cwbwl!

Er iddo ddweud ei fod yn dod o gyfeiriad y de, wyddwn i ddim o ble, ond flynyddoedd yn ddiweddarach a finne'n digwydd teithio trwy Lanwrtyd a gorfod stopio wrth oleuade traffig, pwy welwn i ar ochor y stryd yn siarad efo criw o ddynion eraill ond Ivor P.T. Yr hen greadur. Coffa da amdano.

A'r trydydd dyn od? Cyfarfod hwnnw ar lwybr y coleg wnes i un bore; fi ar fy ffordd i fyny a fynte'n dod yn fân ac yn fuan ar i lawr i'm cyfarfod. Fe stopiodd a gofyn i mi yn Saesneg pa ddiwrnod oedd hi. 'Dydd Mercher,' meddwn i. 'O diolch,' medde fo, 'roeddwn i'n ofni ei bod yn ddydd Iau.' Ac yn ei flaen â fo. Doedd o ddim yn fy adnabod i, ond mi wyddwn i pwy oedd o – yr Athro Littlewood, pennaeth yr Adran Fathemateg, dyn clyfar tu hwnt oedd, yn ôl y sôn, yn gallu ysgrifennu o'i gof ar y bwrdd du y prosesau mathemategol mwya astrus. Ac eto wydde fo ddim pa ddiwrnod o'r wythnos oedd hi!

Tri gŵr, tri darlithydd coleg a brofodd i mi wirionedd yr hen ddywediad – 'lle mae camp mae rhemp.'

2014

# Y Tlawd Hwn

Unwaith yn unig y deuthum i gysylltiad â'r Athro W. J. Gruffydd, a'i glywed yn darlithio ac yn trafod, ond mwy am hynny yn nes ymlaen.

Rwyf wedi rhoi teitl ei gerdd orau yn deitl i'r ysgrif hon, ei gerdd orau ym marn y bardd ei hun beth bynnag, ac mae'n anodd anghytuno. Mae hi'n gerdd ardderchog, ac yn ôl y sôn mi gymrodd flynyddoedd iddo i'w chwblhau'n derfynol gan ddychwelyd ati o dro i dro.

Mae cerddi W. J. Gruffydd yn rhai diddorol dros ben, gan ei fod yn fardd sydd fel pe'n pontio dau gyfnod, y cyfnod rhamantaidd a'r cyfnod ôl-ramantaidd. Ystyriwch gerddi fel 'Y Tlawd Hwn', grybwyllwyd uchod, 'Sionyn' ac 'Ynys yr Hud' ochor yn ochor â cherddi megis 'Gwladus Rhys', 'Y Pharisead' ac 'Ofn' fel enghreifftiau, ac ni ellir ond rhyfeddu at y newid cywair mewn cyfnod cymharol fyr, fel tase profiadau'r rhyfel mawr – a dichon mai dyna'r gwir – wedi cael cryn effaith arno. Cerddi cyn y rhyfel yw'r tair cynta a enwais, cerddi wedi'r rhyfel yw'r tair arall.

Fe enillodd W. J. Gruffydd y goron yn Eisteddfod Genedlaethol Llundain yn 1909 gyda T. Gwynn Jones yn ennill y gadair. Yn 2009 roedd yr Eisteddfod ym Meirionnydd, yn y Bala, ac fe ofynnwyd i Hywel Teifi draddodi'r ddarlith lenyddol yno, gan adael y dewis o destun iddo fo tra'r un pryd yn mynegi awydd y pwyllgor iddo gyfeirio at Lundain a'i phrifeirdd gan ei bod yn ganmlwyddiant yr eisteddfod honno. Cytunodd yntau, gan ddewis darlithio – a hynny'n bur ddiflas a di-fudd i'm tyb i o gofio mai Hywel Teifi oedd o – ar ddylanwad syniadau Darwin ar lenyddiaeth ac anwybyddu'n llwyr gais y pwyllgor.

Byddai W. J. Gruffydd ei hun wedi bod yn destun da i'r ddarlith lenyddol, a dweud y gwir, ac wrth drafod yn y Pwyllgor Llenyddiaeth daeth i'm cof helynt mawr Eisteddfod Aberystwyth 1952, un o'r rhai cynta i mi ei mynychu am wythnos, ac yna Ysgol Haf ar Lenyddiaeth Gymraeg yng Ngholeg Harlech, Awst 1953.

Yn Eisteddfod Aberystwyth ataliwyd y goron. 'Y Creadur' oedd un o ddau destun y flwyddyn honno ac ar y testun hwnnw y canodd y gorau yn y gystadleuaeth, sef 'Efnisien', bardd yr oedd Euros Bowen yn barod i'w goroni, ond y ddau feirniad arall, W. J. Gruffydd a David Jones, yn erbyn.

Cerdd yn y person cynta gan lofrudd sydd yn ei gell yn aros awr ei ddienyddiad yw cerdd Efnisien, llofrudd laddodd ei gariad oherwydd ei hanffyddlondeb, a'r creadur yn y gerdd yw'r chwilen ddu fyddai'n croesi'r llawr ac y gwnaeth ffrind ohoni gan adrodd ei hanes wrthi.

Dyma'r llinellau agoriadol:

Croeso
Chwilen ddu
Yng ngwisg yr angladd.
A ddaethost ti
I gyfarch gwell
Ac i ddweud ffarwél
Wrth un sy'n disgwyl clywed sŵn y traed
Yn aros
Sŵn y llais digyffro'n dweud
Bod y rhaff yn crogi'n wag
Yng nghut yr angau ...

Roedd W.J. Gruffydd yn llym ei feirniadaeth o'r bryddest: 'Ni chaniateir i un pelydryn o addfwynder dorri ar gaddug y gân,' meddai, ac mae'n ychwanegu mai mewn *sneers* y mae'r bardd yn siarad. Mae'n awgrymu mai efelychu ffasiwn y mae'r bardd ac os felly awgryma efelychu R. Williams Parry. Mewn difri!

Creodd ei sylwadau am y gerdd gryn gynnwrf, ac fe ychwanegwyd at y cynnwrf hwnnw pan gyhoeddodd *Y Cymro* cyn diwedd yr wythnos y gerdd yn ei chyfanrwydd a dadlennu mai'r bardd oedd Harri Gwyn.

Bu'r wasg yn llawn o'r helynt a chyhoeddwyd llun o Harri Gwyn hyd yn oed yn y *Picture Post*! Cyfieithwyd y gerdd i'r Saesneg ac i'r Sbaeneg a bu'r bardd a'r beirniad wyneb yn wyneb ar raglen radio o Lundain. Yn ystod y cyfnod hwn cyfaddefodd W. J. Gruffydd y dylsai fod wedi cytuno efo Euros Bowen i goroni Harri Gwyn ac nid gyda David Jones i atal y goron rhagddo.

Yn Awst y flwyddyn ganlynol, 1953, roedd Ysgol Haf ar Lenyddiaeth Gymraeg yng Ngholeg Harlech. Aeth tua dwsin ohonon ni fyfyrwyr coleg Bangor yno efo'n gilydd gan ei bod yn ymestyniad bron o'n cymdeithasu ni yn yr eisteddfod.

Ymhlith y cewri llên oedd yn darlithio yno yr oedd yr Athro W. J. Gruffydd, ac yno hefyd yr oedd Gwyn Erfyl, oedd yn hŷn na ni, ac R. Gerallt Jones oedd yn y coleg efo ni. Roedden nhw'n cynrychioli to newydd o feirdd oedd yn cicio yn erbyn y tresi, ac yn gwrthwynebu'n chwyrn agweddau beirdd fel W. J. Gruffydd. Mi aethon nhw i'w ben o yn un o'r sesiynau ac mi fu yno gryn gecru, nid am y gerdd a'r hyn ddigwyddodd yn Aberystwyth yn arbennig, ond am agwedd W. J. Gruffydd yn gyffredinol at y to newydd o feirdd oedd yn codi yng Nghymru, ac fe gofiaf amdano fel un oedd wedi chwerwi wrth gymdeithas ac wrth feirdd ac yn ddiedifar ei feirniadaeth arnynt. Roedd hi'n anodd rywsut cysoni'r cymeriad hwn gyda llinellau cofiadwy o'i farddoniaeth, a'i ddamcaniaeth yn ei ragymadrodd i'r *Flodeugerdd Gymraeg* mai rhyw ffurf ar hiraeth oedd testun pob prydyddiaeth.

Awst 1953, fel y dywedais, oedd dyddiad y Cwrs Llenyddiaeth. Yn Nhachwedd 1954, o fewn ychydig dros flwyddyn wedi hynny, fe fu farw W. J. Gruffydd, ac rwy'n tybio ei fod, pan oedd yn Harlech, yn bur wael ei iechyd, a dichon fod ei gyflwr bryd hynny'n rhannol gyfrifol am ei agwedd a'i surni at gymdeithas yn gyffredinol a beirdd yn arbennig.

Nid yw'r stori yn gorffen yn y fan yna fodd bynnag. Yn 1999 cyhoeddwyd *Ni'n Dau, hanes dau gariad* gan Eirwen Gwyn, gweddw Harri Gwyn, ac yn y gyfrol mae'n cyfeirio at helynt Aberystwyth 1952 ac at erthygl gan Bobi Jones yn Barddas yn 1992, y flwyddyn y dychwelodd y brifwyl i Aberystwyth.

Yn yr erthygl honno mae Bobi Jones yn adrodd ei fod wedi pechu yn erbyn W. J. Gruffydd a gwŷr llên eraill megis T. H. Parry-Williams cyn Eisteddfod 1952 wrth honni eu bod yn meddwl eu bod yn well llenorion nag yr oedd pobol yn gyffredinol yn ei dybio. Fe ffromodd W. J. Gruffydd yn arbennig am hyn. Ymgeisiodd bardd dan y ffugenw 'Nisien' ar y bryddest yng Nghaerffili yn 1950, ac er nad enillodd y goron yno roedd yn wybodaeth weddol gyffredinol mai Bobi Jones oedd y bardd hwnnw. Yna yn Aberystwyth ddwy flynedd yn ddiweddarach ffugenw un o'r ymgeiswyr oedd 'Efnisien', ac oherwydd cysylltiad Nisien ac Efnisien yn y chwedl y ddamcaniaeth yw i W. J. Gruffydd benderfynu mai Bobi Jones oedd Efnisien hefyd a'i gosbi am ei sylwadau cyn yr Eisteddfod trwy beidio dyfarnu'r goron iddo. Pa ryfedd felly i'r beirniad, dan bwysau, ac o weld ei gamgymeriad, gyfaddef na ddylsai fod wedi atal y wobr yn yr Eisteddfod honno.

Onid yw byd llenyddiaeth a llenorion yng Nghymru yn ddiddorol! Ond a finne'n edmygydd mawr o farddoniaeth W. J.

Gruffydd, ac yn cofio ei fod yn ddyn gwael yn y cyfnod hwnnw, ni fynnwn i gynnen gael y gair ola, ond yn hytrach y farddoniaeth odidog greodd o, a chofio'n arbennig y llinellau sy'n disgrifio'r tlawd hwn, y fo ei hun falle, yn:

...llesmair wrando anweledig gôr
Adar Rhiannon yn y perl gynteddoedd
Sy'n agor ar yr hen anghofus fôr.

2016

# Y golled

Lewis Davies, Ifor Owen, H. R. Williams a Gwilym Owen; dyna olyniaeth prifathrawon Ysgol Gwyddelwern yn ystod fy mhlentyndod a'm llencyndod i. Ymddeol i Fanceinion wnaeth Lewis Davies, symud i Lanuwchllyn wnaeth Ifor Owen, symud i Lynceiriog wnaeth H. R. Williams, ond boddi wnaeth Gwilym Owen. Ac amdano fo yr ydw i isio sôn.

O Dy'n y Berth, Corris Uchaf y daeth o i Wyddelwern tua diwedd y pumdegau, a'r teulu cyfan, Mary ei wraig a Robert a Gwen ei blant, yn ymgartrefu yn Nhŷ'r Ysgol. Dau o Fôn oedd y rhieni ac roedd Gwilym Owen yn athro ym Môn pan ddaeth yn rhyfel yn 1939. Gan ei fod yn wrthwynebydd cydwybodol fe welodd cynghorwyr Môn yn dda i'w ddiswyddo. Yn ddiweddarach ymunodd â'r Frigâd Ambiwlans lle roedd llawer o wrthwynebwyr tebyg iddo, gan gynnwys Dyfnallt Morgan, y llenor oedd yn byw ym Mangor ac yn ffrindiau mawr efo fo.

Doedd o ddim yn ddyn iach; dim ond un ysgyfaint oedd ganddo, ac edrychai'n llawer hŷn na'i oed, ond roedd o'n gymeriad arbennig, yn dawel ac addfwyn, ac eto'n llawn hiwmor a hwyl. Yn ystod ei gyfnod yn yr ysgol roedd gynnon ni, rai ifanc yr ardal, barti Noson Lawen a byddai'n caniatáu inni dynnu ei ysgol yn dipiau er mwyn creu neuadd o ddau ddosbarth gyda llwyfan yn un pen i gynnal Noson Lawen o leia unwaith y flwyddyn.

Doedd o fawr o ganwr ond deuai efo ni o gwmpas yr ardal i ganu carolau bob blwyddyn. A fo anogodd ni i fynd i far y

*Crown* ychydig cyn amser cau i ganu a gwneud casgliad. Fydden ni byth yn mentro cyn hynny, ond mi wyddai o fod yna bocedi i'w gwagu a'i bod yn haws gwneud hynny agosa'n y byd fyddai hi i *stop tap*. 'Dwi'n cofio'n iawn y tro cynta inni fentro, a 'dwi'n crwydro rŵan. Fe ddiflannodd un o'r cwsmeriaid drwy'r drws cefn pan welodd o ni'n dod i mewn. Yn nes ymlaen roedden ni ar ein ffordd i gyfeiriad cartre y dyn arbennig hwnnw pan aeth fan un o'r dreifars i'r ffos. Tra oedden ni'n straffaglio i'w chael yn rhydd fe basiodd y dyn yn ei gar yn reit snêc, ac erbyn i ni gyrraedd ei gartref roedd o'n eistedd wrth y tân yn ei slipars yn smocio sigâr fel tase fo heb fod allan yn unman y noson honno, ac yn meddwl yn siŵr ei fod wedi ein twyllo! Ie, dyna'r math o gyfnod oedd hi ynghanol y ganrif ddiwethaf!

Ond i ddychwelyd at Gwilym Owen, y creadur tawel, cymwynasgar, caredig. Doedd Nansi ddim yn teimlo'n dda yn y capel un bore Sul ac yr oeddwn i oddi cartre mewn Cyfarfod Ysgol yng Nghynwyd. Mi gerddodd allan o'r gwasanaeth ac eistedd ar stepiau'r capel. Pwy aeth allan ar ei hôl? Pwy ond Gwilym Owen, ac eistedd wrth ei hochor a dweud: 'Rwyt ti'n disgwyl yn dwyt?' 'Ydw,' atebodd hithe, a fo oedd y cynta yn y pentre i wybod! 'Tyrd,' meddai, 'mi awn ni adre ac mi wna i baned i ti.'

Ie, halen y ddaear oedd Gwilym Owen, ac mi clywais o'n dweud nad oedd ganddo uchelgais i fynd i ysgol fwy a'i fod am aros yng Ngwyddelwern hyd ei ymddeoliad gan ei fod wedi setlo mor dda yn y pentre. Ond daeth y cyfan i ben yn syfrdanol o sydyn.

Yn Awst 1961 roedd o a'r teulu ar wyliau yn Sir Fôn, ac roedd o'n eistedd yn yr haul ar un o draethau gogledd Môn pan aeth bachgen ar wely gwynt i drybini yn y dŵr. Rhuthrodd Gwilym Owen i'r môr i geisio'i achub er ei fod dan orchymyn y doctor i beidio ymdrochi oherwydd cyflwr ei iechyd. Yn drist iawn fe foddwyd y bachgen – Stewart Botten, deunaw oed o Lundain – ac fe foddodd y prifathro. Fe'i tynnwyd dan y tonnau ac ni chafwyd hyd i'w gorff am rai dyddiau.

Nid hwn oedd y tro cynta i Wyddelwern brofi trasiedi o'r fath. Yn 1932 boddwyd dau lanc yn eu hugeiniau o'r ardal ar ddiwrnod trip y Rhyl, ac mae'n sicr fod y rhai a gofiai'r achlysur hwnnw yn ail-fyw'r profiad erchyll pan glywsant am y drychineb ar lannau Môn.

Fe syfrdanwyd ardal gyfan, ond roedd yr ymateb yn anrhydeddus. Fe oedodd Awdurdod Addysg Meirionnydd cyn penodi rhywun yn ei le er mwyn i'r teulu gael amser i chwilio am gartre newydd, ac fe agorwyd cronfa er budd y teulu ac addysg y plant gan ei bod yn amser anodd a dim incwm yn dod i mewn. Cyfrannwyd yn hael gan ddegau i'r gronfa honno, ac yr oedd ymwneud â hi yn rhyw fath o gymorth i bawb ohonom, gan ein bod oll mewn galar. O leia gallem deimlo ein bod yn gwneud rhywbeth.

Aeth nifer fawr ohonom o Wyddelwern i Fôn i'r angladd, ac yr oedd o'n angladd mawr ac yn cynnwys W. E. Jones, y Cyfarwyddwr Addysg a Cledwyn Hughes, aelod seneddol Ynys Môn a chyfaill i'r teulu. Tybed oedd rhai o'r cynghorwyr bleidleisiodd i'w ddiswyddo ar ddechrau'r rhyfel yn bresennol? Os oedden nhw, tybed oedd eu hwynebau'n goch gan gywilydd?

Y mae pob digwyddiad mewn bywyd fel taflu carreg i lyn llonydd, lle mae'r mân donnau yn cyrraedd hyd y lan. Mae'n cael ei effaith a'i ddylanwad ar bawb. Ac felly yr oedd hi yn fy hanes i yn dilyn y drasiedi. Gofynnwyd i mi fynd i'r ysgol yn brifathro dros dro hyd y Nadolig. Yn y cyfamser hysbysebwyd y swydd ac fe geisiodd Gwylfa Roberts oedd yn y Sarnau ar y pryd amdani a'i chael. Ymgeisiais innau yn fy nhro am Ysgol y

Sarnau a'i chael a dod i fyw i Dŷ'r Ysgol. Ac yma yr ydw i byth!

Mae dros hanner can mlynedd ers hynny, ond mae'r cof am Gwilym Owen yn dal mor fyw ag erioed. Un o ragorolion y ddaear.

2011

# Un o'r goreuon

*Ryden ni'n eitha da fel cenedl am gofio'n henwogion, ac erbyn hyn ein selebs hefyd, ond dim cystal am dalu gwrogaeth i'r rheini lafuriodd yn egnïol dawel yn eu cymunedau eu hunain, y rhai y dywedir amdanynt nad oes coffa amdanynt, y rhai wrth gwrs nad oedden nhw yn chwennych sylw, ond ar yr un pryd yn ei haeddu.*

*Un o'r cyfryw bobol y cefais y fraint o gwrdd â hi amser maith yn ôl bellach oedd Sadie Jones, Gors-goch, a rai blynyddoedd yn ddiweddarach mi ysgrifennais rywbeth amdani ar gyfer un o raglenni Radio Cymru, a dyma addasiad ohono...*

Teithio adre o Gaerfyrddin yr oeddwn a hithe'n ganol Ionawr ac yn bygwth eira. Yr un ffordd fyddwn i'n ei dilyn bob tro bron, sef y ffordd drwy Rydargaeau ac Alltwalis i Lanybydder, mynd draws gwlad drwy Alltyblaca, hen gynefin Jacob Dafis, i Lanwnnen, ymlaen i Temple Bar ac yna dros y bryniau i Lanrhystud ac i'r A487 ac am Fachynlleth.

Ond roedd hi'n bygwth eira a phan welais i'r mynegbost ar ochor y ffordd yn arwyddo Cwrtnewydd a Gors-goch dyma benderfynu torri ar draws gwlad a'i 'nelu hi am ffordd yr arfordir drwy Dalgarreg a Synod Inn. Roedd llai o siawns y cawn eira os awn i tua'r gorllewin. Neu dyna fy esgus i beth bynnag.

Ond mi wyddwn yn fy nghalon nad dyna'r gwir reswm. Ychydig wythnosau ynghynt ar ddiwedd tymor y Nadolig roedd Ysgol y Blaenau, Gors-goch wedi cau, ac roedd yna le cynnes iawn i'r ysgol honno yn fy atgofion i.

Roedd hi'n un o'r ysgolion yng nghynllun y Cyngor Ysgolion y bûm yn ymwneud ag o am bedair blynedd yn y saithdegau. Cyn hynny wyddwn i ddim ble roedd hi, ond mi wyddwn ei henw gan fod parti cydadrodd o'r ysgol yn ennill yn amal yn Eisteddfod yr Urdd a rhyw Sadie Jones, y brifathrawes, yn eu dysgu.

Mi fûm yn yr ysgol sawl tro yn ystod cyfnod y cynllun a dod i adnabod Sadie Jones. Ysgol wledig ddau athro, neu i fod yn fanwl ddwy athrawes, oedd hi, a'r plant, rhyw bump ar hugain ohonynt, yn cael eu trwytho yng nghyfoeth iaith a diwylliant y fro ac yn derbyn addysg o'r radd flaenaf gan brifathrawes oedd yn athrylith ddiymhongar, a'i chyd-athrawes hefyd yn un o gyffelyb fryd. Un oedd yn golofn ei chymdeithas a'i chapel a'i bro oedd Sadie Jones. Llafuriodd yn ddiatal yno ar hyd y blynyddoedd heb ddisgwyl gwobr na chlod. Pan ddeuai newydd-ddyfodiaid i fyw i'r ardal byddai'n ymweld â nhw i sôn am gyfoeth diwylliannol y fangre yr oedden nhw wedi dod iddi. Ie, yn bendant, un o fil oedd Sadie Jones.

Treiglo wnaeth y blynyddoedd a chollais innau sawl cyfle i ymweld â'r ysgol wedi i'r cynllun ddod i ben ac i alw i weld y brifathrawes yno ac yn ei chartref ar ôl iddi ymddeol. Rywsut roedd rhywun yn mynd y ffordd arall, neu ar frys neu rywbeth. Ond y bore arbennig yma, gan ei bod yn bygwth eira, dyma benderfynu mynd heibio.

Mi feddyliais am alw yn y Swyddfa Bost i holi hynt a helynt Sadie Jones ond gan ei bod yn pluo eira ymlaen â fi nes dod at y tro yn y ffordd lle roedd yr ysgol yn llechu bron o'r golwg i lawr lôn fach gul, ar ymyl ffordd nad oedd yn arwain i unman.

Profiad chwithig oedd crwydro o gwmpas yr hen adeilad yn yr eira gwlyb a'r gwynt cry. Roedd tair neu bedair llechen ar yr iard a thwll yn y to – mor fuan y mae adeilad gwag yn dirywio – ac wrth edrych drwy'r ffenestri gwelwn sypiau blêr o lanast heb ei glirio, popeth wedi ei dynnu oddi ar y waliau a phopeth oedd o werth wedi mynd. Ie, 'ysgol yn wag o'i desgiau' oedd hi ac yn amddifad o bopeth arall hefyd. Adeilad tlodaidd, gwael, cragen wag a'r gwynt yn ubain rownd y corneli a'r plu eira yn chwyrlïo o gwmpas, y cyfan yn arwyddo diwedd cyfnod, yn arwyddo mai busnes nid gwasanaeth oedd addysg bellach ac nad oedd cymdeithasau bychain cefn gwlad yn bwysig yn y byd mawr cystadleuol. A'r cyfan yn fy ngwneud yn ddigalon.

I beth y brwydrodd Sadie Jones a'r rhai fu gyda hi yn y fath le? Ym mhen draw'r byd? Oedd y cyfan yn ofer? Oedd y cyfan yn wastraff? Oedd o'n arwyddocaol mai ar fin ffordd nad oedd yn arwain i unman yr oedd yr ysgol? Ac i ychwanegu at fy nigalondid, cael gwybod gan rywun y byddwn wedi gorfod siarad Saesneg yn y Swyddfa Bost yng Ngors-goch a bod Sadie Jones yn wael.

Ar ôl cyrraedd adref roedd fy meddwl yn llawn o'r adeg flynyddoedd ynghynt y gadewais ysgol y Sarnau a mynd i weithio i'r Cyngor Ysgolion am bedair blynedd – y llwybr a'm harweiniodd i Gors-goch. Mewn ffit o'r felan euthum i edrych ar y cardiau gefais i gan y plant bryd hynny'n dymuno'n dda imi. Un yn arbennig, yr un gefais i gan Tania Portsmouth, ddeng mlwydd oed. Ar un ochr i'r cerdyn roedd llun, llun o fyd y ffordd fawr, dwy saeth mewn cylch yn arwyddo bod y traffig yn symud mewn dau gyfeiriad. Arwydd digon cyffredin ond enghraifft o athrylith Tania ar yr ochr arall a'r geiriau: 'Mynd ond dod yn ôl.'

Ie, dyna ddigwyddodd i mi, a dyna sy'n digwydd i rai o hyd. Mae Ysgol y Blaenau Gors-goch wedi mynd, wedi cau, ond nid aeth yr hyn ddigwyddodd o fewn ei muriau yn ofer. Fe bery, gobeithio, atgofion y rhai fu'n ddisgyblion ynddi tra byddan nhw, a dod yn ôl gobeithio wnaeth amryw o'r rhai gafodd addysg ynddi. Dod yn ôl i wasanaethu cefn gwlad oherwydd y cychwyn gwych gawson nhw yn lleol. Na, nid ar ffordd nad oedd yn arwain i unman yr oedd Ysgol y Blaenau, ond ar briffordd bywyd. Ac ar y ffordd honno mae yna bobol sy'n arwain, sy'n cyfarwyddo, sy'n cynnal. Mae'r rhai sy'n gwneud hynny yn efelychu un o'r prifathrawesau gorau a welodd unrhyw ysgol yng Nghymru erioed.

*Fel y crybwyllais ar y dechrau, rhai gwael yden ni'n amal am dalu gwrogaeth i'r rhai sy wirioneddol yn ei haeddu, ond fe gefais i, flynyddoedd yn ôl, am ei bod yn bygwth eira yng Nghaerfyrddin, gyfle i dalu teyrnged fechan i un ohonyn nhw, y ddiweddar erbyn hyn, Sadie Jones, Ysgol y Blaenau, Gors-goch.*

2016

# A *heuo faes...*

Pan fu farw Geraint Bowen, y prifardd a'r cyn-archdderwydd, mi gofiais iddo fyw yma ym Mhenllyn ddwywaith, y tro cynta ym mhedwardegau'r ganrif ddiwethaf, a'r eildro yn chwedegau yr un ganrif.

Enillodd gadair yr Eisteddfod Genedlaethol yn 1946 am ei 'Awdl Foliant i'r Amaethwr', gyda Tom Parry, Gwyndaf a Gwenallt yn beirniadu. Mae'n un o awdlau gorau'r Eisteddfod, a daeth llinell ola englyn cynta'r gerdd yn ddihareb bron: 'A heuo faes, gwyn ei fyd'. Bu'n Archdderwydd rhwng 1978 a 1981.

Yn y chwedegau y deuthum i i'w adnabod. Roedd y Genedlaethol yn y Bala yn 1967 a finne'n ysgrifennydd y pwyllgor llên gyda W. D. Williams yn Gadeirydd a H. J. Hughes Harlech yn is-Gadeirydd. Rywbryd yn ystod ein pwyllgora penodwyd Geraint Bowen i fod yn gyfrifol am y Babell Lên a gadawyd ei threfnu i ni ein dau, a chefais sawl cyfarfod difyr efo fo ym Mhennant, y Parc lle y trigai ar y pryd.

O un o'r cyfarfodydd hynny y daeth y syniad i gynnal sesiwn canu ysgafn yn y Babell Lên, a hynny am y tro cynta erioed. Roedd cystadleuaeth wedi ei gosod yn yr adran llên i gyfansoddi geiriau i dair cân ysgafn, gyda Gwyn Williams ac Alwyn Samuel yn beirniadu, ac yng nghysgod y gystadleuaeth honno y penderfynwyd ar y sesiwn 'Canu Ysgafn a Chanu Pop'. Anghofia i byth frwdfrydedd Geraint Bowen wrth drefnu'r sesiwn hwnnw, roedd o fel hogyn ysgol, ac yn daer i gynnwys cymaint ag oedd bosib o artistiaid. Penderfynwyd yn y diwedd ar Dafydd Iwan, y Blew, y Cwiltiaid, y Derwyddon, y Gwerinwyr a'r Pelydrau. Llawer gormod i sesiwn awr! Ond dyma enedigaeth y Babell Roc yn yr Eisteddfod, yn enwedig ymddangosiad y Blew.

Clywais ar un o raglenni *Cofio* John Hardy bedwar aelod o'r grŵp yn dweud nad oedd croeso iddyn nhw yn yr Eisteddfod, mai chwant y pwyllgor oedd pwysleisio hen rinweddau Cymru, a bod gwrthwynebiad cyffredinol i gael y grŵp i'r Bala. Celwydd. Y Pwyllgor Gwaith, ar argymhelliad y Pwyllgor Llên, a'u gwahoddodd, ac roedd y Babell Lên dan ei sang a'r brwdfrydedd yn fawr. Bu'r derbyniad yn un tywysogaidd. Dalied yr aelodau i ramantu, os dyna'r gair, am ddiffyg croeso os mynnant, ond dyna'r ffeithiau, ac ni chawsant fel grŵp erioed gefnogwr mwy brwd na Geraint Bowen. Gyda llaw, fe ysgrifennais at y rhaglen i nodi hyn oll ond ni wnaed dim i gywiro'r camargraff.

Rai blynyddoedd yn ddiweddarach ar ddechrau'r saithdegau y cefais yr unig ymweliad wnaeth Geraint Bowen ag Ysgol y Sarnau fel Arolygydd ei Mawrhydi. Roedd ganddo ffurflen i'w llenwi, ac fe ddechreuodd fy holi yn ddigon trefnus, ond fe flinodd yn fuan. 'O gad'wch hon i mi,' meddai, 'fydda i fawr o dro'n ei llenwi yn y swyddfa. Does dim ond un cwestiwn o bwys i'w ofyn am yr ysgol yma,' ychwanegodd: 'Sut maen nhw'n planta yn y Sarne y dyddiau yma?' Oedd, roedd Geraint Bowen a'i fys ar y pyls yr adeg honno yn ddigon siŵr.

Yn y Parc y bu'n byw yn ystod ei ail arhosiad ym Mhenllyn, ond yn Tŷ Ucha, Llandderfel y trigai'r tro cynta. Daeth i'r ardal i weithio ar y ffermydd yn ystod y rhyfel am ei fod yn wrthwynebydd cydwybodol, ac un arall ddaeth i Gwmhwylfod, ffarm arall yn yr ardal, tua'r un adeg oedd Bryan Jones, un o dde Cymru a ddaeth wedyn yn is-olygydd *Y Faner* ac a fu farw'n llawer rhy gynnar.

Roedd Bob Lloyd (Llwyd o'r Bryn) yn teyrnasu yn y Sarnau bryd hynny ac fe gychwynnodd o a rhai eraill golofn yn *Y Cyfnod* o'r enw 'Y Gogor Rawn' lle gallai beirdd a phrydyddion anfon eu gwaith i mewn i dderbyn sylw gan y golygyddion a chael eu gwaith wedi ei gynnwys yn y papur.

Mae un o golofnau Chwefror 1941 yn hynod o ddiddorol, a hynny am fwy ag un rheswm. Yn y golofn hon cafwyd gan Geraint Bowen gerdd yn tynnu sylw'r cyhoedd at y ffaith fod Bryan Jones wedi cael cariad. Mae'r rhan gynta yn cyfeirio at ei ddyfodiad i'r ardal o dde Cymru:

> Yma'n ddof a dibrofiad
> I ochel gwŷs uchel y gad,
> Y daeth 'rôl ofer deithio
> Lwydog lanc o wlad y glo.

Dof a dibrofiad neu beidio, fe'i gwelwyd un noson yn twyso merch, ac roedd hynny ar y pryd yn newyddion go fawr. Mae'r gerdd yn rhy hir i'w chynnwys yma, ond dyma ran ohoni:

> Hwyrnos ar ffordd y Sarnau
> O lwyn y ddôl gwelwn ddau,
> Gwamalfardd o Gwmhwylfod
> A'i eilun deg ŵyl yn dod.
> Mynd i oed ym min y dŵr
> Hwyrddydd ar lannau'r merddwr,
> Mynd i oed am ennyd ydoedd,
> Ennyd aur i'r enaid oedd.

Meddyliwch am fynd i garu ar lannau merddwr! Ond i ble arall aech chi yn y Sarnau?

Ond mae rheswm arall pam fod y golofn yn Chwefror 1941 yn ddiddorol. Roedd Geraint Bowen a Bryan Jones ynghyd ag amryw o fechgyn ifanc yr ardal yn wrthwynebwyr cydwybodol, ac yn gwrthod mynd i ryfela. Roedd carfan arall yn y Sarnau, fel ym mhob ardal, o blaid y rhyfel.

Roedd gwawdio o'r ddwy ochor mae'n siŵr, ac roedd carfan y gwrthwynebwyr yn gwawdio cefnogwyr rhyfel a'u galw yn ddauwynebog am eu bod yn bobol capel yn sôn am Ysbryd Glân a chariad Duw ar y Sul ac am arfau a rhyfel yn ystod yr wythnos.

Cafwyd cerdd iddynt gan un a'i galwai ei hun yn Emrys ap Iwan yr ail, ac fel hyn mae hi'n mynd:

I Iwan ap Emrys a'i Gwmni

Y Sul eich pwnc yw'r Ysbryd Glân,
Ddydd gwaith, y Gronfa boera dân,
Soniwch y Sul am ddwyfol rin
Dydd gwaith am Wythnos Arfau Trin.

Pwy ydych chwi, cenhadon Iôr
Neu weision lifrai'r Brenin Siôr?
Ni ellwch chwithau yn eich byw
Was'naethu Mamon, Mawrth a Duw.

Pwy oedd Iwan ap Emrys? A phwy oedd Emrys ap Iwan yr ail?

Wel, mae englyn yn y golofn hefyd gan Emrys ap Iwan y trydydd y tro hwn.

Ac fel hyn y cyhoeddwyd ef:

Tro Wesle
Cyflwynedig i Iwan ap Emrys

Dawn brin y dyn a brynwyd – dwy anian
   Dau wyneb, dwy aelwyd,
  Hwyaden pen gwrych ydwyd
  Whistle dun, Weslead wyd.

Mae Bob Lloyd wrth ymateb yn sôn am bobol a charfanau yn tynnu coes ei gilydd, ond mi dybiaf mai ceisio tawelu'r dyfroedd y mae gan nad tynnu coes diniwed sydd yma, yn enwedig yr englyn, ond edliw eitha milain, yn y cyfeiriad at ddwy aelwyd.

Pwy oedd y bobol hyn? Pwy oedd Iwan ap Emrys, gwrthrych yr englyn a'r gerdd? Clywais enwi un person o leia, ond ni ddadlennaf yr enw yma. Pwy oedd Emrys ap Iwan yr ail a'r trydydd? Ai yr un person neu ddau wahanol? Roedd Geraint Bowen a Bryan Jones yn gynganeddwyr medrus bryd hynny, a falle nad oes raid edrych ymhellach. Pwy a ŵyr! Gorffwysed yr holl bersonau hyn mewn hedd!

Yn fuan ar ôl gadael y Sarnau roedd Geraint Bowen yn ennill cadair Aberpennar 1946 gyda'i awdl, ac ailadroddiad bron o'r llinell ddyfynnais i ar y dechrau yw llinell ola ei gerdd:

A heuo faes, gwyn dy fyd.

Yn sicr ddigon, gydol ei fywyd bu Geraint Bowen yn heuwr dygn ym maes llên ac addysg a'r eisteddfod yng Nghymru.

2012

# Cofio dau

Pan oeddwn i'n gweithio ym myd addysg, y person pwysica mewn unrhyw Awdurdod oedd y Cyfarwyddwr Addysg. Roedd ganddo fo – a fo oedd o gan amlaf – ddylanwad anhygoel. Treuliodd un sir yn ne Cymru wedi ad-drefnu 1974 y cyfnod cyfan at yr ad-drefnu nesa heb agor yr un ysgol Gymraeg oherwydd bod Cyfarwyddwr yr Awdurdod hwnnw (Gorllewin Morgannwg) yn wrth-Gymreig. Meddyliwch mewn difri! Gormod o rym ganddo, does dim dwywaith, a phawb, yn gynghorwyr a staff, yn rhy lwfr i godi yn ei erbyn.

Ond rhag imi fynd ar gefn fy ngheffyl amdano fo a'i awdurdod, dyma droi at Gyfarwyddwr Addysg cwbl wahanol ac at bersonau eraill pwysig ym myd addysg, sef penaethiaid ysgolion, ac un ohonyn nhw yn arbennig. Dau berson cwbl wahanol i'w gilydd, dau fu farw yr un flwyddyn a dau y bûm yn anuniongyrchol gyfrifol am eu dwyn at ei gilydd, yn addysgol beth bynnag.

Y Cyfarwyddwr Addysg oedd Gwilym Humphreys, Prifathro cynta Rhydfelen, yr Ysgol Uwchradd Gymraeg gynta, Arolygwr ei Mawrhydi a Chyfarwyddwr Addysg Gwynedd pan oeddwn i'n gweithio i'r awdurdod. Gŵr pwerus iawn ac yn cael ei gyfri yn arloeswr oherwydd ei waith yn Rhydfelen. Blaenor a phregethwr lleyg hefyd.

Y Brifathrawes oedd Carys Jones, Pennaeth Ysgol Tudweiliog yn Llŷn, ysgol o ryw hanner cant o blant. Merch ei milltir sgwâr, yn byw ym Mynytho, yn selog gyda Merched y

Wawr a'i chapel ac yn arweinydd parti o ddynion yno –
Hogiau'r Mynydd.

Yn y cyfnod hwnnw – yr wythdegau – roedd Magi Thatcher
yn teyrnasu a rhyw newid beunydd beunos i addysg yn dod o
du'r llywodraeth, a chyfres o Weinidogion digon didoreth yn
gyfrifol am addysg, dau Kenneth yn eu plith – Clarke a Baker.
Un bygythiad mawr ar y gorwel i sefydliadau addysgol oedd
cael timau o arolygwyr i arolygu yn drylwyr, ac er mwyn
paratoi ysgolion ar gyfer hynny cafodd rhywun y syniad o greu
ein timau ein hunain o fewn Gwynedd a mynd i ambell ysgol
i'w harolygu. Un o'r ysgolion ddaeth allan o'r het oedd
Tudweiliog, ac am mai fi oedd yr ymgynghorydd cynradd yn yr
ardal honno, y fi oedd yn ysgrifennu'r adroddiad ar ôl ein
hymweliad, ac felly y bu.

Un min nos roedd gan yr Awdurdod Addysg gyfarfod ym
Mhlas Tanybwlch ac roedd y Cyfarwyddwr yno. Daeth ataf a
dweud: 'Adroddiad da am Dudweiliog, rhy dda braidd, ond mi
fydda i'n mynd yno i weld drosof fy hun yr wythnos nesa.' Dyna
oedd ei steil, derbyn adroddiad a mynd i'r ysgol wedi ei arfogi
efo fo. Dd'wedais i ddim byd, dim ond meddwl i mi fy hun os
nad oedd o'n credu'r adroddiad, 'gei di weld mêt.'

Yn Nhudweiliog unwaith y gwelais i'r llanast mwya welais i
mewn dosbarth erioed. Y llawr yn drwch o flawd a siwgwr, o
dalpiau o fenyn a chyrens. Roedd hi'n wers goginio yn nosbarth
y babanod, a phlant bach mor ifanc a phedair oed yn pwyso a
mesur y cynhwysion a'r athrawes, y brifathrawes, yn gwneud
dim ond cyfarwyddo. Mi welais wersi coginio mewn ysgolion
eraill hefyd heb yr un llwchyn ar lawr. Yr athrawes wrthi a'r
plant yn gwylio. Ond yn Nhudweiliog y plant oedd wrthi a'r
athrawes yn gwylio. Pwy sydd i fod i gael addysg mewn ysgol
d'wedwch?

Ymhen rhyw fis roedd cyfarfod arall gennym yng Ngwesty

Carreg Brân yn Llanfairpwll, a phan gyrhaeddais yno pwy oedd yn sefyll wrth y bar ond Gwilym Humphreys. Euthum ato, disgwyl iddo brynu diod imi falle, wn i ddim, a 'dwi ddim yn cofio wnaeth o, ond 'dwi'n cofio beth dd'wedodd o. 'Roeddech chi'n iawn am Dudweiliog. Gwych o ysgol a'r brifathrawes yr athrawes babanod orau weles i erioed.' A hynny gan un oedd wedi bod yn Arolygwr ei Mawrhydi yn ymweld ag ysgolion ledled Cymru.

Oedd, roedd Carys Jones yn drysor, a bu'n bosib cyfeirio sawl athrawes ifanc ar ei blwyddyn brawf i'r ysgol honno i gael coleg go iawn. Y mae o leia dair ohonyn nhw yn benaethiaid dylanwadol yn ysgolion Gwynedd a Môn heddiw ac roedd yn dda eu gweld yn ei hangladd.

Fel y crybwyllais i, bu'r ddau farw yr un flwyddyn, 2012, o fewn mis i'w gilydd fel mae'n digwydd, ac ar ôl mynychu angladd Gwilym Humphreys, yr ail ohonyn nhw, mi ges i blwc o ryw athronyddu i mi fy hun, a gofyn ambell gwestiwn a cheisio'i ateb. Pwy o'r ddau oedd y pwysica i addysg, y ffigwr cenedlaethol neu merch ei milltir sgwâr? Pwy sydd bwysica i Gymru, pobol sy'n enwogion cenedlaethol neu bobol sy'n llafurio'n dawel yn eu hardaloedd? A beth yw enwogrwydd beth bynnag? Mi atebais rai o'r cwestiynau i mi fy hun. Un nodwedd o wir enwogrwydd, meddwn wrthyf fy hun, yw bod person yn barod i syrthio ar ei fai, i gyfaddef iddo fod yn anghywir, un arall yw'r gallu i weld rhinwedd a mawredd yn rhywun arall. Ar y ddau gownt yna mi basiodd Gwilym Humphreys y prawf.

Pwy sydd bwysica i Gymru? Wel mae'r ateb yn hawdd, ni ellir un heb y llall, ac mae'r Beibl – fel y mae o mor amal – wedi ei gweld hi ganrifoedd yn ôl pan ysgrifennodd rhywun i ganmol y cyndadau:

Y mae rhai ohonynt adawodd enw ar eu hôl, i bobl allu traethu eu clod yn llawn...Ond y mae eraill nad oes iddynt goffadwriaeth...teyrngar oeddent hwy, ac nid aeth eu gweithredoedd da yn ofer.

Gwilym Humphreys a Carys Jones, dau yn cynrychioli dwy lefel o Gymru, dau wahanol, dau drysor cenedlaethol yn gwybod i bwy yr oedden nhw'n perthyn ac yn gwybod eu cenhadaeth. Dau allweddol i ffyniant y genedl.

2015

# Lleoedd cysegredig

Oes, mae llawer ohonyn nhw yng Nghymru, ond 'dwi am sôn am ddau yn unig.

Flynyddoedd maith yn ôl, pan oeddwn yn mynychu cynhadledd yng Nglan y Fferi, Sir Gaerfyrddin, fe glywais y nofelydd Emyr Humphreys yn darlithio. Yn ystod ei ddarlith fe ofynnodd i ni enwi'r llecyn hanesyddol pwysica yng Nghymru. Ac fel y byddech yn dychmygu, cafodd nifer fawr o atebion – Merthyr, y Rhondda, Sycharth, Cilmeri, Bryn Glas, i enwi dim ond rhai. Na oedd ei ateb i bob awgrym. Y lle pwysica yn hanes Cymru, meddai, yw Mynwent Talgarth. Allen ni ddim deall pam. Mi wydde rhai ohonon ni fod Hywel Harris wedi ei gladdu yn yr eglwys yno wrth gwrs, ond y lle pwysica yng Nghymru!

Aeth yn ei flaen i esbonio. Mynwent Talgarth yw'r lle pwysica yn hanes Cymru, meddai, am mai yno y cafodd William Williams Pantycelyn dröedigaeth, a hynny wrth wrando ar Harris yn pregethu.

Cafwyd esboniad pellach. William Williams, trwy ei emynau, wnaeth y diwygiad Methodistaidd yn dddealladwy i'r werin, meddai. A phoblogrwydd y diwygiad ymhlith y werin bryd hynny yw un o'r prif resymau fod yr iaith Gymraeg fel iaith lafar ac iaith ysgrifenedig wedi goroesi. Fe roes dân yn eneidiau yr ail genhedlaeth o ddiwygwyr oedd yn cynnwys Thomas Charles, ac fe ddatblygwyd yr Ysgolion Sul fel dilyniant i Ysgolion Griffith Jones, a magwyd cenhedlaeth ar ôl cenhedlaeth o Gymry llythrennog oedd yn addoli trwy gyfrwng y Gymraeg, yn darllen Cymraeg ac yn ei defnyddio fel iaith naturiol, nid er mwyn ei hachub ond er mwyn achub eneidiau. Wyddech chi fod dros dri chan mil o ddisgyblion wedi dysgu darllen ac ysgrifennu Cymraeg yn ysgolion Griffith Jones?

Ond nid cyflwyno gwers hanes i chi yw fy mwriad, dim ond esbonio pam y byddaf fi, bob tro y byddaf yn yr ardal arbennig honno o Gymru, yn ymweld ag eglwys Talgarth ac yn mynd i sefyll wrth fedd Hywel Harris ynddi, yn oedi hefyd o gwmpas y fynwent gan geisio dychmygu'r olygfa pan oedd y tyrfaoedd wedi ymgasglu yno i glywed y pregethwr, ac ar y cyrion, hogyn ifanc glandeg oedd wedi aros i wrando. Gŵr ifanc a ddisgrifiodd y profiad gafodd o mewn pedair llinell gofiadwy:

Dyma'r bore byth mi gofiwyf
Clywais innau lais y nef,
Daliwyd fi wrth wŷs oddi uchod
Gan ei sŵn dychrynllyd ef.

Mae'r ail fan dros gant a hanner o filltiroedd o fynwent Talgarth, ond mae Hywel Harris yn gyswllt rhwng y ddau. Y fan yw pentre Rhydyclafdy yn Llŷn. Does yna ar yr olwg gynta ddim sy'n arbennig ynddo. Dydi o mo'r harddaf o bentrefi, na'r hylla chwaith; dydi o ddim y math o le y bydd cwmnïau bysus yn trefnu tripiau i ymweld ag o. Ond mae amal i lond bws wedi bod yno, am yr un rhesymau â fi falle.

Rwy'n mynd i Rydyclafdy i gofio dau o enwogion ein cenedl; ie, Hywel Harris ydi un. Yma, yn y pentre hwn y pregethodd o ei bregeth gynta yn Sir Gaernarfon yn sicir os nad yng ngogledd Cymru. Chwefror 1741 oedd hi pan ymgasglodd tyrfa fawr y tu allan i wal yr eglwys yn y pentre ac y pregethodd

Hywel Harris ar y testun 'Deled dy deyrnas'. Dychmygwch dyrfa fawr yn sefyll yn oerni'r gaeaf i wrando ar bregeth, a doedd o ddim yn bregethwr byr! Mae pregeth ugain munud mewn capel cynnes yn ormod i'r rhan fwyaf o Gymry erbyn hyn.

Yn ddiweddarach fe osodwyd carreg farch yng nghanol y pentre i gofio'r achlysur, gan dybio mai hon oedd y garreg y pregethodd Hywel Harris oddi arni. Ond mae amheuaeth am hynny erbyn hyn, gan y tybir mai carreg farch oedd y tu allan i eglwys Llanfihangel Bachellaeth ydyw.

Ta waeth am hynny. Fe brofodd Rhydyclafdy oedfa gynta un o bregethwyr mawr y ddeunawfed ganrif yng Nghymru, sy'n ddigon o reswm ynddo'i hun dros ymweld â'r fan. Ond nid dyna'r unig reswm – fe welodd achlysur pregeth ola un o bregethwyr mawr yr ugeinfed ganrif hefyd, sef Tom Nefyn. Ei destun, yn arwyddocaol iawn, oedd yr adnod 'Ac wedi cau dy ddrws.' Y noson honno, cyn ymadael â'r pentre, fe fu farw.

Dau bregethwr mawr, dwy adnod; 'Deled dy deyrnas', 'Ac wedi cau dy ddrws'. A rhwng y ddwy y mae dros ddwy ganrif o fyw a bod a chrefydda, o lanw a thrai, o lawenydd a gofid yn hanes ein cenedl.

Mi fûm â fy mhlant yno. Mi fûm â fy wyrion yno hefyd. Fyddan nhw'n cofio mewn blynyddoedd i ddod? Fyddan nhw'n gwerthfawrogi? Pwy a ŵyr. Ond os na wnawn ni, y genhedlaeth hŷn, drosglwyddo'r etifeddiaeth i aelodau'r genhedlaeth iau, fyddwn ni'n gallu beio neb ond ni ein hunain am eu dibristod a'u hanwybodaeth.

2010

# *Y nhw*

Y nhw yn yr achos yma ydi gwleidyddion, ac o ddewis testun felly rhaid imi fod yn ofalus rhag bod yn 'ollyngwr enwau' – i ddefnyddio cyfieithiad Bruce o *name dropper*. Ond does dim llawer o berig chwaith gan mai ychydig iawn ohonyn nhw 'dwi wedi eu hadnabod erioed.

Un yr oeddwn i yn ei adnabod gan ei fod yn y coleg yr un pryd â fi oedd Gwilym Roberts, fu'n aelod Llafur dros etholaeth Cannock. Un o Ddeiniolen oedd o; yr hen enw ar y pentre hwnnw oedd Llanbabo, ac am ryw reswm Llanbabs oedd enw Gwilym yn y coleg – a dyna 'dwi'n gofio fwya amdano!

Y mae yna o dro i dro ambell i wleidydd yn codi sydd rywsut yn uwch ei statws na'r gweddill, gwleidyddion y gellir eu galw yn wladweinwyr, ac rwyf am grybwyll dau a sôn am un.

Y cynta ydi Dafydd Wigley, un o gewri Plaid Cymru, gwladweinydd o'r iawn ryw a fu unwaith yn ymladd sedd Meirionnydd, a 'dwi'n sôn amdano am fy mod i'n cofio un peth am yr ymgyrch honno. Roedd o'n bwriadu ymweld â Blaenau Ffestiniog ar ryw Sadwrn arbennig, a'r wythnos cynt mi aeth nifer ohonom i ganfasio ac i gyhoeddi ei ymweliad. Roedd cydymaith efo fi, un na wna i mo'i enwi, ond y fo oedd y siaradwr ym mhob tŷ a finne'n rhyw ddal yn ôl a hofran yn swil yn y cefndir.

Yn anffodus, roedd un o'r tywysogion brenhinol – Charles, 'dwi'n credu – yn bwriadu ymweld â'r Blaenau yn ystod yr un cyfnod, a phan siaradodd fy nghydymaith efo rhyw wraig yn y Manod mi ddaru'r ddau gamddeall ei gilydd yn llwyr. Roedd y canfasiwr yn sôn am Dafydd Wigley, a'r wraig am y tywysog. Rwy'n difaru byth nad oedd gen i recordydd tap i recordio un o'r sgyrsiau rhyfedda glywais i erioed, sgwrs ddaeth i ben gyda'r ddau yn ffarwelio â'i gilydd ac yn cytuno mai gwych o beth i'r Blaenau oedd fod person mor arbennig ar fin ymweld!

Mi fyddwn i'n cyfri Cledwyn Hughes ymhlith y cewri hefyd, a rhaid imi ddweud iddo gael ei drin yn siabi gan rai o aelodau Cymdeithas yr Iaith, Cymry ddylai wybod yn well, gan i ni ei golli o'r Swyddfa Gymreig o'r herwydd a chael yr erchyll George Thomas yn ei le. Ryden ni'n wael fel cenedl am adnabod ein cyfeillion – ac adnabod ein gwir elynion. Beth bynnag am hynny, chefais i ddim cyswllt o gwbl efo Cledwyn Hughes, ond mi gafodd Nansi, fy ngwraig.

Yng nghanol y pumdegau fe ymladdwyd Sir Fôn am y tro cynta gan Blaid Cymru a'r ymgeisydd oedd cyd-fyfyriwr â ni – John Rowland Jones neu John Rôls, a byddai criwiau ohonom o'r coleg yn mynd i Fôn i ganfasio. Un diwrnod roedd Nansi a ffrind iddi, Margaret, ar eu ffordd i Langefni, yn bodio wrth gwrs fel y bydde myfyrwyr tlawd. Fe stopiodd car a'u codi, a phwy oedd y dreifar ond Cledwyn Hughes, yr ymgeisydd Llafur, y fo a'i wraig ar eu ffordd i swyddfa'r Blaid Lafur yn Llangefni. Pan ddarganfu ei wraig i ble roedd y ddwy yn mynd ceisiodd berswadio ei gŵr i'w disgyn, ond gwrthod wnaeth o a mynd â nhw bob cam at ddrws Swyddfa'r Blaid a dymuno'n dda iddyn nhw wrth ymgyrchu. Ie, dyn mawr oedd Cledwyn Hughes.

Ond gwir bwrpas yr erthygl hon ydi sôn am un arall o'r cewri. Yn gymharol ddiweddar fe ddarllenais lyfr amdano yn Saesneg, 'Erthyglau ac Atgofion'*, a'r gŵr yw Emlyn Hooson, gŵr arbennig iawn, ac er y gwyddwn gryn dipyn amdano a'i weithgarwch yn ystod ei oes, wyddwn i mo'i hanner hi chwaith nes imi ddarllen y llyfr. Dyma un lwyddodd i barhau gyda'i waith fel bargyfreithiwr a bod yn aelod seneddol yr un pryd. 'Sut dech chi'n gallu gwneud dwy swydd a finne ddim ond un?' holodd gwrthwynebwr iddo mewn cyfarfod lecsiwn. 'Drwy weithio ddwywaith cyn g'leted â chi,' oedd ei ateb parod. Bu'n arweinydd y Rhyddfrydwyr Cymreig, bu a'i fys ym mhob brywes Cymreig o bwys, a bu'n fawr ei ddylanwad fel cadeirydd sawl sefydliad a phwyllgor: Ymddiriedolaeth Laura Ashley, Pwyllgor Amddiffyn Dyffryn Dulais (rhag cael ei foddi), Pwyllgor Cynllunio yr ail bont dros yr Hafren, Eisteddfod Ryngwladol Llangollen, Ysgol Gymraeg Llundain i enwi ond rhai. Ac nid cadeirydd troi i fyny i bwyllgor yn unig oedd o ond un oedd yn cymryd gwir ddiddordeb yn yr holl faterion hyn – a rhagor, gan gynnwys Cymdeithas y Gwartheg Duon Cymreig.

'Dwi'n hynod o falch erbyn hyn i mi ei glywed yn siarad unwaith – yng Nghefnddwysarn ar achlysur cofio canmlwyddiant marw Tom Ellis – yn falch oherwydd, yn drist iawn, mae Emlyn Hooson wedi marw erbyn hyn, a hynny ar ôl diodde o Alzheimer yn ei flynyddoedd ola, anhwylder a'i gadawodd yn gallu siarad dim byd ond Cymraeg!

Bu'n aelod seneddol campus dros Faldwyn nes colli ei sedd yn 1979 i'r Tori Delwyn Williams, yn fy meddwl i y clown mwya gynrychiolodd unrhyw etholaeth yng Nghymru erioed. Fe'i trechwyd oherwydd y mewnfudo trwm o Saeson i Faldwyn a'r ffaith i ffermwyr mawr y sir ddangos eu gwir liwiau a phleidleisio i'r Blaid Dorïaidd. Ni fûm i erioed yn Rhyddfrydwr o ran fy nheyrngarwch gwleidyddol ond roeddwn i'n teimlo'n flin i Emlyn Hooson golli'r sedd pan wnaeth o. Ond chwerwodd o ddim a bu'n fawr ei weithgarwch a'i sêl dros bopeth dyrchafol a Chymreig am weddill ei oes, tra gallodd o. Pe bai gennym fwy o bobol fel Emlyn Hooson yn seneddau

Ynysoedd Prydain byddai gwleidyddiaeth a gwleidyddion gryn dipyn yn fwy poblogaidd y dyddiau hyn!

2015

* Emlyn Hooson, *Essays and Reminiscences.*
Golygwyd gan Derec Llwyd Morgan. Gwasg Gomer, £14.95.

# John Rôls

Fe grybwyllais ei enw yn yr erthygl ddiwethaf, ond mae'n teilyngu sylw ar ei ben ei hun er mai hanes trasig sydd iddo. Mae digon o amser wedi mynd heibio erbyn hyn i adrodd beth ddigwyddodd, ac mae'n haeddu cael ei gofio.

Un o Dregarth oedd John – John Rowland Jones i roi iddo ei enw llawn, John Rôls i ni yn y coleg ym Mangor. Roedd o'n unig blentyn i fam weddw, gweddw oherwydd bu ei dad farw, os cofiaf y manylion yn iawn, mewn damwain yn y chwarel cyn geni John, a bu ynte yn fawr ei ofal am ei fam gydol ei oes, yn byw gartre, ac yn teithio i'r coleg bob dydd.

Roedd John yn hogyn diwylliedig, call – oedd ddim yn wir am bob myfyriwr, yn Gymro a Chenedlaetholwr pybyr. Hanes oedd ei bwnc a chafodd radd ddisglair. Gan fod nifer ohonom yn gorffen yn y coleg yr un pryd, fynte'n gorffen ei ymchwil M.A., roedden ni yn haf 1955 a'n hwynebau tua'r lluoedd arfog gan fod gorfodaeth filwrol am ddwy flynedd yn dal i fodoli yn y pumdegau. Yn rhyfedd iawn, er bod criw mawr ohonom, Cymry bob un, doedd yr un gwrthwynebwr cydwybodol yn ein plith, hyd y cofiaf beth bynnag, ac aethom yn dyrfa i Wrecsam yr un diwrnod am ein harchwiliad meddygol. A chan fod nifer dda ohonom gallem drin y cyfan yn weddol ysgafn.

Ond nid John, er ei fod ynte'n gorffen yn y coleg. Roedd is-etholiad i'w gynnal ym Môn, ac am y tro cynta roedd gan Blaid Cymru ymgeisydd, a'r un wahoddwyd i sefyll, ac a gytunodd, oedd John. Oherwydd yr ymrwymiad hwn fe ohiriwyd ei alwad i'r lluoedd arfog am rai misoedd, a dyna pam nad oedd wedi dod efo'r gweddill ohonom i Wrecsam y diwrnod hwnnw.

Bu amryw ohonom, ei gyfeillion, yn helpu gyda'r ymgyrch ym Môn cyn gadael am y fyddin, a chafodd hwyl dda arni gan lwyddo i osod sylfaen gadarn i'r Blaid ym Môn. Cledwyn Hughes (Llafur) etholwyd yn aelod, gan gadw'r sedd a enillodd am y tro cynta yn 1951, sedd Megan Lloyd George hyd y flwyddyn honno.

Oherwydd iddo sefyll yn ymgeisydd, ar ei ben ei hun yr aeth John i Wrecsam i gael ei archwiliad meddygol ar gyfer y lluoedd arfog pan oedd cyfnod y gohirio wedi dod i ben.

Ffarweliodd â'i fam y diwrnod hwnnw cyn cychwyn am Fangor i ddal bws i Wrecsam, a dyna'r tro ola iddi ei weld. Welodd neb arall mohono chwaith. Fe ddiflannodd yn llwyr. Yn naturiol, roedd amryw byd o straeon yn cael eu lledaenu amdano; rhywun wedi ei weld yn cerdded i'r post mawr ym Mangor i bostio llythyr, rhywun wedi ei weld ar fws oedd yn mynd i Gaergybi, stori fu'n sail i'r gred ei fod yn ei 'nelu hi am Iwerddon. Rhywun arall wedyn wedi gweld un tebyg iddo yn loetran ym mhorthladd Dun Laoghaire, pen arall y daith o Gaergybi i Iwerddon.

Ond ddaeth John byth i'r golwg a dim ond dyfalu all rhywun beth yn union ddigwyddodd iddo. Nid yw'n gyfrinach i'r alwad i fynd i'r fyddin bwyso'n drwm arno, yn enwedig ar ôl sefyll etholiad yn enw'r Blaid lle roedd llawer o wrthwynebwyr cydwybodol, rhai ar dir crefyddol, eraill ar dir cenedlaethol.

Bu amryw o'i gyd-fyfyrwyr oedd yn dal yn y coleg yn hynod o ffyddlon i'w fam, yn ymweld â hi yn gyson, hithau yn dal i obeithio y deuai adre ryw dydd. Ond ddaeth o ddim. Bu ymchwilio manwl gan yr heddlu ar y pryd wrth gwrs, 'dwi'n cofio fy hun gael fy holi a oedd o wedi cysylltu efo fi mewn rhyw ffordd, a gwn i hynny ddigwydd i amryw byd o'i gyfoedion a'i gyfeillion.

Ond ddaeth o byth yn ôl, ac aeth ei fam i'w bedd heb wybod beth ddigwyddodd iddo. Chawn ninnau byth wybod, ond rhaid yma bwysleisio'r golled i Gymru ac i gymdeithas o'i fyned ymaith. Roedd o'n Gymro tanbaid, yn un cymdeithasol fyddai wedi bod yn biler i unrhyw gymuned, ac os gwir y gair, fe ddywedir bod yr Adran Hanes ym Mangor yn cadw swydd ar ei gyfer wedi iddo ddychwelyd o'r fyddin.

Y mae yn ein meddiant lun, llun y mae gennym feddwl mawr ohono gan i Nansi ei dderbyn gan John ddiwrnod cyn ei ddiflaniad, a bu am gyfnod gan yr heddlu yn ystod eu hymchwiliad. Llun ydyw o John dynnwyd ar fuarth ffarm Cefn Gwyn yn Nhrefor, Sir Fôn efo'r ci, ac ar y cefn y mae'r rhif 2183, sef y nifer o bleidleisiau a gafodd yn yr etholiad. Mae trigain mlynedd a throsodd ers hynny bellach, ac er bod amser, medden nhw, yn rhoi ei falm ar bob clwy, y mae yna yng Nghymru o hyd rai ohonom sy'n dal i ofidio colli John Rôls ac i hiraethu amdano.

2016

# Cofio tri

Mae gosod placiau a cherrig coffa o bob math wedi bod yn arferiad cyson yng Nghymru dros y cenedlaethau, ac er mai lleihau wnaeth nifer y cerfluniau mawr, cynyddu wnaeth y rhai bychain. A diolch am y cynnydd hwnnw; does dim yn well wrth ymweld â threfi a phentrefi na mynd o gwmpas i weld y cofebau a osodwyd i gofio amgylchiadau a phobol arbennig.

Mae digon o'r rhain, yn fawr ac yn fach, bedair milltir o'r Sarnau, yn y Bala, ond mae gynnon ninnau yma ein cofebau, nid allan ond i mewn; dair ohonyn nhw ar furiau'r hen ysgol sy'n neuadd gymuned erbyn hyn.

Mae'r gyntaf yn debyg i lawer cofeb arall, yn ddarn trwm o farmor ar fur ac yn cofnodi enwau'r tri o'r ardal a laddwyd yn y rhyfel byd cynta. 'Cofadail gofidiau' ydi hon felly, ond y mae hi rywfaint yn fwy arbennig na'r arfer gan mai un o'r enwau arni ydi Thomas Jones, Hendre Cwmain, a gofiwyd mewn dau englyn gan neb llai nag R. Williams Parry. Ym mynwent Cefnddwysarn y mae ei fedd ac am y llecyn hwnnw ger afon Meloch y canodd y bardd y ddau englyn yma:

**Milwr o Feirion**

Ger ei fron yr afon red, dan siarad
    Yn siriol wrth fyned:
  Ni wrendy ddim, ddim a ddwed, –
  Dan y clai nid yw'n clywed.

Ond pridd Cefnddwysarn arno, a daenwyd
   Yn dyner iawn drosto;
A daw'r adar i droedio
Oddeutu'i fedd ato fo.

Fe'i clwyfwyd yng Nghoed Delville, Ffrainc yng Ngorffennaf 1916 a bu farw mewn ysbyty yng Nghaeredin yn Awst yr un flwyddyn. Cafodd angladd milwr, ac fe daniwyd salfo uwchben ei fedd. Fe ddywedir mai adleisio'r tanio hwnnw y mae'r mynych ddefnydd o'r llythyren 'd' mewn rhan o'r ail englyn. Gwrandewch ar y rhan yna ac fe glywch chi sŵn y gynnau'n tanio.

a **d**aenwy**d** yn **d**yner iawn **d**rosto a **d**aw'r a**d**ar i **d**roe**d**io

Yr ail gofeb yn y neuadd ydi plac sy'n gerfiad pren i R. Williams Parry ei hun. Fe'i gosodwyd yn ystod chwedegau'r ganrif ddiwethaf gan Gymdeithas Hanes Penllyn. Fe'i cynlluniwyd gan Ifor Owen Llanuwchllyn a'i gerfio mewn derw gan Robert Gruffydd Jones (Bob Gruff), Hendre Garthmeilio, Llangwm; dau arbennig, arlunydd a chrefftwr. Arno darlunnir yr adar a'r anifeiliaid a'r blodau y canodd y bardd amdanyn nhw: Llwynog, Gwenci, Ysgyfarnog, Gwyddau, Ieir, Ceiliog Ffesant, Tylluan, Gylfinir, Robin Goch, Cnocell y Coed a Chlychau'r Gog. Ar y plac hefyd ceir y geiriau: **Robert Williams Parry. Bu yma'n bwrw blwyddyn 1912–1913.**

Hywel D. Roberts, brodor o Ddyffryn Nantlle – fel Williams Parry ei hun – a phennaeth yr Adran Addysg ar y pryd yng Ngholeg Cyncoed, Caerdydd, oedd y siaradwr gwadd yn y cyfarfod i ddadorchuddio'r plac.

Y ddiweddaraf o'r tair cofeb ydi'r un i Bob Lloyd (Llwyd o'r Bryn 1888–1961). Plac sy'n gerfiad pren ydi hwn eto, a'r un dau fu'n gyfrifol amdano – Ifor Owen a Bob Gruff. Yn niwedd y chwedegau y gosodwyd hwn, a phwyllgor lleol o gymdeithasau'r Sarnau fu'n gyfrifol. Arno ceir englyn o waith Gerallt Lloyd Owen, yr ola o'i gyfres i gofio Llwyd o'r Bryn:

Tybiais wrth fyned heibio – ei glywed
    O'i oer glai yn sgwrsio:
    Yma'r wyf, ond blant fy mro
    Daliwch heb laesu dwylo.

Y llinell ola yna roes y syniad am y cynllun i Ifor Owen. Ynddo gwelir llaw hynafgwr yn trosglwyddo batwn i law ifanc, fel mewn ras gyfnewid – neu ras drosglwyddo i fod yn fanwl gywir. A chydio yn y syniad hwn wnaeth y ddau siaradwr gwadd yn y cyfarfod dadorchuddio; y Parch. Robin Williams (ROGW) yn sôn am y llaw oedd yn trosglwyddo, hynny ydi am Lwyd o'r Bryn a'r etifeddiaeth y mynnai ei throsglwyddo i'r genhedlaeth nesa, a'r Parch. Huw Jones, oedd yn weinidog yng Nghapel Tegid y Bala ar y pryd, yn siarad am y llaw oedd yn derbyn y cyfrifoldeb, sef y genhedlaeth iau, a phwysigrwydd cynnal a chadw ac adeiladu ar yr etifeddiaeth honno.

Cafwyd cyfraniadau hefyd gan Dwysan Rowlands merch Llwyd o'r Bryn, Geraint Lloyd Owen a'r Parch. Arthur Thomas Llanfair Caereinion, a llywyddwyd gan Lewis Hywel Davies, Machynlleth.

Ydech chi wedi bod yn Neuadd y Sarnau? Do, rai ohonoch chi, ond falle fod rhai heb gael y cyfle. Mi fyddai'n werth i chi alw draw os byddwch yn y cyffiniau i weld cofebau'r tri, ac ar y ffordd galwch ym mynwent Cefnddwysarn lle mae beddau dau o'r tri – Tom yr Hendre a Llwyd o'r Bryn, yn ogystal â beddau enwogion eraill – D. R. Daniel a Tom Ellis. Ac yn y capel ei hun fe welwch garreg goffa arall i Lwyd o'r Bryn ac un i Tom Ellis a'r geirie hyn arni o'r ail Corinthiaid: 'Mi a dreuliais ac a ymdreuliais er eich mwyn'.

Mi synnwch weld y capel os galwch chi heibio. Mae'n dadfeilio'n gyflym oherwydd gwendid sylfaenol yn ei wneuthuriad a'r ffaith nad oes gennym ni, gynulleidfa fechan, bellach yr adnoddau i dalu am ei atgyweirio. Y mae gan y Presbyteriaid reol – yr unig enwad, gyda llaw, gyda'r rheol hon – na chaiff yr eglwysi ddefnyddio arian Cronfa Dreftadaeth y Loteri. Pan ac os diddymir y gwaharddiad hurt hwn, bydd gennym gyfle falle i ofyn am grant i atgyweirio'r capel a'i wneud yn adeilad teilwng o'n treftadaeth yn y fro. Hyd hynny dadfeilio wnaiff o rwy'n ofni.

2015

# Bu yma'n bwrw blwyddyn

Do, bu R. Williams Parry yn brifathro ar ysgol fach y Sarnau am flwyddyn rhwng 1912 ac 1913. Wel, deng mis i fod yn fanwl gywir, ond prin bod unrhyw ddeng mis yn hanes neb fu yma wedi gwneud cymaint o argraff ar y lle ag a wnaeth Williams Parry, ac mae'r straeon amdano'n lleng. Yr enwocaf ydi'r un amdano yn cynnal dosbarthiadau yn y tŷ ac yn hongian gerfydd ei draed o ffenest y llofft i edrych i mewn drwy ffenest y gegin oddi tano gan fod rhai o'r plant yn y fan honno'n gwneud twrw. Fe drefnodd i rai o'r bechgyn hynaf afael yn ei draed rhag ofn iddo syrthio! 'Dwi'n byw yn yr union dŷ ers blynyddoedd bellach ac yn amheus iawn a yw'r stori yna amdano'n wir. Ond mae'n rhan o ramant ei gofio. Dro arall daeth yr enwog O. M. Edwards i'r ysgol a'i chael yn wag, a dod o hyd i Williams Parry yn swatio yn yr eithin gerllaw – yn chwarae cuddio efo'r plant. Mae llawer o hanesion amdano yn mynd i garu hefyd a gorfod mynd â rhywun efo fo am fod arno ofn nos.

Ond beth bynnag am yr argraff adawodd Williams Parry ar yr ardal, fe adawodd yr ardal hon argraff arno fo fu'n rhan ohono tra bu byw. Yn ystod ei gyfnod yma cafodd ei annog gan Silyn a chan ei dad i drio am swydd yn Ysgol Ramadeg y Bechgyn yn y Barri. Doedden nhw ddim yn hapus iawn i'w weld yn gwastraffu ei amser mewn ysgol fach wledig ddinod fel y Sarnau. A mynd i'r Barri wnaeth o, er ei fod wrth ei fodd yn y Sarnau fel y mae un o'i gerddi ('Trem yn ôl') yn awgrymu:

264

Pan oeddwn ym Mhenllyn ym mil naw un tri
Dydd Gwener oedd pob un o'r dyddie i mi.

Pan oedd o yn yr ardal yma roedd o'n ffrindiau mawr efo John Dafis Llwyniolyn, hen lanc o ffermwr, ac ar ôl iddo symud i'r Barri mi anfonodd John Dafis ato i'w wahodd i aros yn Llwyniolyn yn ystod y gwylie. Gwrthod wnaeth y bardd, ac yn ei ateb roedd y llinellau hyn:

Och gyfaill, peidiwch gofyn i mi'n awr
　　Am wên iach nac englyn.
　Yn stŵr di-Dduw'r strydoedd hyn – rwyf o 'ngho
　O, mi allwn wylo am Llwyn Iolyn.

Er mwyn ceisio codi'i galon cafodd John Dafis fardd o'r Bala, Edward Watkin, i ateb drosto fel hyn:

Na wyla am Lwyniolyn – does yma
　　Ond siom i hen lencyn.
　Yna rwy'n siŵr, aur yn syn
　Gei i'r gôd – a gwraig wedyn.

Ac fe ddaeth ateb mwy calonnog yn ôl gan Williams Parry ar ffurf cywydd, ac addewid i ymweld yn ystod y Nadolig. Dyma ran o'r cywydd:

Dof yn ôl i Lwyniolyn
A'i goed a'i hedd gyda hyn,
Canys gwell yw cynnes gâr
Na duwiau trefydd daear.
I fryd mynyddig frodor
Gwell nentydd mynydd na môr...

a gorffen efo'r addewid:

> Finne'n ôl y Nadolig
> A drof yn llawen i'th drig.

Ond doedd o ddim wedi maddau i Silyn nac i'w dad am ei annog i symud i'r Barri, achos yn 1931 fe gyfansoddodd y gerdd 'Blwyddyn', sy'n sôn am ei gyfnod yma yn ardal y Sarnau:

> Mi fûm yn bwrw blwyddyn
> A'i bwrw'n ôl fy ngreddf
> Trwy ddyddiau dyn a nosau
> Y tylluanod lleddf...

Ac mae'n dweud y drefn wrth y ddau yn y gerdd:

> Och! fy hen gyfaill marw,
> Ac och! fy nhirion dad,
> Roes im ddilaswellt lawr y dref
> Am uchel nef y wlad.

Roedd ganddo ddarlun delfrydol o'r wlad ar ôl iddo ei gadael, darlun o 'hendrefu ar y mynydd' a 'hafota ar y foel'. Tybed pa mor wahanol fyddai cerddi Williams Parry wedi bod tase fo wedi aros ym Mhenllyn? A pha mor wahanol fyddai'r Sarnau wedi bod? Pwy a ŵyr.

2016

# Mynwent y Cefn

Mae mynwent Cefnddwysarn gerllaw'r capel o'r un enw ar fin ffordd yr A494 rhwng y Bala a'r A5, dair milltir o'r Bala i gyfeiriad Corwen. Un o'r beddau yn y fynwent yw un Tom Jones, Hendre Cwmain, y 'milwr o Feirion' laddwyd yn y Rhyfel Byd Cynta ac y cyfansoddodd R. Williams Parry ddau englyn i'w gofio. (*Yr Haf a Cherddi Eraill*). Soniais eisoes am yr englynion hyn felly af i ddim i'w hailadrodd yma.

Cyn-ddisgybl o Ysgol y Sarnau ac Ysgol Tŷ Tan Domen y Bala oedd Tom, ac fe aeth i'r Coleg Normal ym Mangor. Yr oedd yn hogyn galluog, ond ag ynte yn nesu at ddiwedd ei gyfnod yn y coleg penderfynodd ymuno â'r fyddin pan fyddai wedi cwblhau ei gwrs. Roedd hi'n ddyddiau'r rhyfel mawr ac fe ymunodd â Chorfflu Hyfforddi Swyddogion y fyddin ym Mangor, yr OTC fel y gelwid ef. Gwyddai fod y llywodraeth yn ystyried, yn 1915, sefydlu consgripsiwn ac y byddai'n rhaid iddo fynd i'r fyddin beth bynnag. Ond ei obaith o fod yn aelod o'r Corfflu a gwirfoddoli i fynd oedd y byddai'n cael ei ddyrchafu'n swyddog fwy neu lai ar unwaith.

Mae'n dweud hyn i gyd mewn llythyr a anfonodd o Fangor at Ella Humphreys, yr Hendre, merch yr oedd o'n ffrindiau â hi os nad yn gariad. Mae'n llythyr eitha maith – yn bedair tudalen, wedi ei ysgrifennu yn Saesneg yn ôl arferiad yr oes, ac, yn anffodus, heb ei ddyddio.

Roedd Ella yn chwaer i E. O. Humphreys, ddaeth yn gyfarwyddwr addysg Ynys Môn ac a gyfrifid yn arloeswr yr ysgolion cyfun. Mae Tom yn holi amdano ac yn cofio ato yn ei lythyr. Bu Ella yn athrawes ac yn brifathrawes ac yn ei lythyr mae Tom yn mynegi ei falchder ei bod hi wedi ymuno â'r un proffesiwn ag y bwriadai ef fynd iddo ac yn mwynhau'r profiad. Mae'n nodi hefyd mai annhebygol iawn fyddai o a gweddill y dynion yn y coleg o gael swyddi fel athrawon ar ddiwedd eu cwrs oherwydd y rhyfel a'r consgripsiwn oedd ar ddod.

Tybed oedd o'n gariad i Ella ar un adeg? Mae'n dechrau ei lythyr gyda'r geiriau: 'Fy annwyl Ella', ond yn diweddu yn eitha ffurfiol – 'Gyda chofion a chariad at bawb, Yr eiddoch yn gywir, Tom.'

O gofio iddo farw o ganlyniad i'w anafiadau ar faes y gad, mae rhyw dristwch mawr yn y llythyr. Mae'n drist oherwydd ei fod yn amlwg yn mwynhau bywyd llawn a diddorol, mae'n canmol ei iechyd – sy'n well o lawer, medde fo, nag y bu – mae'n dilyn cwricwlwm cynhwysfawr gan gynnwys *Advanced gardening* beth bynnag yw hwnnw, mae'n chwarae rygbi yn nhîm cynta'r coleg, yn treulio tri phnawn yr wythnos yn yr OTC, ac yn mynd i'r capel yn selog bob Sul. Yn wir, gan ei fod yn ysgrifennu'r llythyr ar bnawn Sul, mae'n cael esgus i'w orffen gan ei fod am fynd i wrando ar neb llai na'r Parchedig Thomas Charles Williams yn pregethu. 'Wel, annwyl Ella, rhaid imi roi'r gorau iddi gan ei bod yn amser capel.' Oedd, roedd ei fywyd yn llawn i'r ymylon ym Mangor.

Brawddeg dristaf y llythyr yw honno sy'n sôn am adwaith pobol i'r ffaith ei fod am ymuno â'r fyddin. 'Mae rhai', meddai 'yn dweud mod i'n arwyddo tystysgrif fy marwolaeth!' Ond go brin y dychmygai o ar y pryd eu bod yn dweud y gwir.

Gyda'r copi o'r llythyr cefais hefyd gopi o'r *Seren* am Awst 19eg 1916. Ynddo y mae llun o Preifat Thomas Jones RWF Hendre, Maerdy, Corwen a'r geiriau 'wedi ei glwyfo yn Ffrainc' oddi tano. Na, chafodd Tom mo'i ddymuniad o fynd yn swyddog,

Preifat oedd o pan glwyfwyd o, ac o dan y llun hefyd y mae'r paragraff hwn:

Pleser gennym gyhoeddi darlun o'r cyfaill Pte. Tom Jones, Hendre, Maerdy, Corwen. Fel yr hysbyswyd gennym yn ddiweddar, cafodd ei glwyfo yn y symudiad mawr yn Ffrainc, ac y mae yn awr yn *Leith War Hospital*, Ysgotland... Nid oedd ond rhyw wyth wythnos ers pan aeth allan i Ffrainc. Da gennym ddeall ei fod yn gwella cystal a'r disgwyliad. Wele lythyr dyddorol dderbyniodd ei rieni oddi wrtho o'r ysbyty yn Leith.

Yn dilyn ceir copi o'r llythyr (Cymraeg) maith sy'n disgrifio pob manylyn bron o'i gyfnod yn Ffrainc a sut y clwyfwyd ef. Un o ugeiniau o lythyrau, gyda llaw, a gyhoeddwyd gan *Y Seren* oddi wrth filwyr yn Ffrainc yn ystod cyfnod y rhyfel. Bydd yn rhaid bodloni ar ddetholiad byr yn unig o lythyr Tom.

Mae'n disgrifio'n fanwl yr holl deithio wnaeth milwyr y gatrawd ar droed ac mewn tryciau ar ôl cyrraedd Ffrainc, cerdded am filltiroedd lawer â phaciau trymion ar eu cefnau, ac aros i gysgu – i geisio cysgu, beth bynnag – mewn sguboriau. Roedden nhw ar eu gliniau'n llythrennol cyn cyrraedd y ffrynt:

Teithiasom trwy y nos mewn tryciau eto a chyraeddasom le o'r enw Dullens yn y bore. Yma y clywais swn y gynnau mawr am y tro cynta. Gobeithiwn gael aros yma, ond nid oedd dim yn tycio, gorfod inni fyned am dros dair milltir i ryw bentref, a chefais fy hun mewn hen ysgubor. Arosasom yno am y noson, ac ymdrechais gysgu. Ond roedd y llygod yn effro, ac felly gorfod i finne fod.

Er ei fod yn Ffrainc ynghanol yr heldrin roedd ei feddwl yn amal yn ôl yng Nghymru.

> Dydd Sul yr 16eg cefais i a thua hanner cant eraill ein gyrru i dorri trench. Ehedai fy meddwl i Gymru, yn enwedig amser moddion. Nid oeddwn yn clywed dim yma ond miwsig y Shells yn disgyn o fy nghwmpas drwy'r dydd, meddyliwn mor ddiolchgar y dylai y rhai oedd yng Nghymru fod y Sul hwnnw, yn gallu, os dymunent fwynhau moddion gras.

Yna ceir darlun manwl a chlir o'r frwydr am Delville Wood, brwydr a gostiodd yn ddrud i gatrawd y RWF, a gwelodd Tom amryw o'i gyfeillion yn syrthio. Roedd y *shells* yn malu'r coed yn yfflon ac yn agor tyllau yn y ddaear, tyllau oedd yn ddigon i gladdu deugain o ddynion. Ond yn wyrthiol fe arbedwyd Tom.

Ciliodd yr hyn oedd yn weddill o'r gatrawd yn ôl i ryw fath o ddiogelwch ond:

> Gwelais un o fy nghyfeillion wedi ei glwyfo, a chan fod ein stretcher bearers ni wedi eu clwyfo, ond un, meddyliais am gynorthwyo i fynd â'r clwyfedig i le diogel iddo gael gweld Doctor. Pan yn rhoddi dwfr iddo daeth Shell, a disgynnodd yn fy ymyl, a chlwyfodd fi yn yr ochor dde, gan adel darn o haearn yn fy mrest.

Cafodd ymgeledd gan ddoctor a'i gario oddi yno gan yr *RAMC Motor Transport*, yna i lawr y Somme mewn *barge* ac i ysbyty yn Ffrainc cyn cael ei drosglwyddo yn y man wedi taith hir i'r ysbyty yn yr Alban. Mae'n gorffen ei lythyr trwy ddweud:

> Ac yma yr wyf yn parhau i wella, er yn wan. Cofiwch fi at bawb – Yr eiddoch yn gywir, eich mab Tom.

Awst 7fed yw'r dyddiad uwchben y llythyr. Fis yn ddiweddarach roedd o yn ei fedd, a'r bedd hwnnw ym mynwent y Cefn, yng nhawelwch cefn gwlad Cymru. Er i sŵn y gynnau mawr gilio o'i glyw ni chafodd oroesi'r rhyfel i glywed, yng ngeiriau Cynan, 'gân y dyddiau gwell'.

Oedd, roedd dydd Sul, Awst 27ain 1916 yn ddiwrnod trist i deulu Hendre Cwmain ac i'r ardalwyr, gan mai ar y diwrnod hwn y bu farw Tom yr Hendre yn yr ysbyty, ac fel hyn y cofnodwyd y newyddion yn *Y Seren*, rhifyn Medi 2ail 1916, o dan lun ohono:

Gyda gofid dwys y mae gennym i hysbysu am farwolaeth y cyfaill uchod ddydd Sul diwethaf, Awst 27ain yn *Leith War Hospital*, Edinburgh. Nid oedd ond 21 oed. Rhyw bythefnos yn ôl ymddangosodd y darlun uchod a llythyr dyddorol oddiwrtho yn *Y Seren*, a'r wythnos ddiwethaf cawsom lythyr oddiwrtho yn gofyn inni anfon *Y Seren* yn wythnosol i'r Ysbyty. Cafodd ei glwyfo yn ei frest yn Ffrainc ganol y mis diwethaf. Y mae ein cydymdeimlad dyfnaf â'i deulu yn eu galar. Cleddir heddiw (Iau) yng Nghefnddwysarn gyda rhwysg milwrol. Bydd yno nifer o filwyr o wersyll Frongoch.

Yr wythnos ddilynol ceir adroddiad manwl am yr angladd. Cynhaliwyd gwasanaeth byr yn y tŷ gyda'i weinidog, y Parch J. O. Jones, Llandderfel – yr oedd ei briod yn chwaer i R. Williams Parry gyda llaw – yn darllen, a'r Parch H. Gwion Jones, gweinidog yr Annibynwyr yn yr ardal, yn gweddïo. Yna cychwynnodd yr orymdaith bruddaidd ar y daith hir o'r Hendre i Gefnddwysarn ac fe nodir y drefn yn fanwl yn *Y Seren*. Milwyr o wersyll Frongoch ar y blaen yn cael eu dilyn gan blant Ysgol y Sarnau, Gweinidogion a blaenoriaid, dosbarth yr Ysgol Sul, yr elor gerbyd, perthnasau, y milwyr oedd yn cario, ac yna'r dorf y tu ôl iddyn nhw.

Cynhaliwyd y gwasanaeth wrth y bedd cyn y gwasanaeth yn y capel. Darllenwyd o'r Ysgrythur gan y Parch. J. O. Jones a gweddïwyd gan y Parch. J. Henry Williams, Mynydd Isa. Wedyn taniwyd ergydion uwchben y bedd gan y milwyr, a seiniwyd y *Last Post* ar yr utgorn.

Yna cafwyd gwasanaeth yn y capel, gan ddechrau gyda'r emyn 'Oleuni mwyn drwy'r gwyll sy'n cau o'n tu, O Arwain fi' – yr emyn a lediwyd gan Tom ei hun pan oedd o yn y cyfarfod gweddi yn ystod ei ymweliad ola â'i fro cyn ei farw. Yna gweddïwyd yn 'deimladwy ac effeithiol' gan Richard Williams, M.A. Ysgol y Sir, y Bala, a siaradwyd ymhellach gan y Parch. J. O. Jones a ddisgrifiodd Tom fel bachgen hoffus a chymwynasgar, un oedd yn esiampl i fechgyn yr ardal. Gorffennodd ei anerchiad gyda'r geiriau: 'Gorffwysed yn dawel yn ymyl y Tom arall (sef Tom Ellis) roddodd ei fywyd dros ei wlad.' Yna canwyd yr emyn 'Mor ddedwydd yw y rhai trwy ffydd', offrymwyd gweddi gan y Parch. J. O. Jones a diolchwyd ar ran y teulu gan Robert Evans Y.H. Crynierth Mawr.

Yn dilyn yr adroddiad ceir rhestr o'r *wreaths* ac yn eu plith yr oedd un gan Ethel, Mary, Ella, Catherine ac Edward.

Yn rhifyn Medi 23ain o'r Seren y flwyddyn honno ceir dwy gerdd i goffáu Tom, un gan J. W. Roberts Llandderfel a'r llall gan Thomas Jones, Rhos. Dyma un o wyth pennill J. W. Roberts i roi blas i chi o'r math o ysgrifennu a geir yn y gerdd:

Ar dy fedd mae eco'r Delyn
   Atgof dyddiau fu,
Cwyn yr awel dery nodyn
   Lleddf o'r ywen ddu,
Hoff a fuost o gerddoriaeth
   Lond dy galon lân,
Dod i'th hebrwng wnaeth marwolaeth
   Adre i Wlad y Gân.

A dyma un pennill o gerdd Thomas Jones:

> Os ber oedd taith y ddaear hon
>   Gwnest enw na ddilëir,
> Fe gariaist groes, est dros bob ton
>   Ac enw Crist ddyrchefir.
> Oleuni mwyn, ni cheisi mwy
>   Dy gymorth i dy arwain,
> Rwyt wedi glanio yn y wlad
>   Lle nad oes neb yn ochain.

Ond yr hyn sy'n ei goffáu orau yw'r ddau englyn gyfansoddwyd gan R. Williams Parry, a'r nodyn hwn ymddangosodd yn *Y Cymro*:

> Angladd Tom yr Hendre yw y condemniad mwya ynddo'i hun fu ar y rhyfel yng Nghefnddwysarn... Y mae ei ysbryd caredig yng nghartref Caredigrwydd ei hun. Nid oes yno orfodaeth, nid oes yno glwyfo, nid oes yno ladd a llofruddio, nid oes yno neb yn cael ei gablu a'i regi gan ei salach. Yno y mae cydwybod yn rhydd, yno ni chlwyfir cariad mam, yno rhoddir ei le i gariad tad, yno ni chwelir cartrefi, ac yno ni thorrir calonnau.

Un o filoedd oedd Tom yr Hendre wrth gwrs, un o'r miloedd a laddwyd mewn rhyfel, ac fe ailadroddwyd tristwch yr Hendre drosodd a throsodd ar aelwydydd bron ym mhob tref a phentref yng Nghymru a thu hwnt wedi'r rhyfel cynta ac wedi'r ail. A does ond ychydig flynyddoedd ers pan oedd meirwon rhyfel yn dal i ddod adre mewn eirch drwy Wooton Basset. Y mae galar a chofio yn parhau, a rhai da yden ni am alaru ac am gofio. Yn anffodus, dyden ni ddim cystal am ddysgu.

2015

# Digwyddiad pwysig
## (Canmlwyddiant marw Tom Ellis)

Roedd digwyddiad o bwys inni i gyd yn yr ardal hon ar Fawrth y 3ydd 1999, sef cofio canmlwyddiant marw Tom Ellis yn 1899, a chawsom gyfarfod arbennig dan lywyddiaeth Elfyn Llwyd, yr aelod seneddol ar y pryd, gydag Emlyn Hooson a'r Athro Geraint Jenkins Aberystwyth yn annerch. Ond digwyddiad gwahanol iawn oedd yr un gynhaliwyd yn y capel wyth deg naw mlynedd ynghynt, ac eto y mae yna gysylltiad.

Sgwrs radio rai blynyddoedd wedi'r cofio am y canmlwyddiant gan Mari Ellis Aberystwyth, merch yng nghyfraith Tom Ellis, a'm hysgogodd i fynd ar ôl hanes y cyfarfod hwnnw. Sôn yr oedd am lun y daethai o hyd iddo o bobol bwysig, gan gynnwys Lloyd George, yng Nghefnddwysarn. Yr achlysur oedd dadorchuddio cofeb yn y capel i gofio Tom Ellis, ac yn rhifyn Medi 21ain 1910 o'r *Wythnos a'r Eryr* y mae adroddiad llawn o'r cyfarfod yn y Cefn.

Ddechrau'r ugeinfed ganrif fe godwyd y gofgolofn enwog i Tom Ellis ar stryd fawr y Bala, a chan fod arian ar ôl yn y gronfa, penderfynodd y pwyllgor ei wario i godi cofeb neu goffaen fel y gelwid hi ar fur Capel Cefnddwysarn yn union uwchben y fan lle yr eisteddai Tom Ellis pan oedd yn y sêt fawr.

Yr oedd hwn yn amlwg yn achlysur i'w gofio, gyda thyrfa mor fawr wedi dod ynghyd fel bod yn rhaid cynnal y cyfarfod y tu allan, ar wahân i'r seremoni dadorchuddio ei hun. Haydn

Jones yr aelod seneddol lleol oedd yn cadeirio, Lloyd George yn dadorchuddio, a fo a'r *Master of Elibank*, prif chwip y llywodraeth, oedd y prif siaradwyr.

Deg oed oedd T. I. Ellis, mab Tom Ellis, a gafaelodd Lloyd George yn ei law a pheri iddo ynte gydio yn y llinyn dadorchuddio gyda'r geiriau hyn:

"Ni wnawn ond yn ffurfiol ddadorchuddio y cof-faen hwn, a chyda cymorth fy nghyfaill ieuanc, mab y diweddar Tom Ellis, yr wyf yn cael yr anrhydedd o'i ddadorchuddio uwchben y sedd y byddai yn arfer mynychu y moddion ynddi."

Yna allan â phawb i'r awyr agored ac er nad oes sôn am hynny yn yr adroddiad, gallwn gasglu ei bod yn ddiwrnod braf, yn sych o leia, gyda'r siaradwyr o bosib yn sefyll ar risiau'r capel a'r dyrfa o'u blaenau ac o flaen y tai, ac o bosib hefyd rai ohonyn nhw yn y fynwent gerllaw.

Yn ei anerchiad cyfeiriodd Lloyd George at y ffaith iddo fod yng Nghefnddwysarn un mlynedd ar ddeg yn gynharach yn angladd ei gyfaill. Soniodd am farw cynnar Tom Ellis – dim ond deugain oed, ond ei fod wedi cyflawni gwaith mawr ei fywyd yn ystod tair blynedd gyntaf ei fywyd cyhoeddus.

Hawdd dychmygu'r olygfa yn ystod yr araith, pawb yn dal ar bob gair a ddeuai o enau'r dyn bach, a hwnnw a'i freichiau yn yr awyr yn hawlio gwrandawiad, a'i lais yn torri wrth iddo ddod i ddiwedd ei berorasiwn:

'Yr oedd gan Tom wladgarwch angerddol. Ni welais gariad mwy na thebyg. Yr oedd yn caru ei hiaith (Cymru) a'i thraddodiadau, ac yn fwy na'r cwbwl, yr oedd yn caru ei phobol.

Ni allai siarad am Gymru heb i'r dagrau redeg hyd ei ruddiau. Yr oedd yr Arenig mor gysegredig iddo â Mynydd Seion. Mae y cof-faen ar fur y capel yma, ond mae cof-faen Tom Ellis ar galon Cymru i gyd.'

Yn ôl yr adroddiad yn y papur, cafwyd 'uchel gymeradwyaeth' ar ddiwedd ei araith a gellir dychmygu mai anodd iawn oedd ei ddilyn, yn enwedig gan mai'r '*Master of Elibank*' oedd yn siarad nesaf, ac fe ymddiheurodd na allai siarad Cymraeg a mynegi gofid hefyd na allai ddeall beth oedd Lloyd George wedi ei ddweud.

Yn dilyn y ddau anerchiad daeth y Parch. Gwynoro Davies ymlaen i ddarllen llythyrau o ymddiheuriad am fethu bod yno gan amryw yn cynnwys O. M. Edwards. Gweinidog yn y Bermo oedd Gwynoro Davies, ffrind mawr i O. M. gan iddo fod yn lletya efo fo yn Aberystwyth. Yn ôl y sôn, O. M. a'i denodd yn weinidog i Lanuwchllyn, cyn iddo symud i'r Bermo yn 1887, ac yno y bu hyd ei farw yn 1935. Roedd yn rhyddfrydwr tanllyd, ac mae'n debyg iddo gael rhan yn y cyfarfod am nad oedd gweinidog yn y Cefn ar y pryd – Issac Jones Williams wedi gadael a John Owen Jones heb ddechrau.

Cafwyd datganiad cerdd dant gan H. R. Davies, Postfeistr Frongoch, ond yn anffodus ni chofnodwyd beth a ganodd. Yna cafwyd y diolchiadau gan ddau aelod seneddol – Llewelyn Williams, aelod Dosbarth Caerfyrddin, a Herbert Lewis, aelod Sir Fflint, a chafwyd gair ymhellach gan Robert Evans Crynierth oedd yn gyd-flaenor efo Tom Ellis. Wrth ymateb cyfeiriodd Lloyd George at dad a mam Tom Ellis, y ddau'n bresennol yn y cyfarfod.

'Nhw aberthodd er rhoddi ei addysg iddo, ac i *stock* mor dda yr wyf yn diolch dros Gymru a drosoch chwithau am yr hyn wnaethant. Rhowch *cheers* iawn iddynt.'

Yna, ar y diwedd, fe unodd y dyrfa fawr i ganu Hen Wlad fy Nhadau dan arweiniad Manod Owen, un y mae ei deulu yn dal yn yr ardal.

Does dim dwywaith nad oedd Lloyd George a Tom Ellis yn gewri yn eu dydd, a beth bynnag eu ffaeleddau, a does neb yn berffaith, buom ni werin Cymru, neu fwyafrif bychan ohonom beth bynnag, yn deilwng o'u coffadwriaeth wrth bleidleisio 'Ydw' yn y refferendwm i sefydlu'r Cynulliad ar Fawrth 3ydd 1999.

2011

# Gerallt

Byddai'n od peidio cynnwys Gerallt ymhlith y rhai y mae cof amdanyn nhw yma. Ac eto, mae cymaint wedi ei ddweud amdano erbyn hyn, ar goedd ac mewn cyhoeddiadau, fel ei bod yn anodd dweud dim heb fynd yn ailadroddus.

Bellach fe aeth yn eiddo i'r genedl, yn wir roedd o'n eiddo iddi ymhell cyn ei farw. Dyna sy'n digwydd i fawrion ynte ac mi allwn ni bob un ohonom enwi llawer y mae hynny wedi digwydd iddyn nhw. A da o beth ydi hynny, mae'n siŵr, dealladwy beth bynnag. Ond un mawr heb fynd yn fawreddog oedd Gerallt.

Yn y meddiannu cenedlaethol yma y mae yna berig inni anghofio cefndir a magwraeth person, ac felly mae'n bwysig datgan mai un o blant y Sarnau oedd Gerallt, perthyn i'r Sarnau ac i Benllyn yr oedd o, ac mae gynnon ni gymaint o hawl arno â neb. Dyden ni yn y Sarnau ddim yn dda iawn am glodfori ein hardal ein hunain. Ryden ni jyst yn cario mlaen i gynnal ein Llawrdyrnu, ein heisteddfod, ein dramâu, ein bywyd cymdeithasol. Dyden ni ddim cystal â rhai ardaloedd eraill ledled Cymru am dynnu sylw atom ein hunain! Ond yr oedd ac y mae gynnon ni Tom Ellis a D. R. Daniel, Llwyd o'r Bryn ac Ifor Owen, ac Archdderwydd! Ac wrth gwrs roedd gynnon ni Gerallt. Ac os oedd peryg i bobol eraill anghofio am y Sarnau, wnaeth o ei hun ddim. Roedd ei atgofion a'i straeon ar y Talwrn bob amser yn cyfeirio nôl at y Sarnau a Phenllyn ac mae llawer o'i gerddi yn gerddi sy'n coffáu pobol ei ardal.

Roedd o wrth ei fodd efo pobol gyffredin ei fro. Mae ei stori o am Sali Weston, un o gymeriade tre'r Bala, wedi ei hadrodd lawer tro yn yr ardal hon, stori nad oedd o byth yn blino ei dweud. Bu Gerallt yn gweithio i Blaid Cymru yn ystod un gwyliau haf ac yn canfasio yn y Bala. Cnociodd ar ddrws Sali Weston, ac fel mae'n digwydd roedd Indiaid yn gwerthu rhywbeth newydd fod yno o'i flaen. A'r hyn glywodd Gerallt pan gurodd o'r drws oedd Sali yn gweiddi ar ei merch, 'Cloia'r drws ne Shirl mae'r diawled yn 'u hole eto!'

Ie un o hogie'i fro oedd Gerallt, yn ddireidus fel pob bachgen arall am wn i, ac yn dal i feddiannu'r direidi hwnnw hyd yn oed wedi iddo dyfu'n ddyn. Roedd o'n gallu dweud pethau ar goedd oedd yn eich atgoffa o'r hyn oedd o yn y bôn, un oedd yn gallu gweld a gwerthfawrogi'r ochor ddoniol i fywyd yn ogystal â'r ochor ddifrifol. Mi gyfeiriais yn ei angladd at ei arferiad rhyfedd o ddefnyddio brawddegau Saesneg i greu effaith ac mi ddyfynnais ei frawddeg pan oedd o'n galw acw – '*Where do we sit*'. Wrth siarad efo Myrddin ap Dafydd ar ôl y gwasanaeth roedd o wedi cael ei atgoffa o enghraifft arall o un o frawddegau Saesneg Gerallt. Yr achlysur oedd y Talwrn cynta i'r BBC ei gynnal yng Nghaerdydd. Pedwar tîm yno a chynulleidfa soffistigedig y brifddinas yn disgwyl yn eiddgar am y perlau agoriadol gan Gerallt cyn i'r rhaglen gael ei recordio. A dyma'r frawddeg gynta allan o'i geg. '*I don't dig this poetry lark!*'

Roedd o weithiau yn swnio fel pe bai o wedi rhoi ei droed ynddi wrth ddweud rhywbeth, ond coeliwch chi fi, roedd popeth yn fwriadol. 'Dwi'n ei gofio yn y Sarnau mewn ymryson a fy merch ienga Gwenan yn cymryd rhan. 'Mae gen i ran yng ngenedigaeth hon,' meddai. Ac wedyn prysuro i esbonio wrth glywed adwaith y gynulleidfa. Roedd Gwenan bythefnos yn hwyr yn dod i'r byd a ninnau'n gwneud popeth allen ni i brysuro ei dyfodiad. Roedd Gerallt acw ryw noson a dyma benderfynu mynd am dro i lawr y pentre ac yn ôl ar draws buarth yr ysgol. Roedd gardd yr ysgol ar lefel uwch na'r buarth – rhyw wyth troedfedd yn uwch – ac i'w chysylltu efo'r buarth roedd yna ysgol bren. Ar ôl cyrraedd dyma benderfynu mynd i'r ardd. Gerallt ar ben yr ysgol yn tynnu Nansi i fyny a finne oddi tanodd yn ei gwthio. Anghyfrifol ar y naw a dweud y gwir efo rhywun oedd yn disgwyl babi unrhyw funud, ifanc a gwirion, ond yn fuan wedyn fe anwyd Gwenan, ac roedd o a ninnau yn grediniol bod y tro hwnnw wedi cyflymu'r broses. Dyna oedd o'n feddwl wrth gwrs yn ei ddatganiad yn yr ymryson.

Bu gan y Sarnau dîm yn yr ymrysonfeydd ar un adeg a chaem y teimlad fod y Meuryn yn or-hallt wrth ein beirniadu. Daeth pethau i ben yn Llanarmon Dyffryn Ceiriog pan osodwyd gorffen hir-a-thoddaid fel tasg. Cafwyd llinell gynta'n unig gan Gerallt, a'r un oedd yn ymateb drosom ni oedd William Jones Williams (Wil Coed y Bedo), cynganeddwr medrus dros ben, a chafodd hwyl dda arni. Ond yn ei feirniadaeth, a hynny mewn cyfnod pan oedd y marcio o ddau i bedwar dyma dd'wedodd Gerallt:

Gei di bedwar hen Goed y Bedo?
Na, dau a hanner a gei di heno.

Euthum i'w ben ar ddiwedd yr ornest ac awgrymu wrtho mai er mwyn y gynghanedd y rhoddodd ddau a hanner iddo, a bod ymgais Wil yn haeddu mwy.

Yn yr ymryson nesa i'r Sarnau gymryd rhan ynddo fe dd'wedodd Gerallt ar goedd fod y tîm yn cwyno ei fod yn galed arnom, ac roedd o'n cydymdeimlo ac yn cytuno. Bu'n drugarog efo ni y noson honno. Ond pharodd y trugaredd ddim yn hir!

Rhoddodd Wil yr ateb perffaith, os anfwriadol, i Gerallt yn Eisteddfod Genedlaethol Bro Morgannwg 2012 pan enillodd (nid am y tro cynta) ar yr englyn ysgafn. A phwy oedd yn ail? Wel, Gerallt ei hun, ie, ail i Wil, ac o ddiddordeb pellach mae'r ffaith mai o Benllyn y deuai'r trydydd yn y gystadleuaeth hefyd, sef Iwan Bryn Williams.

Ond roedd ein cysylltiad ni efo Gerallt yma yn y Sarnau wedi pellhau yn ystod y blynyddoedd ola, ac anamal y byddwn i na neb arall o'r ardal yn taro arno. Fe adawodd ei sioc fwyaf i mi fodd bynnag nes ei fod wedi marw. Fe ofynnodd i mi draddodi'r deyrnged yn ei angladd. 'Dwi'n cofio lle roeddwn i pan fu farw, ydw, ond 'dwi ddim yn debyg o anghofio chwaith lle roeddwn i pan glywais am ei gais. Roeddwn i mewn tacsi yn Llundain – un o'r lleoedd mwya anobeithiol i glywed unrhywbeth – pan gefais alwad ffôn gan ei fab Bedwyr. Rhyw hanner deall y neges wnes i ar pryd, a dim ond ar ôl cyrraedd adre a chael sgwrs gall y gwawriodd arnaf faint fy nhasg.

Mae'n ymddangos mai'r unig gyfarwyddyd am ei angladd ei hun gan Gerallt oedd nodyn wedi ei ddyddio tua diwedd y nawdegau. Roedd o ar fin mynd ar ei daith gynta mewn awyren, ac wedi rhagdybio, neu ofni mae'n debyg, y gallai fod y daith ola iddo hefyd ac na fyddai'n dod ohoni'n fyw. Oedd, roedd arno ofn hedfan. Beth bynnag am hynny, roedd y nodyn yn cynnwys ei gyfarwyddiadau ar gyfer y gwasanaeth angladd a fi oedd yr un enwodd o i draddodi'r deyrnged. Mae'n bosib fod amryw wedi meddwl pam fi. Pam nad rhywun o blith y beirdd? Wel, dyna'r esboniad, ac mi achosodd sawl noson ddigwsg a dyddiau pryderus i mi. Ond roeddwn i ar yr un pryd yn gwerthfawrogi'r fraint, a honno'n fraint osodwyd arnaf gan un o fawrion Cymru.

2016

# J. S. Roberts

## (Pregethwr y garafán)

'Dwi ddim yn siŵr o'r union ddyddiad, ond yn ystod misoedd yr haf tua dechrau'r saithdegau oedd hi pan welais i'r Parch. J. S. Roberts am y tro cynta. Daeth ef a'i briod i'r oedfa i Gapel Cefnddwysarn un bore Sul ac eistedd yn y sêt gefn. Doedd neb ond un o'r gynulleidfa yn eu hadnabod bryd hynny, a'r un honno oedd Gwyneth Williams, gwraig ffarm Crynierth Mawr, oedd hefyd yn berchen ar faes carafanau. Roedd J. S. a'i briod wedi dod â charafán i'r maes a byddent yn treulio ambell benwythnos ynddi.

Wedi dod i'w adnabod yn iawn, fe wahoddodd Gwyneth y ddau i'r capel, ac ar ôl dod y tro cynta a thorri'r garw fe ddeuent yn rheolaidd pan fyddent yn aros i fwrw Sul yn y garafán. Yn y bore'n unig, byth yn y pnawn, byth yn yr hwyr, a dyna fu'r patrwm am beth amser. Daethom ninnau i wybod rhyw gymaint amdanynt ond dim llawer; bod ei wraig yn hanu o Benllyn a'i fod ynte wedi bod yn weinidog ac athro ysgol rywle ym Môn cyn ymddeol.

Un bore Sul a'r ddau yn y gwasanaeth fel arfer dyma gyhoeddi mai Cyfarfod Gweddi fyddai yn y capel y Sul dilynol a hynny yn y nos. Gan mai fi oedd blaenor y mis y fi oedd yn gyfrifol am y cyfarfod, ac yn ystod yr wythnos cysylltais ag ambell un a gofyn iddyn nhw gymryd rhan.

Roeddwn yn y sêt fawr yn gynnar y noson honno yn edrych

yn bryderus tua'r drws bob tro y deuai rhywun i mewn er
mwyn sicrhau bod y rhai yr oeddwn wedi gofyn iddyn nhw
gymryd rhan wedi dod i'r gwasanaeth. Yn sydyn pwy gerddodd
i mewn ond J. S. a'i briod. Y tro cynta erioed iddyn nhw ddod i
gyfarfod yr hwyr! Cefais dipyn bach o banig a dweud y gwir
wrth eu gweld, achos roedd ei bresenoldeb o yn arbennig yn
creu problem. Ddylwn i ofyn iddo fo gymryd rhan? Oedd o
wedi dod i'r cyfarfod gweddi gan ddisgwyl hynny neu fyddai
o'n fy fflamio am ofyn iddo ac ynte ar ei wyliau?

Dyma ddod i benderfyniad sydyn; dechrau'r cyfarfod
gweddi fy hun ac yna ei daflu'n agored heb alw ar neb wrth ei
enw, gan y gwyddwn y byddai'r rhai yr oeddwn wedi cysylltu â
nhw yn siŵr o ufuddhau. Gallai ynte wneud fel y mynnai
wedyn, cymryd rhan neu beidio. Wrth chwilio am yr emyn
cynta i'w ledio clywais sŵn traed yn cerdded i lawr y capel,
codais fy mhen a gweld J. S. yn dod i gyfeiriad y sêt fawr. Aeth
i fyny i'r pwlpud heb ddweud gair wrth neb a lediodd emyn,
yna darllenodd o'r Beibl a lediodd emyn arall cyn gweddïo.

Rhaid imi gyfadde na chlywais i fawr ar y weddi gan mod i'n
ceisio meddwl beth i'w ddweud wrth gyhoeddi cyn y bregeth.
Oedd o wedi sôn wrth rai o'r blaenoriaid eraill tybed ei fod am
gynnal yr oedfa? Os oedd o teimlwn yn flin na fasen nhw wedi
dweud wrtha i. Daeth y weddi i ben a chodais i gyhoeddi. Prin
mod i'n cofio fy union eiriau, ond rhyw ymddiheuro'n garbwl
wnes i na wyddwn y byddai gennym bregethwr y noson honno
ond croesawu hynny yr un pryd. Cyn cyhoeddi ei destun,
meddai J. S., 'Peidiwch ymddiheuro na wyddech y byddai oedfa
yma heno, wyddwn innau ddim chwaith!'

Yna aeth yn ei flaen i draddodi pregeth ac rwy'n gofidio na
allaf gofio'i destun, ond rydw i yn cofio ei fod yn bregethwr da
a byr, dim geiriau wast a dim ailadrodd er mwyn ymestyn yr
amser. Ar ddiwedd yr oedfa daeth i lawr o'r pwlpud i siarad efo

ni'r blaenoriaid, a chawsom ei hanes. Penderfyniad munud ola, medde fo, oedd i'r ddau ddod i'r cyfarfod gweddi, ac ar hyd y ffordd i'r capel doedd ganddo ddim syniad y byddai'n cynnal yr oedfa. 'Eistedd yn dawel yn y cefn oedd y bwriad,' meddai, 'ond yn sydyn mi gefais fy hun yn cerdded i lawr y capel ac i'r pwlpud. Ac mi wyddoch y gweddill.' Yna dwedodd wrthym am farwolaeth ei ferch Nia mewn damwain a hithau ond pymtheg oed, a'r ffaith na lwyddodd i draddodi yr un bregeth yn dilyn y digwyddiad erchyll hwnnw.

Wedi'r oedfa hon dychwelodd J.S. i'r pwlpud, a bu'n pregethu am flynyddoedd wedyn gan gynnwys nifer dda o oedfaon yng Nghefnddwysarn gan ei fod yn teimlo dyled i'r capel a'i cychwynnodd yn ôl ar ei lwybr. Byddai pawb yn edrych ymlaen at ei glywed – pregethwr y garafán fel y cyfeirid ato'n amal. Yn raddol daethom i wybod mwy amdano hefyd, ei fod yn hanu o ardal y chwareli, iddo fod yn weinidog ar rai o eglwysi Môn gan gynnwys Porth Amlwch ac yn athro yn Ysgol Syr Thomas Jones yn Amlwch, ei fod yn fardd ac yn awdur llawlyfrau ar gyfer disgyblion ysgol.

All eglwys Cefnddwysarn ddim ymffrostio iddi godi nifer fawr o weinidogion, dim ond dau neu dri, ond ymfalchïwn iddi fod yn gyfrwng ailddechrau i un. Coffa da am ŵr a gwraig fu'n ffyddlon dros ben inni yma, ac am bregethwr a dyn arbennig iawn.

2016

# *Jennie Eirian*

Un o raglenni ardderchog Ffion Hague *Mamwlad* ar S4C yn ddiweddar ddaeth â'r cyfan yn ôl i mi; y cyfnod hwnnw rhwng 1979 a 1982 pan oedd Jennie Eirian yn Olygydd *Y Faner*, cyfnod cymharol fyr a dweud gwir, ond misoedd a blynyddoedd arbennig yn hanes Cymru ac yn hanes *Y Faner*.

Mae rhifynnau ei chyfnod golygyddol gen i o hyd, ac mi es yn ôl i bori drwyddyn nhw wedi'r rhaglen. Hynny ac ail-ddarllen y gyfrol deyrnged olygwyd gan Gwyn Erfyl ac a gyhoeddwyd gan Tŷ ar y Graig.

Ond nid hynny'n unig, ail ddarllen hefyd y llythyrau ganddi, y deg gadwyd o blith nifer mwy a dderbyniwyd.

'Dwi ddim yn cofio'n iawn sut y deuthum i a Nansi i'w hadnabod hi a'i gŵr Eirian, rhyw daro ar ein gilydd mae'n debyg mewn eisteddfod neu ddrama, fel y byddwn ni Gymry Cymraeg yn amal gan ein bod yn ychydig.

Yna, wedi iddi ymgymryd â'r olygyddiaeth dyma ddechrau anfon ataf. Cais neu ddau i mi i ddechrau, yn gofyn am adolygiad ar lyfr neu am erthygl ar addysg yn ymateb i ryw gyfraniad arall dderbyniwyd. Yna galwad ffôn i Nansi a finne yn gofyn fydden ni'n barod i lunio colofn Radio unwaith y mis, ac wedi cytuno fe ddaeth y llythyr: 'Rwy'n eithriadol o falch fod y ddau ohonoch wedi addo llunio colofn Radio unwaith y mis i'r *Faner*. Mae hyn yn ardderchog.' Yna'r manylion a'r ôl nodyn nodweddiadol i ddilyn:

'Ni raid pwysleisio gyda dau fel chi y carwn i'r golofn fod yn feirniadaeth, h.y. yn sôn am wendidau a rhinweddau rhaglenni.'

Rwy'n gofidio erbyn hyn na fyddwn wedi cadw pob un o'i llythyrau gan ei bod yn llythyrwraig anhygoel – anhygoel o ran ei meddylgarwch, a hynny pan oedd ar ei phrysuraf. Byddai'n ddi-flewyn ar dafod hefyd. Dyma ddyfyniad o un o'i llythyrau yn beirniadu cyfrannwr arall:

'Does dim pwynt i golofn [...] yr wythnos hon – ac nid siarad yn ei gefn yr ydw i, wath mi sgrifennais lith hir ato yn mynegi fy safbwynt.'

Ond y llythyr tristaf a ysgrifennodd atom oedd yr ola un, wedi ei ddyddio Dydd Llun (sef y 26ain o Ebrill 1982) a dyma ei baragraff ola:

Bydd rhifyn yr wythnos hon o'r Faner yn cyhoeddi mod i'n gorffen gyda'r olygyddiaeth ym Mis Gorffennaf. Rwy'n teimlo y dylswn i ddweud wrth golofnwyr rheolaidd fel chi. Mae'r gwaith wedi mynd yn drech na mi. Hydref arall ac mi fuaswn innau gyda'r dail!! J

Ni welodd hi hyd yn oed 'Hydref arall'; bu farw ar y 6ed o Fai ddeng niwrnod ar ôl ysgrifennu'r llythyr.

Mae sawl peth wedi dod yn ôl i'r meddwl yn dilyn y rhaglen ac ail-bori mewn hen rifynnau, llyfrau a llythyrau. Un yw pwysigrwydd *Y Faner* a'r cyfnod cwbl arbennig gafodd y cylchgrawn dan law Jennie Eirian. Cafwyd cynnydd o dros fil yn y cylchrediad, ond lleihau wnaeth o wedyn, a falle fod y diwedd yn anorfod. Roeddwn i'n aelod o Bwyllgor

Llenyddiaeth Cyngor y Celfyddydau pan gynhaliwyd y bleidlais dyngedfennol roddodd y farwol iddo. Rwy'n hynod o falch erbyn hyn imi bleidleisio yn erbyn, o barch i'r *Faner* a'i hamryw olygyddion, ac o barch yn sicr i Jennie Eirian.

Cofiaf hefyd fel yr enynnodd ddig llawer o Gymry oherwydd ei safiad ar fater sianel Gymraeg a'i gwrthwynebiad i fwriad Gwynfor Evans i ymprydio. Mae sawl un yn y gyfrol goffa wedi cyfeirio at y casineb a'r mileindra a ddioddefodd a'r llythyrau dienw dderbyniodd yn ymosod arni a hithau'n berson mor sensitif. Ie, dienw lawer ohonynt, ac ni wn pwy oeddynt gan na ddaeth y llygod hynny byth o'u tyllau. Ni ellir ond rhyfeddu at allu ein cenedl – fel pob un arall falle – i gynhyrchu mawredigrwydd a bychander mewn pobol.

Ond yn fwy na dim, yr hyn sy'n fy nhrawo i'r funud hon yw maint y golled gawson ni fel cenedl. Y mae ei chyfrol deyrnged yn un i golli dagrau personol drosti, yr oedd ei marw yn rheswm i genedl golli dagrau drosti. Cafwyd ysgrifau cofiadwy iddi, teilwng i'r eitha bob un, ond un o englynion Gerallt yw'r darlun perffaith ohoni i mi, yr englyn ddyfynnwyd yn glo i'r gyfrol deyrnged; portread cyflawn mewn deg ar hugain o sillafau yn mynegi'r golled a'r hiraeth sy'n dal yng nghalonnau pob un ohonom gafodd y fraint o'i hadnabod.

Hon filain ei gorfoledd, hon ddeifiol,
    Ysol ei hynawsedd,
  Hon wridog ei brwdfrydedd,
  A hon, o bawb, yn ei bedd.

2016